BEN SHAPIRO

O MOMENTO AUTORITÁRIO

Como a esquerda usa as instituições como armas contra a dissidência

LVM EDITORA

BEN SHAPIRO

O MOMENTO AUTORITÁRIO

Como a esquerda usa as instituições
como armas contra a dissidência

Tradução:
FERNANDO SILVA

2ª edição

São Paulo | 2023

Título Original: *The Authoritarian Moment: How the Left Weaponized America's Institutions Against Dissent*
Copyright © 2021 – Ben Shapiro

Os direitos desta edição pertencem à LVM Editora, sediada na
Rua Leopoldo Couto de Magalhães Júnior, 1098, Cj. 46
04.542-001 • São Paulo, SP, Brasil
Telefax: 55 (11) 3704-3782
contato@lvmeditora.com.br

Gerente Editorial | Chiara Ciadarot
Editor-chefe | Pedro Henrique Alves
Tradutora | Fernando Silva
Copidesque | Renan Meirelles
Revisão ortográfica e gramatical | Laryssa Fazolo Projeto gráfico | Mariangela Ghizellini

Impresso no Brasil, 2023

Dados Internacionais de Catalogação na Publicação (CIP)
Angélica Ilacqua CRB-8/7057

S54m	Shapiro, Ben
	O momento autoritário: como a esquerda usa as instituições como armas contra a dissidência / Ben Shapiro; tradução de Fernando Silva. 2ª edição. São Paulo: LVM Editora, 2023. 328 p.
	Bibliografia ISBN 978-65-5052-078-6 Título original: *The Authoritarian Moment: How the Left Weaponized America's Institutions Against Dissent*
	1. Ciência Política 2. Autoritarismo 3. Conservadorismo 4. Liberalismo I. Título II. Silva, Fernando
23-1830	CDD 320.53

Índices para catálogo sistemático:

1. Ciência Política - Autoritarismo

Reservados todos os direitos desta obra.

Proibida a reprodução integral desta edição por qualquer meio ou forma, seja eletrônica ou mecânica, fotocópia, gravação ou qualquer outro meio sem a permissão expressa do editor. A reprodução parcial é permitida, desde que citada a fonte.

Esta editora se empenhou em contatar os responsáveis pelos direitos autorais de todas as imagens e de outros materiais utilizados neste livro. Se porventura for constatada a omissão involuntária na identificação de algum deles, dispomo-nos a efetuar, futuramente, as devidas correções.

Aos meus filhos, que merecem crescer em um país que valoriza as liberdades prometidas pela Declaração da Independência e garantidas por nossa Constituição.

SUMÁRIO

INTRODUÇÃO... 13
    O instinto autoritário.............................. 19
    A mentalidade autoritária.......................... 22
    A questão autoritária.............................. 25
    A vida sob o autoritarismo social de esquerda........ 33

CAPÍTULO 1 | Como silenciar uma maioria................. 43
    A guerra cultural................................. 53
    Convencendo americanos a se calarem 55
    A renormalização das instituições americanas........ 60
    Fechando a janela de *overton*...................... 64
    Conclusão: uma era de cura irá emergir?............. 68

CAPÍTULO 2 | Como a esquerda autoritária
             renormalizou a américa................... 73
    Ascensão e queda do governo utópico da américa..... 77
    Como Barack Obama transformou
    fundamentalmente a américa....................... 84
    Usando o sistema para derrubar o sistema 101
    Será que a coalizão autoritária de esquerda
    irá se manter?.................................... 105

CAPÍTULO 3 | A criação de uma nova classe dominante 109

Como as universidades foram renormalizadas 130

O expurgo 135

Conclusão. 139

CAPÍTULO 4 | Como a ciência^tm derrotou a verdadeira ciência . . 143

"Escute os experts". 155

O efeito *bleedover* 160

A "diversificação" da ciência 166

Conclusão. 169

CAPÍTULO 5 | Seu chefe autoritário 173

A confluência de interesses 182

A covardia secreta das corporações que "fazem o bem". . 186

Destruindo dissidentes 190

A morte da neutralidade dos negócios 195

O monólito. 199

CAPÍTULO 6 | A radicalização do entretenimento 203

A longa história de autocongratulação de Hollywood . . 208

A cultura do cancelamento virá atrás de todos 214

Como Hollywood foi renormalizada. 218

Como os esportes "despertaram", e depois faliram 224

Conclusão. 233

CAPÍTULO 7 | As *"fake news"* 235

Ascensão e queda da objetividade da mídia 246

A renormalização *woke* da mídia. 251

Jornalistas contra a liberdade de expressão. 259

Conclusão. 266

CAPÍTULO 8 | Desfazendo amizade com americanos 271

De aberto e gratuito para novos guardiões 279

Dando cobertura à censura. 289

SUMÁRIO

Terceirizando coletivamente a revolução............. 296

O novo oligopólio informativo...................... 300

CONCLUSÃO | A escolha diante de nós.................... 305

Educando a américa, novamente.................... 311

Nossa recusa é uma arma 312

Renormalizando nossas instituições 315

Arrombando as instituições 318

Por nossas crianças............................... 322

AGRADECIMENTOS..................................... 325

BEN SHAPIRO

O MOMENTO AUTORITÁRIO

Como a esquerda usa as instituições como armas contra a dissidência

>> INTRODUÇÃO

>> INTRODUÇÃO <<

De acordo com os poderes institucionais existentes, a América está sob ameaça autoritária. Essa ameaça autoritária aos Estados Unidos, de acordo com o Partido Democrata, a grande mídia, os jovens de tecnologia das mídias sociais, as celebridades de Hollywood, os chefes corporativos e os professores universitários, é clara – e vem, diretamente, da direita política.

De acordo com aqueles que controlam vastas áreas da vida americana, essa ameaça autoritária se manifestou, de forma mais proeminente, em 6 de janeiro de 2021.

Naquele dia, centenas, se não milhares de manifestantes, separaram-se de um grupo muito maior de manifestantes pacíficos pró-Trump e invadiram o Capitólio dos Estados Unidos. Muitos deles procuravam causar danos violentos, tanto aos membros do Congresso quanto ao vice-presidente dos Estados Unidos. Seu objetivo: derrubar os resultados legalmente constituídos das eleições de 2020.

As imagens de 6 de janeiro foram, de fato, dramáticas – e os desordeiros de 6 de janeiro realmente se envolveram em atos criminosos malignos. Fotos de bárbaros vestidos com chifres de búfalo, idiotas carregando bandeiras de Trump e imbecis vestidos de militares, carregando algemas de plástico, chegaram às primeiras páginas em todo o mundo. Os congressistas e o vice-presidente dos Estados Unidos foram levados às pressas para um lugar seguro, protegendo-se dos desordeiros.

Todos os americanos de boa vontade – de todos os lados do espectro político – condenaram os distúrbios de 6 de janeiro. O vice-presidente Pence supervisionou pessoalmente a contagem dos votos eleitorais. O líder da maioria no Senado, Mitch McConnell (republicano do Kentucky), condenou os manifestantes como cretinos vis. Em seguida, prosseguiu com a certificação da eleição.

Entretanto, de acordo com a esquerda, os distúrbios de 6 de janeiro não foram apenas um ato criminoso, universalmente condenado. Eles foram o momento culminante do autoritarismo de direita. Jonathan Chait, da revista *New York*, escreveu: "Nós confiamos o cargo mais poderoso do mundo a um sociopata instintivamente autoritário. O que pensamos que aconteceria?"[1]. Paul Krugman, do *The New York Times*, sugeriu,

[...] um de nossos principais partidos políticos dispôs-se a tolerar e, de fato, alimentar a paranoia política de direita. [...] O Partido Republicano atingiu o ponto culminante de sua longa jornada de distanciamento da democracia, e é difícil ver como ela pode ser redimida[2].

Greg Sargent, do *The Washington Post*, explicou: "O Partido Republicano de Trump tem um feio núcleo autoritário"[3]. Lisa McGirr escreveu no *The New York Times*:

---

[1] CHAIT, Jonathan. Trump Authoritarianism Denial Is Over Now. *New York Magazine*, [*S. l.*], p. 1-4, 12 jan. 2021. Disponível em: https://nymag.com/intelligencer/article/trump-authoritarianism-capitol-insurrection-mob-coup.html. Acesso em: 24 jan. 2022.
[2] KRUGMAN, Paul. This Putsch Was Decades in the Making. *The New York Times*, [*S. l.*], p. 1-5, 11 jan. 2021. Disponível em: https://www.nytimes.com/2021/01/11/opinion/republicans-democracy.html. Acesso em: 25 jan. 2022.
[3] SARGENT, Greg. Trump's GOP has an ugly authoritarian core. A new poll exposes it. *The Washington Post*, [*S. l.*], p. 1-3, 15 jan. 2021. Disponível em: https://www.washing-

INTRODUÇÃO

Os republicanos certamente buscarão reverter a situação a partir do motim. Porém, o nativismo, a polarização extrema, o ataque à verdade, o nacionalismo branco e as políticas antidemocráticas, que tendemos a identificar com o presidente Trump, provavelmente continuarão sendo, no futuro, uma marca registrada do manual republicano[4].

"Se você votou em Trump", disse Don Lemon, da CNN,

você votou na pessoa apoiada pela Ku Klux Klan. Você votou na pessoa apoiada por nazistas. Você votou na pessoa apoiada pela extrema direita. Essa é a multidão na qual você está. Você votou na pessoa que incitou uma multidão a ir ao Capitólio e, potencialmente, tirar a vida dos legisladores[5].

O acerto de contas seria necessário. Charles Blow, do *The New York Times*, perguntou:

O que fazemos agora, como sociedade e como corpo político? Simplesmente viramos a página, e esperamos um dia melhor, deixando o passado no passado? Ou buscamos alguma forma de justiça, para responsabilizar as pessoas por levarem este país à beira do abismo?[6].

---

tonpost.com/opinions/2021/01/15/new-poll-trump-gop-approval-authoritarian/. Acesso em: 25 jan. 2022.

[4] MCGIRR, Lisa. Trump Is the Republican Party's Past and Its Future. The New York Times, [*S. l.*], p. 1-3, 13 jan. 2021. Disponível em: https://www.nytimes.com/2021/01/13/opinion/gop-trump.html. Acesso em: 25 jan. 2022.

[5] ELLIOTT, Tom. CNN's @DonLemon: If you voted for Trump, you're with the Klan & the Capitol Hill rioters. [*S. l.*], 14 jan. 2021. Twitter: @tomselliott. Disponível em: https://twitter.com/tomselliott/status/1349672644455575554. Acesso em: 25 jan. 2022.

[6] BLOW, Charles M. Trump's Lackeys Must Also Be Punished. *The New York Times*, [*S. l.*], p. 1-4, 10 jan. 2021. Disponível em: https://www.nytimes.com/2021/01/10/opinion/trump-republicans.html. Acesso em: 25 jan. 2022.

Joy Reid, da MSNBC, pediu a "desbaathificação"[7], aludindo ao processo de expurgo, pós-Guerra do Iraque, dos militares de Saddam Hussein[8].

Na verdade, argumentou a esquerda americana, a maior ameaça ao futuro da América vinha do autoritarismo de direita – que, naturalmente, a esquerda fundia com a supremacia branca e com a filosofia conservadora. Fracassar na busca de livrar a América dessa ameaça significaria o fim da república.

O autoritarismo precisava ser detido.

Porém, e se a ameaça autoritária mais perigosa para a América não fossem as várias centenas de conspiradores do mal, tolos e criminosos que invadiram o Capitólio?

E se a ameaça autoritária mais perigosa ao país não fosse um grupo devidamente desprezado de agitadores, fazendo papel de idiotas ao entrarem no Salão da Democracia, vestidos em trajes militares, peles de animais e chifres de búfalo?

E se a principal ameaça à liberdade americana estiver em outro lugar?

E se, de fato, a ameaça autoritária mais premente ao país residir, precisamente, nos poderes institucionais existentes: nos respeitados centros de jornalismo, nas torres reluzentes da academia, nos escritórios lustrosos das celebridades de Hollywood, nos cubículos do Vale do Silício e nas salas de reuniões de nossos gigantes corporativos? E se o perigo do autoritarismo, na realidade, estiver com os mais poderosos – com uma classe dominante, que despreza os valores de metade do país, e com as instituições governadas por eles? E se o crescente autoritarismo dos detentores do poder tenha crescido lentamente, sem controle, durante anos?

---

[7] Processo ocorrido em 2003, no Iraque, que visou a remoção e expulsão da vida pública de políticos e funcionários públicos, bem como a dissolução do Partido Baath, de modo semelhante ao que aconteceu na "desnazificação" da Alemanha do pós-guerra. (N. E.)

[8] WULFSOHN, Joseph A. MSNBC's Joy Reid suggests GOP needs a 'de-Baathification' to rid support for Trump. *Fox News*, [*S. l.*], p. 1-3, 14 jan. 2021. Disponível em: https://www.foxnews.com/media/msnbcs-joy-reid-suggests-gop-needs-a-de-baathification-to-rid-support-for-trump. Acesso em: 25 jan. 2022.

INTRODUÇÃO

E se o autoritarismo tiver muitas variantes – e a variante mais virulenta não for a paranoia e o medo que às vezes se manifesta na direita, mas a autoconfiante virtude moral imerecida da esquerda?

O INSTINTO AUTORITÁRIO

Há algo no homem que ama um ditador.

No livro de Samuel, o povo de Israel, ameaçado de fora por tribos em guerra e de dentro por dissensão, deseja acabar com a era dos juízes: eles querem um rei. Eles haviam sido alertados, repetidamente, sobre as consequências desastrosas de tal escolha. Deus diz a Samuel que o povo havia "Me rejeitado". Samuel critica o povo, dizendo-lhes que um rei "tomará seus filhos", "tomará suas filhas", "tomará seus campos e suas vinhas" e "tomará o décimo de seus rebanhos". No final, "vocês serão seus servos e gritarão naquele dia, por causa do rei que escolheram, e o Senhor não os responderá naquele dia".

E o povo responde: "Não, haverá um rei sobre nós. Para que possamos ser como todas as nações e para que nosso rei possa nos julgar, e sair adiante de nós, e lutar nossas batalhas"[9].

A natureza humana não muda.

Esta é a infeliz verdade da história humana: porque o homem é uma ameaça ao homem, os seres humanos buscam segurança e satisfação na autoridade. Porque o homem é uma ameaça ao homem, o ser humano busca a possibilidade de uma *remodelação* do homem, a ser alcançada através do exercício do poder. Os seres humanos, muitas vezes, não confiam na autoridade moral de um Deus superior, olhando com benevolência para a humanidade, fornecendo diretrizes éticas, para a construção de vidas plenas e comunidades ricas. Ao invés disso, eles olham para a autoridade

---

[9] 1 Samuel 8, 7-20.

terrena de um rei, um líder, uma instituição. Demorou apenas algumas semanas, desde a divisão do Mar Vermelho, para os judeus abraçarem o Bezerro de Ouro[10].

Os seres humanos estão prontos para o autoritarismo.

Durante a maior parte da história humana, o autoritarismo manifestou-se em sistemas governamentais centralizados: monarquias, oligarquias e aristocracias. A democracia generalizada, do período pós-Segunda Guerra Mundial, é extraordinária e extraordinariamente frágil. Aos seres humanos pode ser garantida a liberdade, mas essa tem uma vida útil curta.

A democracia é ameaçada, principalmente, pela oclocracia: o governo da multidão. Ele transforma a liberdade em autoritarismo, de duas maneiras: através da brutalidade reacionária, na qual os cidadãos buscam proteção contra os ventos da mudança, de fora e de dentro – uma forma de brutalidade amplamente associada à direita política; e a brutalidade utópica, na qual os cidadãos procuram escapar dos desafios atuais, através da transformação da própria humanidade – uma forma de brutalidade amplamente associada à esquerda política. Frequentemente, as duas formas de brutalidade alimentam-se uma da outra, criando uma espiral descendente, em direção à tirania. Isso é, precisamente, o que aconteceu na Alemanha de Weimar, onde a brutalidade utópica, dos comunistas alemães, entrou em conflito com a brutalidade reacionária, dos nazistas alemães. O lado vencedor implementou a tirania mais cruel da história da humanidade. O lado perdedor foi o desdobramento de uma das tiranias mais cruéis da história da humanidade. Nenhum dos lados buscou a preservação de um sistema democrático, baseado em direitos.

Os fundadores dos Estados Unidos viram no governo da multidão o maior perigo para seu sistema nascente. Eles estabeleceram controles e equilíbrios governamentais, a fim de protegerem os direitos individuais dos caprichos frenéticos da massa

---

[10] Ver: Deuteronômio 9, 7-21.25-29. (N. E.)

INTRODUÇÃO

turbulenta. A Constituição foi projetada para controlar ambição contra ambição, paixão contra paixão. James Madison, reconhecidamente, abominava a "facção" – como ele se referia a

> um número de cidadãos, seja a maioria ou uma minoria do todo, unidos e movidos por algum impulso comum de paixão, ou de interesse, adverso aos direitos de outros cidadãos, ou aos interesses permanentes e agregados da comunidade.

Ele postulou duas maneiras possíveis de prevenir as facções: uma, "destruindo a liberdade, que é essencial para sua existência; a outra, dando a cada cidadão as mesmas opiniões, as mesmas paixões e os mesmos interesses". Ambas as formas terminariam em autoritarismo[11]. A solução, sugeriu ele, estava em freios e contrapesos, em criar tal difusão de interesses que a combinação se tornaria quase impossível.

Por um tempo, funcionou.

Funcionou por duas razões.

Primeiro, os freios e contrapesos construídos pelos fundadores eram maravilhosos em sua durabilidade. As esperanças dos pretensos autoritários eram rotineiramente frustradas pelos equilíbrios do federalismo, da separação de poderes. Esses freios e contrapesos permanecem duráveis hoje: a série de redutores de velocidade do sistema constitucional certamente diminui o ímpeto. Apesar das melhores tentativas dos membros de ambos os partidos de anular completamente a ordem constitucional, os excessos são frequentemente mitigados, pelo menos em pequena parte.

Em segundo lugar, e mais importante, o povo americano rejeitou amplamente os impulsos da multidão – eles rejeitaram tanto o utopismo do autoritarismo de esquerda quanto a natureza reacionária do autoritarismo de direita. As liberdades centrais dos Estados Unidos – liberdade de expressão e de imprensa, liberdade

---

[11] MADISON, James. Federalist No. 10. *Daily Advertiser*, [*S. l.*], *n. p.*, 22 nov. 1787.

de religião e associação – eram amplamente percebidas como estando além do debate. Se a opressão marcou profundamente a história americana – e, é claro, o fez –, ela o fez contra um pano de fundo de liberdade americana, cada vez mais amplamente aplicada a mais e mais americanos. Os Pais Fundadores[12] estavam unidos em seu apoio a uma cultura de liberdade, especialmente a liberdade de pensamento e expressão[13].

A MENTALIDADE AUTORITÁRIA

Entretanto, abaixo da superfície, a mentalidade autoritária é sempre iminente.

Em 1950, Theodor Adorno, teórico da Escola de Frankfurt, juntamente a Else Frenkel-Brunswik, Daniel Levinson e Nevitt Sanford, pesquisadores da Universidade da Califórnia em Berkeley, escreveram um livro intitulado *Estudos sobre a personalidade autoritária*[14]. O livro, uma tentativa de explorar as origens do antissemitismo, postulou que as pessoas poderiam ser classificadas através do uso da chamada *escala F* – a letra significava "personalidade pré-fascista". Adorno *et al.* postularam que tais personalidades haviam sido produzidas pelo sistema americano. Os autores sugeriram:

A modificação da estrutura potencialmente fascista não pode ser alcançada apenas através de meios psicológicos. A tarefa é comparável

---

[12] Os "Pais Fundadores" dos EUA são aqueles políticos, pensadores e juristas que foram signatários da Carta de Independência, participaram ativamente da Revolução Americana e da redação da Constituição dos Estados Unidos. A lista dos Pais Fundadores abrange um número enorme de pessoas, mas podemos destacar como principais os seguintes nomes: John Adams, Samuel Adams, George Washington (que se tornou o primeiro presidente dos EUA), Thomas Jefferson, George Clymer, Benjamin Franklin, Thomas Paine, George Taylor, George Read, James Madison e Alexander Hamilton. (N. E.)

[13] ADAMS, John. *The Political Writings of John Adams*. Washington, DC: Regnery, 2000. p. 13.

[14] No Brasil encontramos a seguinte edição: ADORNO, Theodor W. *Estudos sobre a personalidade autoritária*. São Paulo: Editora UNESP, 2019. (N. E.)

INTRODUÇÃO

à de eliminar a neurose, ou a delinquência, ou o nacionalismo do mundo. Esses são os produtos da organização total da sociedade e serão mudados apenas quando essa sociedade for mudada[15].

Como Adorno era esquerdista e freudiano, a análise era profundamente falha: a própria possibilidade de um autoritarismo de esquerda foi ignorada por ele. Ainda assim, o autoritarismo de direita é bastante real. Seguindo os passos de Adorno, Robert Altemeyer, cientista social de Harvard, utilizou uma escala de "Autoritarismo de Direita" (RWA, sigla em inglês), tentando detectar três traços de caráter:

"Submissão autoritária", ou disposição de se submeter a autoridades estabelecidas e legítimas;

"Agressão autoritária", ou agressividade aprovada pelas autoridades, contra um determinado "grupo externo";

"Convencionalismo", definido pela adesão a convenções sociais aprovadas[16]. Altemeyer descobriu que o autoritarismo de direita era irritantemente comum.

Surpreendentemente, Altemeyer descobriu que os esquerdistas não eram, de forma alguma, suscetíveis ao autoritarismo. Altemeyer concluiu que o autoritarismo de esquerda era "como o Monstro do Lago Ness: uma sombra ocasional, mas não um monstro"[17]. Talvez isso tenha algo a ver com o fato de que o "Autoritarismo de Esquerda", ou LWA [sigla em inglês], enviesou as perguntas[18]. Na verdade, quando Lucian Conway, psicólogo social da Universidade de Montana, simplesmente reescreveu as perguntas exatas de Altemeyer, substituindo apenas as premissas de direita, por premissas de esquerda, ele descobriu que "a pontuação mais alta para autoritarismo na LWA foi para os *esquerdistas*". Conway explicou:

---

[15] ADORNO, Theodor; FRENKEL-BRENSWIK, Else; LEVINSON, Daniel J.; SANFORD, R. Nevitt. *The Authoritarian Personality*. Londres: Verso, 2019.
[16] ALTEMEYER, Bob. *The Authoritarian Specter*. Cambridge MA: Harvard University Press, 1996. p. 13-15.
[17] *Ibid*., p. 216.
[18] *Ibid*., p. 220-21.

Nossos dados sugerem que os americanos médios na esquerda política são tão propensos a serem autoritários dogmáticos quanto os da direita política. E esses autoritários de esquerda podem ser tão preconceituosos, dogmáticos e extremistas quanto os autoritários de direita[19].

O *conteúdo* do dogma é meramente diferente: como escreve o sociólogo Thomas Costello, da Universidade Emory, *et al.*, o autoritarismo de esquerda é caracterizado por três traços, que parecem bastante semelhantes aos do autoritarismo de direita:

"Agressão revolucionária", destinada a "derrubar à força a hierarquia estabelecida e punir os que estão no poder";

"Censura de cima para baixo", dirigida a exercer "autoridade de grupo [...] como um meio de regular crenças e comportamentos caracteristicamente de direita";

"Oposição ao convencionalismo", refletindo um

absolutismo moral relativo aos valores progressistas e rejeição concomitante dos conservadores, como inerentemente imorais. Um desejo intolerante de impor, de forma coercitiva, crenças e valores de esquerda sobre os outros e uma necessidade de homogeneidade social e ideológica em seu ambiente[20].

Na verdade, existem autoritários de todos os lados. Até mesmo Adorno chegou a adotar essa visão: durante os protestos estudantis da década de 1960, Adorno, que lecionava na Universidade Livre de Berlim, foi confrontado por estudantes radicais.

---

[19] BAILEY, Ronald. Tracking Down the Elusive Left-Wing Authoritarian. *Reason*, [S. l.], p. 1, 8 mar. 2018. Disponível em: https://reason.com/2018/03/08/tracking-down-the-elusive-leftwing-autho/. Acesso em: 25 jan. 2022.

[20] COSTELLO, Thomas H; BOWERS, Shauna; STEVENS, Sean T.; WALDMAN, Irwin. Clarifying the Structure and Nature of Left-Wing Authoritarianism. *Journal of Personality and Social Psychology*, [S. l.], v. 122, n. 1, p. 1-47, 11 maio 2020. Disponível em: https://www.researchgate.net/publication/341306723_Clarifying_the_Structure_and_Nature_of_Left-Wing_Authoritarianism. Acesso em: 25 jan. 2022.

INTRODUÇÃO

Ele escreveu uma carta queixosa ao colega teórico da Escola de Frankfurt, Herbert Marcuse, reclamando do autoritarismo de esquerda que viu nos manifestantes estudantis, que ocuparam sua sala e se recusaram a sair: "Precisamos chamar a polícia, que prendeu todos os que encontraram na sala. [...] eles trataram os alunos com muito mais tolerância do que os alunos me trataram". Adorno escreveu que os alunos haviam "exibido algo daquela violência impensada, outrora pertencente ao fascismo". Marcuse, ele próprio um estridente autoritário de esquerda – propôs, de forma infame, que a "tolerância repressiva" exigia a censura dos pontos de vista dissidentes da direita[21] –, repreendeu, então, Adorno, afirmando que "nossa causa [...] é mais bem absorvida pelos estudantes rebeldes do que pela polícia". A violência de esquerda, argumentou ele, era apenas "ar fresco"[22].

Os autoritários raramente reconhecem seu próprio autoritarismo. Para eles, o autoritarismo parece uma simples virtude.

A QUESTÃO AUTORITÁRIA

Então, se há autoritários na direita e na esquerda – e se os dois se alimentam um do outro, levando a América a um pântano moral, cada vez mais fundo –, onde está o verdadeiro risco?

Para responder a essa pergunta, precisamos avaliar mais duas questões. Primeira, qual forma de autoritarismo é mais comum nos corredores do poder?

Em segundo lugar, qual forma de autoritarismo é mais provável de ser contida?

---

[21] MARCUSE, Herbert. Repressive Tolerance. Boston: *Beacon Press*, 1965. Disponível em: https://www.marcuse.org/herbert/publications/1960s/1965-repressive-tolerance-fulltext.html. Acesso em: 25 jan. 2022.
[22] ADORNO, Theodor; MARCUSE, Herbert. *Correspondence on the German Student Movement*. [*S. l.*], 14 fev. 1969 a 6 ago. 1969. Disponível em: https://hutnyk.files.wordpress.com/2013/06/adornomarcuse_germannewleft.pdf. Acesso em: 25 jan. 2022.

Vamos revisitar 6 de janeiro e suas consequências com essas questões em mente.

Não há dúvida de que os desordeiros de 6 de janeiro eram autoritários de direita. Eles invadiram o prédio do Capitólio para impedir o funcionamento da democracia, derrubar o processo constitucional e prejudicar aqueles que buscam cumprir seus deveres legais. Eles participaram em submissão autoritária – acreditavam estar fazendo o trabalho do presidente Donald Trump, contra um *establishment* corrupto e decadente. Eles participaram de uma agressão autoritária – acreditavam ter o poder de causar danos, a fim de defender Trump e assumir o Poder Legislativo. E eles estavam engajados no convencionalismo – eles sentiam que estavam defendendo os valores estabelecidos (a bandeira, o voto, a própria democracia) contra uma revolução vinda de dentro.

Em 6 de janeiro, esses autoritários de direita invadiram o Capitólio. E, ao contrário da opinião popular, o sistema suportou.

Acontece que o autoritarismo da direita foi controlado, em grande medida, *por membros da direita*. Foi o vice-presidente Mike Pence quem enviou uma carta ao presidente Trump, explicando que cumpriria seu dever,

> [...] para fazer com que abramos as certidões dos Eleitores dos diversos Estados, escutemos objeções levantadas por senadores e deputados, e contemos os votos do Colégio Eleitoral, para presidente e vice-presidente, de acordo com nossa Constituição, leis e história. Que Deus Me Ajude[23].

Foi o líder da maioria no Senado, Mitch McConnell (republicano do Kentucky), que parabenizou Joe Biden por sua vitória, imediatamente após a votação do Colégio Eleitoral. Foram os

---

[23] PENCE, Mike. [*S. l.*], 6 jan. 2021. Twitter: @Mike_Pence. Disponível em: https://twitter.com/Mike_Pence/status/1346879811151605762. Acesso em: 25 jan. 2022.

INTRODUÇÃO

republicanos no Senado que abandonaram seus desafios eleitorais, imediatamente após a reconvocação da contagem eleitoral, depois que o prédio do Capitólio foi esvaziado. Foram governadores e secretários de Estado republicanos que certificaram seus votos estaduais.

As instituições suportaram.

Muitos na mídia classificaram o dia 6 de janeiro como um "golpe". Porém, nunca foi um golpe no sentido adequado, pois isso requer apoio institucional. Certamente, os desordeiros não tiveram apoio institucional. Na verdade, o próprio Trump nunca pediu explicitamente o motim do Capitólio. Ele afirmou, em seu discurso naquela manhã, que queria protestos "pacíficos", tuitou no meio do tumulto que queria que todos fossem para casa (a grande maioria de seus apoiadores no comício já tinha ido) e, eventualmente – tarde demais, é claro –, divulgou uma declaração, na qual reconhecia sua derrota e dizia a seus apoiadores para permanecerem pacíficos. Trump pode ter tendências autoritárias, mas não exerceu poder autoritário. E, além do próprio Trump, nenhuma instituição importante na sociedade americana apoiou os distúrbios no Capitólio. Poucos sequer apoiaram os esforços do presidente para desafiar a eleição além do voto do Colégio Eleitoral.

Na verdade, quaisquer tendências autoritárias pessoais que Trump possa ter foram contidas *ao longo de sua administração*. Trump certamente se engajou em retórica autoritária – utilizou linguagem violenta, sugeriu o uso do sistema legal como arma, apelou por violações à Constituição. E *nada aconteceu*. Seus muito difamados procuradores gerais recusaram-se a violar a lei. Ele não demitiu o investigador especial Robert Mueller. Sua raiva da imprensa traduziu-se, principalmente, em aumento da audiência de seus inimigos. Jim Acosta, da CNN, que passava cada minuto de seu dia proclamando estar em perigo devido às falas exageradas de Trump, tornou-se um nome familiar, graças à arrogância do presidente. Em nenhum momento Acosta teve medo de ser preso, ou mesmo de ser removido de suas plataformas. O choque de 6 de janeiro foi que as grades de proteção desabaram por um breve momento no tempo, após segurarem durante anos a fio. Então, as grades de proteção foram reerguidas, inclusive por alguns dos antigos aliados de Trump.

Agora, vamos voltar para o outro lado do corredor.

Na esteira de 6 de janeiro, os poderes institucionais da América entraram em ação em nome de medidas autoritárias.

O *establishment* de mídia promoveu, amplamente, a ideia de remover das plataformas os conservadores do *mainstream* e os meios de comunicação conservadores no geral. A CNN relatou que a rebelião no Capitólio "reacendeu um debate sobre a defesa americana de longa data do discurso extremista". Naturalmente, a mídia citou "especialistas" como Wendy Seltzer, afiliada do Centro Berkman Klein para Internet & Sociedade de Harvard, no sentido de que a liberdade de expressão beneficia, principalmente, os brancos[24]. Nikole Hannah-Jones, a prevaricadora em série das mídias sociais e ganhadora do Prêmio Pulitzer de ficção histórica sobre os males inerentes da América, rapidamente pediu à mídia um "acerto de contas"[25]. Max Boot sugeriu nas páginas do *The Washington Post* que a Fox News fosse removida da Comcast[26], ou que a Federal Communications Commission [agência reguladora de telecomunicações e radiodifusão dos Estados Unidos] fosse autorizada a censurar as redes a cabo, declarando: "Biden precisa revigorar a FCC. Senão, o terrorismo que vimos em 6 de janeiro pode ser apenas o começo, e não o fim, da conspiração contra a América"[27].

---

[24] MCLAUGHLIN, Eliott C. Violence at Capitol and beyond reignites a debate over America's long-held defense of extremist speech. *CNN*, [*S. l.*], p. 1-8, 19 jan. 2021. Disponível em: https://www.cnn.com/2021/01/19/us/capitol-riots-speech-hate-extremist-first-amendment/index.html?utm_content=2021- 01-19T14%3A35%3A03& utm_source=twCNN&utm_term=link&utm_medium=social. Acesso em: 25 jan. 2022.

[25] WELLS, Ida Bae. The reckoning needs to come to the media, too. [*S. l.*], 10 jan. 2021. Twitter: @nhannahjones. Disponível em: https://web.archive.org/web/20210111193534/https://twitter.com/nhannahjones/status/1348382948005982208. Acesso: 25 jan. 2022.

[26] Conglomerado empresarial americano de telecomunicações. É o segundo maior fornecedor de acesso à TV a cabo e radiodifusão do mundo, e o primeira em acesso à internet. (N. E.)

[27] BOOT, Max. Trump couldn't have incited sedition without the help of Fox News. *The Washington Post*, [*S. l.*], p. 1-3, 18 jan. 2021. Disponível em: https://www.washingtonpost.

INTRODUÇÃO

Isso não era apenas conversa. Quase todas as empresas de mídia social na América removeram, prontamente, as contas do presidente Trump, mesmo reconhecendo que não poderiam justificar essa remoção, com base em suas políticas declaradas. Grandes corporações anunciaram que cortariam o financiamento de qualquer republicano que houvesse contestado os votos eleitorais, apesar de nunca terem feito isso para os democratas[28]. O senador Josh Hawley (republicano do Missouri), que havia apoiado o desafio a eleitores[29] (sem base legal séria, deve-se notar), teve seu contrato de publicação pela Simon & Schuster cancelado[30]. A Escola de Governo Harvard Kennedy retirou a deputada Elise Stefanik (republicana de Nova York) de seu comitê consultivo sênior, por ter feito "afirmações públicas sobre fraude eleitoral na eleição presidencial de novembro, sem base em evidências"[31]. A Godaddy.com chutou o AR15.com[32], o maior fórum de armas do mundo, para fora da internet[33].

A reação mais dramática e imediata ao tumulto no Capitólio foi o movimento institucional contra o Parler. Ele havia sido

....

com/opinions/2021/01/18/trump-couldnt-have-incited-sedition-without-help-fox-news/. Acesso em: 25 jan. 2022.

[28] LEGUM, Judd; ZEKERIA, Tesnim. Major corporations say they will stop donating to members of Congress who tried to overturn the election. *Popular Information*, [S. l.], p. 1-21, 10 jan. 2021. Disponível em: https://popular.info/p/three-major-corporations-say-they. Acesso em: 25 jan. 2022.

[29] *Challenging electors* é um mecanismo judicial do sistema eleitoral americano, pelo qual se pode contestar a elegibilidade de um ou mais indivíduos, bem como a legalidade dos votos de determinados grupos ou pessoas. (N. E.)

[30] HARRIS, Elizabeth A.; ALTER, Alexandra. Simon & Schuster Cancels Plans for Senator Hawley's Book. *The New York Times*, [S. l.], p. 1-4, 7 jan. 2021. Disponível em: https://www.nytimes.com/2021/01/07/books/simon-schuster-josh-hawley-book.html. Acesso em: 25 jan. 2022.

[31] SHAW, Jazz. The cancel culture comes for Elise Stefanik. *Hot Air*, [S. l.], p. 1-3, 13 jan. 2021. Disponível em: https://hotair.com/jazz-shaw/2021/01/13/cancel-culture-comes-elise-stefanik-n379115. Acesso em: 25 jan. 2022.

[32] O maior fórum de armas do mundo; nele há todo tipo de entusiastas de armas, desde caçadores e atiradores esportivos até empresários e artistas. Foi fundado em 1996 por Edward Avila, e desde 2013 está sediado em Dallas. Um de seus mais conhecidos presidentes foi o ator e ativista político Charlton Heston. (N. E.)

[33] BOYD, Jordan. The Biggest Gun Forum On The Planet Was Just Kicked Off The Internet Without Explanation. *The Federalist*, [S. l.], p. 1-4, 12 jan. 2021. Disponível em: https://thefederalist.com/2021/01/12/the-biggest-gun-forum-on-the-planet-was-just-kicked-off-the-internet-without-explanation/. Acesso em: 25 jan. 2022.

lançado em agosto de 2018, como uma alternativa ao Twitter; os conservadores reclamavam da falta de transparência do Twitter e da discriminação contra conservadores em relação aos esquerdistas. O Parler era a suposta solução do livre mercado. Então, após o tumulto, a *App Store* da Apple removeu o Parler, assim como a *Play Store* do Google. A desculpa: supostamente, os usuários do Parler haviam se coordenado em relação aos protestos de 6 de janeiro e o Parler havia permitido que materiais inflamatórios e ameaçadores continuassem disponíveis. O golpe final veio quando a Amazon Web Services – uma empresa que apenas fornece infraestrutura *web*, baseada em nuvem, para empresas – cancelou completamente o Parler, colocando-o offline. A AWS, escreveu John Matze, CEO da Parler,

> banirá o Parler até que desistamos da liberdade de expressão, instituamos políticas amplas e invasivas como o Twitter e o Facebook, e nos tornemos uma plataforma de vigilância, ao buscar a culpa daqueles que usam Parler, antes da inocência[34].

Como se viu, o Facebook e o Twitter também foram usados pelos manifestantes do Capitólio para se coordenarem. Nenhuma das empresas perdeu sua infraestrutura em nuvem. Entretanto membros esquerdistas da mídia não reagiram a essa hipocrisia pedindo a restauração do Parler – eles reagiram pedindo *por mais censura ao Facebook e ao Twitter*. Joe Scarborough, da MSNBC, que durante a corrida de 2016 passou um tempo excessivo elevando Trump, vociferou:

> Esses distúrbios não teriam acontecido senão pelo Twitter e pelo Facebook. [...] Os algoritmos do Facebook foram criados para causar a explosão desse tipo de radicalismo. [...] O Facebook e o

---

[34] FUNG, Brian. Parler has now been booted by Amazon, Apple and Google. *CNN*, [*S. l.*], p. 1-2, 11 jan. 2021. Disponível em: https://www.cnn.com/2021/01/09/tech/parler-suspended-apple-app-store/index.html. Acesso em: 25 jan. 2022.

INTRODUÇÃO

Twitter configuraram seus modelos de negócios de uma forma que levaria à insurreição[35].

Outros jornalistas de tecnologia espelharam esse sentimento – um sentimento que eles vinham estimulando há anos, na esperança de fechar empresas de mídia social, que distribuem fontes alternativas de mídia.

Enquanto isso, os atores governamentais falavam de vingança – e de usar os distúrbios do Capitólio para alcançar objetivos políticos, há muito buscados. A deputada Alexandria Ocasio-Cortez (democrata de Nova York) afirmou que o Congresso deveria formar uma comissão de "alfabetização midiática", para "descobrir como controlarmos nosso ambiente de mídia"[36]. A deputada Cori Bush (democrata do Missouri) pediu que todos os membros do Congresso que "incitaram esse ataque terrorista doméstico" sejam removidos da instituição[37]. O senador Ron Wyden (democrata do Oregon) afirmou, na NBCNews. com, que a única maneira de evitar outro motim no Capitólio seria a adição de Washington, D.C., como um estado, um Ato de Direitos de Voto renovado (provavelmente inconstitucional) e votação universal por correspondência[38]. Quando Joe Biden

---

[35] ELLIOTT, Tom. .@JoeNBC: "Those riots would not have happened but for Twitter, but for Facebook ... Facebook's algorithms were set up to cause this sort of radicalism to explode ... Facebook and Twitter set up their business models in a way that would lead to the insurrection". [*S. l.*], 18 jan. 2021. Twitter: @tomelliott. Disponível em: https://twitter.com/tomselliott/status/1351140855478947844. Acesso em: 25 jan. 2022. [1 vídeo anexado]

[36] SOAVE, Robby. No, AOC, It's Not the Government's Job to 'Rein in Our Media'. *Reason*, [*S. l.*], p. 1-4, 14 jan. 2021. Disponível em: https://reason.com/2021/01/14/aoc-rein-in-our-media-literacy-trump-capitol-rots/. Acesso em: 25 jan. 2022.

[37] BUSH, Cori. I'm calling for the removal of every @GOP member involved in today's coup. If you're with me, sign your name to my petition to send them a message that you will not stand for their treason. [*S. l.*], 6 jan. 2021. Twitter: @CoriBush. Disponível em: https://twitter.com/coribush/status/1346985140912844805. Acesso em: 25 jan. 2022. [1 petição anexada]

[38] Senador WYDEN, Roy. The Capitol riots prove we need to strengthen our democracy. That begins with voting rights. *NBC News*, [*S. l.*], p. 1-8, 11 jan. 2021. Disponível em: https://www.nbcnews.com/think/opinion/capitol-riots-prove-we-need-strengthen-our-democracy-begins-voting-ncna1253642. Acesso em: 25 jan. 2022.

assumiu o cargo, em 20 de janeiro, o deputado James Clyburn (democrata da Carolina do Sul), que havia comparado Donald Trump a Hitler e os republicanos aos nazistas[39], disse que Biden deveria, simplesmente, agir unilateralmente através de ação executiva para implementar sua agenda, caso o Congresso se recusasse:

> Se eles vão criar obstáculos, continue sem eles. Use sua autoridade executiva se eles se recusarem a cooperar. [...] você pode fazer coisas grandes, pode fazer coisas grandiosas. Você pode fazer coisas duradouras[40].

É importante notar que não existe uma cláusula da Constituição pela qual o presidente pode, simplesmente, implementar suas políticas favoritas, sem a aprovação do Congresso.

Resumindo: em 6 de janeiro, um grupo de apoiadores extremistas de Trump – autoritários de direita – invadiu o Capitólio dos Estados Unidos, onde foram rapidamente reprimidos. As instituições sobreviveram. Os rebeldes foram amplamente ridicularizados, renegados e processados.

Imediatamente depois disso, os autoritários de esquerda aproveitaram totalmente a situação para levar adiante a agressão revolucionária, a censura de cima para baixo e a oposição ao convencionalismo, visando não apenas os rebeldes, mas os conservadores e, de forma mais ampla, os direitos individuais. Essa perspectiva foi espelhada em quase todas as instituições poderosas da sociedade americana.

Então, vamos repetir a pergunta: se há uma ameaça séria à liberdade de expressão, será que ela vem principalmente de

---

[39] LUTZ, Eric. Clyburn Compares GOP Bowing to Trump to Nazi Germany. *Vanity Fair*, [*S. l.*], p. 1-3, 13 mar. 2020. Disponível em: https://www.vanityfair.com/news/2020/03/clyburn-compares-gop-bowing-to-trump-to-nazi-nazi-germany. Acesso em: 25 jan. 2022.
[40] REP. Clyburn: Biden Should Use Executive Authority if the Other Side Refuses to Cooperate. *Grabien.com*, [*S. l.*], p. 1, 18 jan. 2021. Disponível em: https://grabien.com/story.php?id=321515. Acesso em: 25 jan. 2022.

INTRODUÇÃO

autoritários de direita? Ou vem dos autoritários de esquerda, na mídia, em grandes empresas de tecnologia e no governo?

Se há uma ameaça às instituições democráticas, ela vem principalmente de autoritários de direita? Ou vem dos autoritários de esquerda no governo, que desdenham amplamente a Constituição e acreditam na implementação de sua visão de mundo de cima para baixo?

Se houver uma ameaça às nossas liberdades mais básicas, quem devemos temer mais: os idiotas em trajes de palhaço, invadindo o Capitólio em 6 de janeiro? Donald Trump, um homem que falava como autoritário, mas não governava como tal? Ou os esquerdistas monolíticos, que dominam os escalões superiores de quase todas as instituições poderosas da sociedade americana e que, frequentemente, usam seu poder para silenciar sua oposição?

A VIDA SOB O AUTORITARISMO SOCIAL DE ESQUERDA

No fundo, os americanos sabem a resposta a essa pergunta.

Mais de seis em cada dez americanos afirmam temer dizerem o que pensam, incluindo a maioria dos progressistas, 64% dos moderados e 77% dos conservadores. Apenas os que se autodenominam "progressistas fortes" se sentem confiantes, hoje em dia, em dizer o que acreditam[41]. Ser um autoritário de esquerda é sentir a certeza da oposição ao convencionalismo, a paixão pela censura de cima para baixo, a emoção da agressão revolucionária.

O amanhã pertence a eles.

---

[41] EKINS, Emily. Poll: 62% of Americans Say They Have Political Views They're Afraid to Share. CATO *Institute*, [*S. l.*], p. 1-9, 22 jul. 2020. Disponível em: https://www.cato.org/publications/survey-reports/poll-62-americans-say-they-have-political-views-theyre-afraid-share. Acesso em: 25 jan. 2022.

Para o resto de nós, uma sociedade dirigida por autoritários de esquerda é extraordinariamente opressiva. É estar cercado pelo ódio institucional. Na América, se você é conservador – ou, simplesmente, não esquerdista –, o ódio é palpável.

Eles o odeiam na academia. Eles o odeiam na mídia. Eles odeiam você na área de esportes, no cinema, no Facebook e no Twitter. Seu chefe odeia você. Seus colegas o odeiam – ou pelo menos foi dito a eles que deveriam.

Eles o odeiam porque você pensa da maneira errada.

Talvez o problema seja que você frequenta a igreja regularmente. Talvez seja porque você deseja administrar sua empresa e ser deixado em paz. Talvez seja porque você deseja criar seus filhos com valores sociais tradicionais. Pode ser que você acredite que homens e mulheres existem, ou que a polícia geralmente não é racista, ou que as crianças merecem uma mãe e um pai, ou que o trabalho árduo compensa, ou que a bandeira americana representa a liberdade ao invés da opressão, ou que crianças não nascidas não deveriam ser mortas, ou que as pessoas deveriam ser julgadas com base no conteúdo de seu caráter e não na cor de sua pele.

Talvez o problema seja que você não vai postar um quadrado preto em sua página do Facebook para simbolizar seu apoio ao movimento Black Lives Matter. Talvez o problema seja que você não vai se ajoelhar para o hino nacional[42], ou torcer para aqueles que se ajoelham. Talvez seja porque você não tenha colocado seus pronomes preferidos em seu perfil do Twitter, ou não tenha colocado a *hashtag* com o símbolo do orgulho mais recente, para a causa mais recente, ou não tenha usado o *emoji* adequado em suas mensagens de texto.

Ou talvez seja apenas porque você tenha amigos, ou membros da família, ou mesmo conhecidos, que violaram qualquer um

---

[42] Tornou-se um ato político-ativista comum ajoelhar-se e, por vezes, erguer um dos punhos em forma de protesto contra determinadas ações policiais e judiciais contra negros e grupos de ativistas da causa negra. Após a morte de George Perry Floyd Jr., em 2020, em uma abordagem policial truculenta, vários jogadores da NFL e da NBA utilizaram esse gesto como protesto político. Muitos críticos, no entanto, veem nesse ato um desrespeito à bandeira e história norte-americanas. (N. E.)

INTRODUÇÃO

dos emaranhados de regulamentos culturais colocados sobre nós por nossos supostos superiores morais. A culpa por associação é tão prejudicial quanto a culpa por ação ou inação.

As razões pelas quais eles odeiam tais pessoas são muitas. Elas mudam, dia após dia. Não há rima, razão ou consistência para eles. Um dia você pode ser um festejado defensor da justiça, por defender os direitos dos homossexuais ou ideais feministas. No dia seguinte você pode ser informado de que foi banido por se recusar a reconhecer que um homem que se intitula mulher não é, realmente, uma mulher (Martina Navratilova ou J. K. Rowling). Um dia, você pode se tornar um herói da intelectualidade por seu cinismo sobre religião. No próximo, você pode se tornar um vilão, pelo grande pecado de sugerir que a cultura do cancelamento gera radicalização (Sam Harris ou Steven Pinker). Um dia, você pode ser um formador de opinião muito respeitado, considerado uma leitura *de rigueur*[43] por sua complexa abordagem sobre economia e sociologia. No próximo, você pode ser considerado um homem branco privilegiado, digno de excomunhão (David Shor ou Matthew Yglesias).

Essa não é uma questão de ser democrata ou republicano. Nenhuma figura mencionada acima se identificaria como republicano, muito menos como conservador. No final, há apenas uma coisa unindo as figuras díspares, consideradas dignas do *gulag*, em nossa guerra cultural em curso: a recusa. Como o *Bartleby*, de Herman Melville, é a simples recusa que exige a coação. Os padrões importam menos do que a simples mensagem: você obedecerá e irá gostar.

As consequências para aqueles que não o fazem são bem reais. Como um conservador proeminente, sempre aviso àqueles que não estão preparados para reações sociais, culturais e familiares, a não se associarem publicamente a mim. Existem consequências para quem trata os conservadores como seres humanos. Por isso, a cada aniversário me divirto, mas não me surpreendo, em receber um

---

[43] "Obrigatória". (N. E.)

bando de desejos gentis de progressistas via mensagem de texto – e nenhum publicamente, em lugares como o Twitter, onde o mero reconhecimento de que um conservador nasceu de uma mulher é suficiente para merecer um desprezo interminável.

Essas situações estão longe de serem hipotéticas. Em junho de 2018, Mark Duplass, um ator e produtor proeminente de Hollywood, abordou-me a respeito de uma reunião. Ele estava produzindo um filme sobre direitos de armas e queria falar com alguém da direita, para obter um ponto de vista mais preciso. Achei isso chocantemente decente da parte dele, dada a determinação permanente e total de Hollywood de caricaturizar posições conservadoras. Eu disse isso a ele e sugeri que fosse ao escritório para uma discussão.

Acabamos passando cerca de uma hora e meia juntos. Quando ele saiu, dei-lhe o aviso de costume: não mencione publicamente que nos conhecemos, a menos que você esteja preparado para as consequências.

Ele não ouviu. Em julho, algumas semanas depois, ele tuitou esta mensagem chocante:

> Colegas progressistas: se vocês estão interessados em "cruzar o corredor", devem considerar seguir @benshapiro. Eu não concordo com ele em muitos pontos, mas ele é uma pessoa genuína, que uma vez me ajudou por nenhuma outra razão a não ser para ser legal. Ele não distorce a verdade. As intenções dele são boas.

O mundo caiu sobre o pobre Mark. Depois de se tornar uma tendência[44] no Twitter e de, certamente, receber um monte de notas desagradáveis em privado, Mark rapidamente excluiu seu tuíte. Ele o substituiu por uma sessão de luta maoísta, com polêmicas de justiça social e diarreia mental:

---

[44] Isto é, subiu nos *trending topics* daquela rede social, significando que seu *post* gerou engajamento entre os usuários e publicidade relevante nos marcadores algorítmicos do Twitter. (N. E.)

INTRODUÇÃO

Então, aquele tuíte foi um desastre em muitos níveis. Quero deixar claro que, de forma alguma, endosso o ódio, o racismo, a homofobia, a xenofobia, ou qualquer outra forma de intolerância. Meu objetivo sempre foi espalhar unidade, compreensão e bondade. Porém, cometerei erros ao longo do caminho. Às vezes, eu me movo muito rápido quando fico animado, ou não faço pesquisas o suficiente, ou não me comunico com clareza. Eu realmente sinto muito. Agora entendo que preciso ser mais diligente e cuidadoso. Estou trabalhando nisso. Contudo eu acredito profundamente na compreensão bipartidária, e vou continuar a fazer o meu melhor para promover agora a paz e a decência neste mundo. Dito isso, eu ouço vocês. E quero agradecer àqueles que fizeram críticas construtivas. Eu realmente aprendi muito, e desejo a todos tudo de bom[45].

Bem, quase todos.

Honestamente, senti muita pena dele. Duplass precisa trabalhar nesta cidade. E Hollywood é uma ditadura ideológica, de partido único. Dito isso, eu o avisei. E a covardia é, de fato, uma forma de pecado.

Naturalmente, o pedido de desculpas covarde de Duplass ao mundo, por ter reconhecido que um conservador é, de fato, humano, trouxe aplausos dos suspeitos de sempre (Zack Beauchamp, da *Vox*, intitulou: "Duplass estava certo em retirar seu elogio")[46]. A ordem foi restaurada. O universo moral binário, governado pela casta sacerdotal "*woke*"[47], foi mantido.

---

[45] DUPLASS, Mark. [1 foto anexada]. [*S. l.*], 19 jul. 2019. Twitter: @MarkDuplass. Disponível em: https://twitter.com/MarkDuplass/status/1019946917176881152?ref_src=twsrc%5Ettw%7Ctwcamp%5Etweetembed%7Ctwterm%5E1019946917176881152%7Ctwgr%5E%7Ctwcon%5Es1_&ref_url=https%3A%2F%2Fwww.vox.com%2Fpolicy-and-politics%2F2018%-2F7%2F19%2F17593174%2Fmark-duplass-ben-shapiro-apology. Acesso em: 25 jan. 2022.
[46] BEAUCHAMP, Zack. Actor Mark Duplass apologizes for praising conservative pundit Ben Shapiro. *Vox*, [*S. l.*], p. 1-6, 19 jul. 2018. Disponível em: https://www.vox.com/policy-and-politics/2018/7/19/17593174/mark-duplass-ben-shapiro-apology. Acesso em: 25 jan. 2022.
[47] O termo "woke" – "desperto", em tradução literal –, é uma nomenclatura política contemporânea. Desde cerca de 2010 a esquerda vem utilizando o termo *woke* com maior ou menor engajamento; em resumo, a expressão designa a atitude de indivíduos e empresas em favor de uma tomada de posição política progressista. No livro *Teorias Cínicas*, de Helen Pluckrose

E *será*[48] mantido.

Porque Duplass não está sozinho. Esse tipo de coisa acontece *o tempo todo*. Quase um ano após o incidente com Duplass, participei de uma cúpula política bastante sofisticada – talvez o único coquetel realmente chique ao qual já fui. Um dos outros participantes era um dos *podcasters* de esquerda mais proeminentes do país. Depois de algumas gentilezas, sugeri que talvez devêssemos fazer um *podcast* que conversasse com ambos os lados, para o ano eleitoral. "Os números", eu disse, "seriam extraordinários. Sei que meu público iria adorar. Sempre recebemos convidados que discordam".

"Tenho certeza de que seu público ficaria bem com isso", respondeu o *podcaster*. "Mas o meu me mataria".

Ele não estava errado. Por isso, quando encontro pessoas proeminentes, de estrelas do esporte conservadoras a magnatas libertários da tecnologia, de diretores de direita de Hollywood a progressistas de bom coração no mundo da mídia, faço isso discretamente. Não estou no negócio de tirar bilhões de dólares da capitalização de mercado de grandes corporações, ou de fazer com que diretores de estúdios sejam demitidos, simplesmente confirmando com quem almoço. Aqueles que violam a quarentena ideológica, nesse ambiente, correm o risco de serem tratados como leprosos.

Bem, eu tenho sorte. Eu falo sobre minhas opiniões para viver. Contudo dezenas e dezenas de milhões de pessoas não têm tanta sorte. Para elas, as consequências de falar publicamente de pontos de vista não esquerdistas, em nosso tempo absolutista, são graves. A esquerda autoritária busca reprimir a dissidência. E eles usam todos os meios à sua disposição para fazer isso.

---

e James Lindsay, os autores classificam esse termo como sendo um engajamento público pró-justiça social – isto é, a defesa de um conjunto de ideias pós-modernista de cunho esquerdista. Então, podemos entender que *woke* diz respeito à defesa pública de pautas sociais à esquerda, baseada em uma agenda político-filosófica pós-modernista. (N. E.)

[48] Os itálicos de ênfase são do autor. (N. E.)

INTRODUÇÃO

Todos os dias, recebo dezenas de cartas e ligações de pessoas perguntando como navegar no campo minado da vida americana. É, facilmente, a pergunta mais comum que recebo.

"Meu chefe está me forçando a um treinamento de diversidade, durante o qual me disseram que todos os americanos brancos são inerentemente racistas. Devo falar sobre isso? Tenho medo de ser demitida".

"Meu professor diz que qualquer pessoa que se recuse a usar pronomes neutros é um intolerante. O que devo escrever na minha prova final? Tenho medo de que ele reduza minha nota".

"Minha irmã sabe que votei nos republicanos. Agora ela diz que não quer falar comigo. O que eu faço?"

As consequências do autoritarismo cultural *woke* são reais e devastadoras. Eles variam de perda de emprego ao ostracismo social. Os americanos vivem com medo do momento em que um inimigo pessoal desenterrar um Tuíte Velho e Mau[TM49], ou membros da mídia "ressurgirem" um comentário indelicado, em uma mensagem de texto. E os olhos e ouvidos estão por toda parte. Uma simples dica de alguém no Facebook para um ativista e pseudojornalista pode resultar em um escândalo mundial. Seu chefe se importa com o que você diz. Seus amigos também. Desafie os guerreiros da justiça social e você será cancelado. Não é uma questão de se. Apenas quando.

A única segurança contra a turba é se tornar parte dela. O silêncio costumava ser uma possibilidade. Hoje, o silêncio é tomado como resistência. Todos devem se levantar e aplaudir Stalin – e aquele que se senta primeiro é enviado para o *gulag*.

Então repita. E acredite.

Talvez o aspecto mais irritante de nosso momento culturalmente autoritário seja a casual segurança com a qual os americanos são informados de que estão exagerando. Não existe cultura do cancelamento, asseguram-nos nossos governantes *woke*, enquanto

---

[49] Ver nota 205. (N. E.)

caçam, ativamente, nossa gafe política mais embaraçosa. Não há nada de errado, dizem eles, em ligar para seu chefe para tentar fazer com que você seja demitido – afinal, é apenas o livre mercado funcionando! Por que você está reclamando da censura nas redes sociais, ou do ostracismo social? As pessoas têm o direito de fazer você em pedaços, de acabar com sua carreira, de caluniar seu caráter! É tudo liberdade de expressão!

Em certo sentido, eles não estão errados: seu chefe tem o direito de demiti-lo; seus amigos e familiares têm o direito de romper com você. Nada disso equivale a uma violação da Primeira Emenda.

Isso equivale, simplesmente, ao fim da república.

A liberdade de expressão e a livre troca de ideias morrem quando a atitude de tolerância filosófica murcha. O autoritarismo do governo não é a única maneira de matar a liberdade americana. O autoritarismo cultural também funciona. Sempre funcionou. Escrevendo em 1831, o maior observador da América e da democracia, Alexis de Tocqueville, resumiu a ameaça do despotismo democrático, em termos que soam chocante e assustadoramente prescientes:

> Sob o governo absoluto de um só, o despotismo atingiu grosseiramente o corpo, de modo a atingir a alma; e a alma, escapando daqueles golpes, ergueu-se gloriosamente acima dele; mas, nas repúblicas democráticas, a tirania não procede dessa maneira; sai do corpo e vai direto para a alma. O mestre não lhe diz mais: você deve pensar como eu, ou morrerá; ele diz: Você é livre para não pensar como eu; sua vida, seus bens, tudo permanece com você; mas, a partir deste dia, você será um estranho entre nós. Você manterá seus privilégios na cidade, mas eles se tornarão inúteis para você; pois, se você deseja o voto de seus concidadãos, eles não o concederão a você, e se você exigir apenas a estima deles, eles ainda fingirão recusá-la a você. Você permanecerá entre os homens, mas perderá seus direitos de humanidade. Quando você se

INTRODUÇÃO

aproximar de pessoas como você, eles fugirão, como se você fosse impuro; e aqueles que acreditam na sua inocência, até mesmo eles, devem abandoná-lo, pois serão abandonados na hora deles. Vá em paz, eu lhe deixo sua vida, mas eu a deixo para você pior do que a morte[50].

Essa é a América que ocupamos atualmente. Como escreve o repórter da Axios, Jim VandeHei:

A América azul [democrata] está em ascensão em quase todas as áreas: conquistou o controle de todos os três ramos do governo; domina a grande mídia; possui, controla e vive nas plataformas sociais dominantes; e tem o poder no nível dos funcionários em grandes empresas de tecnologia, de forma a forçar decisões corporativas [...]. Nosso país está repensando a política, a liberdade de expressão, a definição da verdade e o preço das mentiras. Este momento – e nossas decisões – serão estudados pelos netos de nossos filhos[51].

Não há trégua: seu empregador exige sua fidelidade aos princípios *woke*; as corporações exigem que você espelhe suas prioridades políticas; a mídia trata você como um bárbaro bruto. Não há distrações: Hollywood zomba de sua moral e condena você por segui-la; o mundo dos esportes exige que você imite as perversidades populares do momento, antes de poder se distrair; a mídia social controla o fluxo de informações que você pode ver, enquanto o impede de falar o que pensa. E, a cada dia, você se pergunta se hoje será o dia em que a multidão virá atrás de você.

---

[50] TOCQUEVILLE, Alexis de. *Democracy in America*. Tradução: Harvey C. Mansfield, Delba Winthrop. Chicago: University of Chicago Press, 2000. p. 244-245. No Brasil destacamos a seguinte edição: TOCQUEVILLE, Alexis de. *A Democracia na América*. São Paulo: Edipro, 2019. (N. E.)

[51] VANDEHEI, Jim. Our new reality: Three Americas. *Axios*, [S. l.], p. 1-5, 10 jan. 2021. Disponível em: https://www.axios.com/capitol-siege-misinformation-trump-d9c9738b--0852-408d-a24f-81c95938b41b.html?stream=top. Acesso em: 25 jan. 2022.

Este livro é sobre como nosso momento autoritário surgiu. É sobre a tomada de nossas instituições mais poderosas por um núcleo de radicais e sobre o ódio miasmático e as terríveis consequências que os americanos enfrentam por defenderem princípios, até então, incontroversos.

Porém, é também sobre algo mais.

É sobre como lutar da *maneira correta*.

Porque, enterrado no autoritarismo, está sempre uma falha profunda: sua insegurança. Se os autoritários tivessem amplo e profundo apoio, eles não exigiriam coerção. O segredo sujo de nossos autoritários *woke* é que *eles são a minoria*.

Você é a maioria.

Não é que todo mundo o odeie. É que milhões de americanos têm medo de dizer que *concordam com você*.

Nós fomos silenciados.

E agora é a hora do silêncio ser quebrado, por uma palavra simples e poderosa, uma palavra que significa liberdade, desde o início dos tempos:

Não.

>> CAPÍTULO 1

COMO SILENCIAR UMA MAIORIA

>> CAPÍTULO 1 <<

COMO SILENCIAR UMA MAIORIA

Em 8 de novembro de 2016, uma bombástica estrela de televisão tornou-se presidente dos Estados Unidos. Donald Trump tornou-se presidente, apesar de meses de histeria na mídia e de ataques extraordinários à sua campanha e a seu caráter. Ele se tornou presidente, apesar das previsões confiantes, de pesquisadores e analistas, de que ele praticamente não tinha chance.

Acima de tudo, os pesquisadores e analistas erraram o nível de apoio a Trump, porque interpretaram erroneamente seus apoiadores. Eles acreditavam que esses eram um núcleo duro de diamantes composto de fanáticos irritantes, mas geralmente inofensivos. Um conjunto de "deploráveis", na fraseologia de Hillary Clinton.

Então, Trump venceu.

Isso apresentava aos elitistas políticos duas escolhas possíveis: eles poderiam se envolver em alguma introspecção merecida, considerando a possibilidade de terem perdido algo vital na vida política americana e reexaminando suas premissas sobre a natureza do público americano; ou eles poderiam castigar dezenas de milhões de americanos como deficientes morais e intelectuais.

Eles escolheram o último.

Depois de alguma cobertura inicial da mídia, na qual Jane Goodalls, pretensa jornalista sediada no Brooklyn, que usava mocassins da Gucci, cobriu os apoiadores de Trump como misteriosos gorilas, grunhindo na névoa; na qual graduados da Escola de Jornalismo da Universidade de Nova York, de rosto jovem e olhos brilhantes, depois das aulas com Lauren Duca sobre como reclamar de Tucker Carlson na *Teen Vogue*, viajaram para o lendário estado republicano primitivo da América – um lugar caótico e brutal, cheio de cadeias de restaurantes, Walmarts e igrejas, caracterizado por uma séria falta de restaurantes veganos culturalmente sensíveis, cafeterias artesanais e instalações da Planned Parenthood; na qual os ditos repórteres falavam com o Pobre Billy, um antigo operário sem sorte, que estava apenas ansioso por alguns programas de subsídios democratas... o *establishment* jornalístico chegou a uma conclusão: os eleitores de Trump eram, como eles haviam pensado originalmente e como Hillary Clinton havia dito uma vez, deploráveis. Eles eram, como Barack Obama uma vez os havia caracterizado, amargos e apegados, desesperadamente agarrados a Deus, armas e racismo, usando seus capacetes em fábricas decadentes e então os transformando em capuzes brancos à noite, para aterrorizar as minorias da vizinhança. Os eleitores de Trump eram americanos brancos pobres, em cidades agonizantes do Cinturão da Ferrugem[52], esperançosos de impedir as mudanças demográficas ao votarem em Trump. (De alguma forma, escapou à atenção que cerca de 2,8 milhões de nova-iorquinos votaram em Trump, ou 4,5 milhões de californianos. Há muitos republicanos que não ficam sentados em lanchonetes, usando bonés de caminhoneiro).

Essa foi uma narrativa conveniente. Certamente aliviou os jornalistas da obrigação de deixarem suas zonas de conforto, tanto

---

[52] Antiga região de manufatura, compreendendo estados do Nordeste, dos Grandes Lagos e do Meio Oeste (N. E.)

literal quanto figurativamente – não há necessidade de passar uma noite na Zona Rural de Ohio ao invés dos confortos do Upper West Side, ou de se preocupar em discutir questões desconfortáveis com os camponeses. Também permitiu que jornalistas abandonassem a prática do jornalismo de forma mais ampla. Agora, ao invés de se concentrarem nas políticas de Trump, eles poderiam simplesmente se concentrar em seus tuítes, as manifestações impulsionadas pelo id de sua tese original: cada tuíte poderia ser lido como uma confirmação de sua hipótese sobre os americanos de estados de maioria republicana. Agora, ao invés de examinar todos os lados de várias controvérsias políticas, eles poderiam simplesmente assumir a pecaminosidade de seus oponentes e exigir a rendição. O jornalismo tornou-se uma missão de busca e destruição dirigida não apenas a Trump, mas a seus apoiadores.

Como se viu, isso não foi uma grande mudança. Republicanos de todos os matizes sempre haviam sido o problema, não apenas Trump. Antes deste fazer os olhos da mídia brilharem maliciosamente, ela havia atacado um encanador de uma pequena cidade, que teve a ousadia de fazer uma pergunta a Barack Obama sobre sua política tributária; eles desenterraram seu registro fiscal, seu endereço residencial e sua licença de encanamento. Mitt Romney, o ser humano mais tímido da era moderna, havia sido castigado pela mídia, rotulado de racista e intolerante. John Mc-Cain, que mais tarde seria saudado como um herói anti-Trump, foi atingido por calúnia semelhante.

A própria mídia havia mudado pessoalmente em relação a Trump, ao longo dos anos. Durante muito tempo, ele foi tratado como um *clickbait* fácil, uma figura genial da comédia e uma figura descomunal de riqueza e pompa. Um ícone de frivolidade extravagante e charlatanismo divertido... até o momento em que se declarou um candidato republicano à presidência. Mesmo assim, Trump recebeu telefonemas noturnos de Jeff Zucker e conselhos de Joe Scarborough. Em seguida, ele ganhou a indicação republicana. Da noite para o dia, ele se tornou a fonte do mal – porque, da noite para o dia, ele se tornou o símbolo de seus apoiadores, e não o contrário. Afinal, não era como se a mídia tratasse Ted Cruz, ou Marco Rubio, como qualquer coisa além de párias, que haviam ganhado a indicação. Como Trump argumentaria mais tarde, eles o odiavam, principalmente, porque odiavam seus apoiadores.

Isso criou uma quantidade extraordinária de lealdade a Trump entre os republicanos. Eles achavam que Trump havia meramente levado tiros que, de outra forma, apontavam para eles. E não estavam totalmente errados: as estilingadas e flechas políticas *estavam* apontadas para eles. Trump acabara de se tornar um alvo mais fácil, conveniente e justificável. A mídia não era a única instituição comprometida com a narrativa de que todos os conservadores – pelo menos aqueles que não mudaram de ideia e aderiram ao Projeto Lincoln, conquistando um Estranho Novo Respeito[TM53] – eram racistas cruéis, xenófobos que nada sabiam e idiotas fanáticos. Quase *todas as grandes instituições americanas* estavam comprometidas com a mesma ideia.

Os conservadores sentiram o autoritarismo de esquerda. Eles o entenderam em um nível instintivo. E eles o odiaram.

Eles sentiram a censura de cima para baixo da mídia social, que considerou sua fala como "discurso de ódio" e sua visão de mundo "perseguição". Eles sentiram a oposição ao convencionalismo de Hollywood, que pintou os conservadores como a grande ameaça para um país mais bonito, tolerante e diverso; de seus chefes, que declararam sua fidelidade aos ideais tolerantes e liberais, enquanto, não tão sutilmente, ameaçavam demitir dissidentes; e de seus amigos e familiares, que lhes disseram, em termos inequívocos, que eles não eram bem-vindos à mesa. Eles viram a agressão revolucionária de uma esquerda radical, dirigida contra as ideias americanas fundamentais – e que recebeu um "tapinha nas costas" de todas as instituições mais poderosas da América.

---

[53] Ver nota 205. (N. E.)

COMO SILENCIAR UMA MAIORIA

Os conservadores deveriam ser tratados como estranhos. Qualquer um que tivesse votado em Trump seria banido da sociedade educada e tratado como um membro gangrenado. Melhor cortá-los do corpo político do que permitir que seu veneno infeccione. Na verdade, não era suficiente apenas silenciar os conservadores que não se opunham ativamente a Trump. Silêncio, como dizia o *slogan* sem sentido dos *wokers*, era violência. Conservadores precisavam ser *expostos*. Mesmo aqueles que não fossem simpáticos a Trump precisavam ser expostos, caso se envolvessem em *conversas* com eleitores de Trump – ou mesmo aqueles dispostos a se envolverem em conversas com eleitores de Trump. Essas discussões, dizia a lógica, serviriam para humanizar o desumano, para tolerar o intolerável. A excisão de um apoiador ocasional de Trump era totalmente insuficiente. O *exorcismo* dos próprios conceitos que poderiam levar à presença de apoio a Trump precisava ser realizado. As confissões precisavam ser forçadas. Testes de pureza precisavam ser administrados. Sessões de luta precisavam ser iniciadas.

Símbolos de lealdade seriam exigidos: *hashtags* apropriadamente moralistas no Twitter; adesivos contra Trump em carros; placas de jardim com semântica sobrecarregada e repletas de tautologia, inseridas na grama bem cuidada. Declarações de dissociação precisavam ser realizadas: dissociação de termo-código recentemente identificados como "meritocracia", "civilização ocidental" e "neutralidade em relação à raça". Dissidentes seriam agrupados com partidários de Trump. A Janela de Overton – a janela do discurso aceitável – seria fechada e lacrada com tábuas.

E, pensaram nossos autoritários culturais de esquerda, funcionou.

Em 2018, os democratas obtiveram uma vitória eleitoral esmagadora, derrotando os republicanos em todo o país e tomando o controle da Câmara dos Deputados, conquistando 41 cadeiras. O apoio aos democratas varreu as áreas suburbanas dos

Estados Unidos, virando 308 disputas legislativas estaduais em favor dos democratas. Isso era sem Trump na cédula eleitoral.

Com Trump nas cédulas – o próprio símbolo do mal, da intolerância, do racismo, da vulgaridade e da brutalidade, encarnado em "pele laranja" –, os democratas certamente dariam início a uma era de ouro sem fim de dominação e cimentariam os republicanos ao *status* de minoria por uma geração.

E, certamente, uma semana antes da eleição de 2020, Joe Biden estava aparentemente à frente nas pesquisas, por quase dois dígitos. Os democratas tinham uma vantagem genérica de quase sete pontos na votação no Congresso.

O triunfo estava próximo.

Exceto que não estava.

Acontece que, se as principais instituições culturais de uma sociedade declaram guerra total contra uma grande porcentagem da população, essas pessoas não se convertem – elas vão para a clandestinidade. E foi exatamente isso que elas fizeram. Elas mentiram para os pesquisadores, ou nem atenderam o telefone. Elas não contaram aos amigos e familiares como iriam votar. Elas não postaram no Facebook ou Twitter. Elas não contaram a seus chefes o que realmente pensavam sobre Joe Biden, Kamala Harris ou Alexandria Ocasio-Cortez.

Em seguida, elas entraram nos locais de votação e votaram.

E elas votaram contra aqueles que as declararam o inimigo cultural.

Donald Trump pode ter perdido a eleição, mas os republicanos de todo o país não perderam. Os republicanos superaram as pesquisas, em todas as categorias. Muitos pesquisadores projetaram que Trump perderia por dois dígitos em todo o país. Ao invés disso, Trump ganhou, pessoalmente, mais votos do que qualquer outro republicano na história americana, e mais votos do que qualquer candidato na história americana, com exceção de seu oponente, Joe Biden. Algumas pesquisas sugeriram que os republicanos perderiam facilmente o Senado e perderiam uma

COMO SILENCIAR UMA MAIORIA

dúzia de cadeiras na Câmara. Ao invés disso, os republicanos quase mantiveram o Senado (perdendo o controle apenas por causa da intervenção asinina de Trump em duas disputas para o Senado da Geórgia, que poderiam ter sido ganhas), ganharam assentos na Câmara, mantiveram seu domínio sobre as legislaturas estaduais em um ano de mudança de limites nos distritos e quase mantiveram a Casa Branca também.

A elevação de uma nulidade geriátrica como Joe Biden não era um endosso da agenda democrata. Era muito mais provável que fosse uma rejeição à personalidade de Trump – o que não era nenhuma surpresa, depois de anos de tuítes erráticos, comportamento pessoal bizarro e cobertura extraordinariamente feroz da mídia. Trump teve um desempenho inferior ao dos republicanos, em quase todos os estados, com uma disputa pelo Senado. Os republicanos chegaram ao poder em New Hampshire, onde Trump perdeu por quase oito pontos. Trump sangrou nos subúrbios. Caso ele tivesse perdido os subúrbios pelas mesmas margens que perdeu em 2016, teria sido reeleito. Assim, os americanos podem ter rejeitado Donald Trump de maneira pessoal. Entretanto a maioria silenciosa – a maioria completamente ignorada pela mídia, pelas pesquisas e pelos especialistas – rejeitou amplamente a agenda democrata, de uma forma verdadeiramente chocante.

Os americanos não votaram desafiando as pesquisas porque eram racistas. Eles não votaram a favor de Trump porque eram intolerantes. Eles não votaram em Susan Collins, no Maine, e em Thom Tillis, na Carolina do Norte, e em Steve Daines, em Montana, porque eram caipiras ignorantes, comprometidos com uma maioria demográfica em extinção. Os latinos não haviam votado em Trump em números desproporcionais porque de repente haviam ficado "brancos", embora Nikole Hannah-Jones, do *The New York Times*, a muito alardeada mentirosa charlatã ganhadora do Prêmio Pulitzer, os classificasse assim. Homens negros não votaram em Trump em números surpreendentes porque haviam abandonado sua raça, como o próprio Joe Biden sugeriu.

Mulheres brancas suburbanas não votaram nos republicanos porque decidiram que estavam apaixonadas pela grosseria casual de Donald Trump com mulheres.

Esses americanos votaram dessa maneira porque são americanos e exigem ser ouvidos. Porque eles se recusam a se render à aliança da esquerda autoritária com seus facilitadores sociais-democratas. Porque eles nunca concordaram com a mídia, com seus chefes, ou com sobrinhos idiotas na faculdade, que carregam cópias de livros não lidos de Ta-Nehisi Coates para transar. Porque eles não serão pressionados a colocar símbolos sem sentido em suas páginas de mídia social, ou a declarar que todos os policiais são racistas, ou a torcer pela ideia de que a América deve ser denegrida.

Eles ficaram quietos. Eles não foram embora.

E então, eles não ficaram mais quietos.

É por isso que os pesquisadores erraram. Não foi porque os pesquisadores são puramente incompetentes. É porque os pesquisadores não conseguem arrancar respostas daqueles que foram intimidados ao silêncio. Como observou Eric Kaufman, professor de política da Universidade de Londres, os pesquisadores na verdade não erraram com os eleitores brancos sem formação universitária – aqueles que provavelmente sentirão a menor pressão de fascistas culturais autoempoderados e ultramodernos. Eles erraram *precisamente com as pessoas com maior probabilidade de se sentirem pressionadas*: graduados universitários brancos. Como Kaufman conclui: "Se a América não puder reformar seu regime de disciplina do discurso, não há esperança de superar sua enorme divisão cultural"[54].

Entretanto, para superar essa enorme divisão cultural, devemos primeiro reconhecer o óbvio: nossa divisão *é* cultural. Não é econômica. Não é racial. É cultural.

---

[54] KAUFMANN, Eric. Who are the real Shy Trumpers? *UnHerd*, [*S. l.*], p. 1-4, 6 nov. 2020. Disponível em: https://unherd.com/2020/11/meet-the-shy-trumpers/. Acesso em: 25 jan. 2022.

COMO SILENCIAR UMA MAIORIA

>> A GUERRA CULTURAL

Nossos melhores filósofos – os formadores de opinião elitistas, que afirmam compreender o significado mais profundo de nossa política – geralmente apresentam duas explicações para a divisão na América: raça e classe. Ambas são totalmente insuficientes.

A teoria marxista, da divisão baseada em classes, há muito fornece uma explicação de má qualidade para os fenômenos do mundo real. Durante a Primeira Guerra Mundial, os teóricos marxistas estavam firmemente convencidos de que a guerra internacional certamente resultaria em uma revolução da classe trabalhadora, apenas para descobrir que os trabalhadores do mundo eram, na verdade, britânicos, franceses, alemães e russos. Hoje, Thomas Piketty explica Trump ao apelar para o aumento da desigualdade de renda[55] – mas não consegue entender por que os eleitores de Trump continuam a rejeitar a política de redistribuição aberta do Partido Democrata. Pela teoria marxista, os eleitores de Trump deveriam ter se tornado, com o passar do tempo, eleitores de Bernie. Eles não se tornaram.

A teoria racial da política americana é igualmente não explicativa. Essa teoria supôs que o apoio desmedido de brancos a Trump em 2016 era evidência de uma reação da maioria branca a uma coalizão ascendente de minorias. Porém, essa teoria foi firmemente desmentida em 2018, quando os eleitores suburbanos brancos entregaram a maioria aos democratas no Congresso, e em 2020, quando Trump aumentou seu percentual de votos entre as minorias, mas *perdeu percentual de votos* entre os eleitores brancos, especialmente os homens brancos. Se o *animus* racial fosse a força motriz por trás do trumpismo ou, de forma mais ampla, do republicanismo, isso não teria se manifestado em 55% dos votos

---

[55] PIKETTY, Thomas. Thomas Piketty on Trump: 'The main lesson for Europe and the world is clear'. *Business Insider*, [*S. l.*], p. 1-6, 16 nov. 2016. Disponível em: https://www.businessinsider.com/thomas-piketty-on-trump-the-main-lesson-for-europe-and-the-world-is-clear-2016-11?op=1. Acesso em: 25 jan. 2022.

cubanos em Trump na Flórida, ou em Trump diminuindo a diferença de votos nos distritos de maioria latina do Vale do Rio Grande, como os condados Starr e Hidalgo, de 60 e 40 pontos em 2016, para 5 e 17 em 2020.

Trump não superou as estimativas entre os eleitores latinos e negros porque era racista. Ele teve um desempenho superior porque os elitistas em nossas instituições *declaram que as coisas são racistas, mesmo quando não são*. Joe Biden sugeriu que Trump se envolvia em "assovios para cães"[56] em tempo integral, apesar das repetidas denúncias de Trump sobre a supremacia branca e de seu alcance sem precedentes às comunidades minoritárias, incluindo um programa de reforma da justiça criminal, amplamente contestado por muitos na comunidade conservadora de base. Porém, ao que parece, os americanos brancos elitistas e os defensores *woke* do "antirracismo", que compõem em grande parte a mídia, a América corporativa, os corredores de poder da mídia social e Hollywood, não têm uma leitura dos pontos de vista mais amplos das minorias. Quando esses elitistas declaram que defender a polícia é um "assobio para cães", eleitores de todos os lados se desligam[57].

Na verdade, esse tipo de rotulagem – a tentativa de transformar toda a oposição política em evidência de malevolência pessoal, a transformação do anticonvencionalismo em corrente principal, combinada com a censura de cima para baixo, e o incentivo à agressão revolucionária – é a razão para a reação contra a baixa votação aos democratas.

Nossas guerras culturais não são sobre nada tão mundano quanto o casamento, o policiamento, ou mesmo o aborto. Nossas guerras culturais são sobre uma questão simples: podemos concordar que a liberdade de expressão é mais importante do que a

---

[56] Estratégia de comunicação que coloca uma mensagem em código, dirigida a um grupo específico, dentro de uma mensagem transmitida a um grupo mais amplo. (N. E.)

[57] COHN, Nate. The Election's Big Twist: The Racial Gap Is Shrinking. *The New York Times*, [*S. l.*], p. 1-6, 28 out. 2020. Disponível em: https://www.nytimes.com/2020/10/28/upshot/election-polling-racial-gap.html. Acesso em: 25 jan. 2022.

COMO SILENCIAR UMA MAIORIA

liberdade contra a ofensa? Podemos contratar, trabalhar e dividir o pão com pessoas que podem divergir sobre a natureza de uma vida boa, mas concordar com as liberdades individuais, que vêm junto com ser um americano?

Se a resposta for não, você provavelmente é um esquerdista. Se a resposta for sim, você faz parte da maioria silenciosa.

E talvez você esteja apenas em silêncio, porque não sabe que está *na maioria*.

Por que você não sabe disso?

Porque durante três gerações tem havido uma tentativa, contínua e bem-sucedida, de arrancar o controle institucional dos apolíticos e de transformar essas instituições em uma arma, em nome da esquerda autoritária. A maioria dos americanos tende a pensar individualmente, tanto filosófica quanto estrategicamente: eles gastam seu tempo tentando convencer amigos e familiares de seus pontos de vista, ao invés de se infiltrar em instituições e usar o poder dessas instituições para o *marketing* de massa. Os esquerdistas não têm tais preocupações. A maioria dos americanos, confiando no livre mercado e na liberdade de expressão, insiste que as pessoas sejam livres para fazer escolhas das quais não gostam e se opõem ao exercício do poder institucional; esquerdistas militarizam forças poderosas em uma variedade de campos para alcançar seus fins políticos.

A esquerda autoritária perseguiu, com sucesso, uma estratégia de três etapas, de forma a assumir o controle das principais instituições de nossa sociedade. O primeiro passo: vencer a discussão emocional. A segunda etapa: renormalizar as instituições. A terceira fase: trancar todas as portas.

>> CONVENCENDO AMERICANOS A SE CALAREM

A esquerda passou décadas suprimindo, gradualmente, a maioria dos americanos – e encorajando os conservadores a se suprimirem. O processo começou com um apelo à gentileza; esse apelo se tornou uma exigência de silêncio; então, a exigência de silêncio tornou-se uma ordem para obedecer, repetir e acreditar.

Esse foi um trabalho pesado, e não aconteceu da noite para o dia. A esquerda começou com um simples reconhecimento de que tanto a filosofia conservadora quanto a liberal tem pontos fracos. Nos conservadores, o ponto fraco é uma insistência militante na *cordialidade*. Os conservadores estavam, até Donald Trump, profundamente preocupados com os *valores* pessoais de seus políticos – mas eram insistentes neles na vida diária. Uma dessas virtudes era paz, afabilidade, tratar o próximo como a si mesmo. Como sugeriu o filósofo Russell Kirk, os conservadores acreditam na paz e na estabilidade, na imperfeição humana e na comunidade[58]. Se acreditamos em paz e estabilidade, isso requer tolerância; se acreditamos que os seres humanos são imperfectíveis, não devemos ser muito rápidos para julgar; se acreditamos no valor da comunidade, devemos estar dispostos a perdoar as pequenas ofensas. Essas são ideias com nuances, mas muitas vezes os conservadores as reduzem a *ser adequada*. E por *serem adequadas*, conservadores muitas vezes querem dizer ser *inofensivas*.

Entretanto ser inofensivo é uma corrupção do apelo à decência. O conservadorismo não acredita apenas na cordialidade anódina – uma cordialidade que ignora a crueldade, ou que exige silêncio diante do pecado. O conservadorismo promove certos valores que entram em conflito com os valores esquerdistas. O conservadorismo também depende de julgamento moral. O conservadorismo acredita que a amizade depende da disposição de desviar do pecado aqueles que amamos. Como a Bíblia declara: "Você não odiará seu irmão em seu coração. Você certamente repreenderá o seu companheiro, mas não carregará nenhum pecado por causa dele"[59].

---

[58] KIRK, Russel. Ten Conservative Principles. *The Russel Kirk Center for Cultural Renewal*, [*S. l.*], p. 1-9, 1993. Disponível em: https://kirkcenter.org/conservatism/ten-conservative-principles/. Acesso em: 25 jan. 2022.
[59] Levíticos 19,17.

COMO SILENCIAR UMA MAIORIA

Entretanto o esquerdismo identificou nos conservadores uma disposição fundamental em concordar, de forma a se relacionar bem – ver a cordialidade como uma virtude em si. E não foi difícil para os esquerdistas transformarem o desejo de alguns conservadores de serem cordiais em um princípio político: qualquer coisa considerada ofensiva deveria ser proibida. Esse princípio – podemos chamá-lo de Princípio da Cordialidade – se manifesta de maneiras diretamente contrárias à capacidade conservadora de falar livremente. O conservadorismo acredita em padrões de certo e errado, de bom e mau. Distinguir entre o bem e o mal requer o exercício do julgamento. A esquerda sugeriu que o próprio julgamento era errado, não civilizado, vulgar. O julgamento era, é claro, *julgador*. E isso era ruim. Ser crítico era ofender alguém e, portanto, violar o Princípio da Cordialidade.

"Igualdade", "inclusão", "diversidade" e "multiculturalismo" tornaram-se os lemas da época. Como escreve o filósofo conservador Roger Scruton:

> No lugar das velhas crenças de uma civilização baseada na piedade, no julgamento e na lealdade histórica, os jovens recebem as novas crenças de uma sociedade baseada na igualdade e na inclusão, e são informados de que o julgamento de outros estilos de vida é um crime. [...] A atitude "não crítica" em relação a outras culturas anda de mãos dadas com uma denúncia feroz da cultura, que poderia até ser a sua própria[60].

Esse Princípio da Cordialidade ganhou força em arenas que variam de discussões sobre religião a pornografia, aborto e casamento entre pessoas do mesmo sexo. Muitos conservadores ficaram desconfortáveis em defender seus próprios princípios diante

---

[60] SCRUTON, Roger. *The West and the Rest*: Globalization and the Terrorist Threat. Newburyport, MA: Intercollegiate Studies Institute, 2014.

de uma companhia educada, ou em termos morais – melhor não serem vistos como *Não Muito Legais*.

O ponto fraco do progressismo em relação ao Princípio da Cordialidade era óbvio. Para os progressistas, a compaixão não é apenas um princípio: é uma religião substituta. Onde os conservadores definem virtude de acordo com preceitos religiosos, ou lei natural, os progressistas definem virtude *como empatia*. Tais progressistas veem-se como compassivos em suas raízes; eles se veem através das lentes da bondade. E simplesmente não é "bom" brigar com os outros, não importa o quão exigentes. A bondade está no centro de tudo; melhor morder a língua do que começar uma briga, o que pode ser visto como intolerante.

O Princípio da Cordialidade era apenas o começo. O segundo passo veio quando os esquerdistas começaram a argumentar que o julgamento não era apenas uma violação do Princípio da Cordialidade, mas um dano real. O argumento mudou de "Apenas Seja Bonzinho" para "Silêncio É Necessário".

Agora, tradicionalmente, a ofensa não tem sido considerada um dano grave. J. S. Mill postulou o chamado princípio do dano – a noção de que a atividade que realmente prejudica alguém deve ser condenada, ou mesmo legalmente proibida. Entretanto o próprio Mill rejeitou a fusão entre dano e ofensa – só porque alguém achou algo ofensivo, argumentou Mill, não significa que deva ser regulamentado, ou socialmente banido.

No entanto a distinção entre dano e ofensa pode ser obscura. O filósofo Joel Feinberg ressalta que poucos de nós acreditam que as pessoas devam fazer sexo publicamente umas com as outras; isso é um crime contra nosso senso de cordialidade. A ofensividade, diz ele, pode de fato ser prejudicial. Para tanto, Feinberg propôs um teste de equilíbrio: por um lado, a sociedade iria equilibrar a "seriedade de uma ofensa"; por outro lado, a sociedade equilibraria a "razoabilidade da conduta ofensiva". Se a conduta ofensiva não ofender gravemente ninguém, por exemplo, e for pessoalmente importante para o ofensor, a conduta será

COMO SILENCIAR UMA MAIORIA

permitida. Se, no entanto, a ofensa for "profunda", o equilíbrio pode mudar, e mudar abruptamente[61].

A esquerda autoritária mudou artificialmente o equilíbrio de Feinberg. Cada ofensa a grupos "particularmente vulneráveis" – significando grupos definidos como vulneráveis pela esquerda, em uma hierarquia de vitimização mutável como um caleidoscópio – representa a possibilidade de ofensa profunda. Aqueles que se envolvem em tal ofensa devem ser silenciados.

Assim, a esquerda postulou que mesmo ofensas menores resultam em danos profundos – daí a linguagem das "microagressões", que postulam, por sua própria natureza, que a verborragia é um ato de violência. As microagressões vão desde o totalmente inofensivo ("De onde você é?" é, aparentemente, um ato brutal, pois pressupõe que o indivíduo em questão seja estrangeiro) até o extraordinariamente contraproducente (referências à "meritocracia" ferem profundamente, pois pressupõem que os sistemas livres recompensam o trabalho árduo, condenando, assim, os malsucedidos, por implicação).

As microagressões não requerem intenção: a intenção não é um elemento do crime, pois podemos não estar cientes, graças ao nosso "preconceito implícito", de nossa própria intolerância. Eles nem mesmo exigem evidências reais de danos. A percepção subjetiva da ofensa é o bastante. A cultura das microagressões trata de ampliar as alegações de dano, de forma a obter vantagem. Essa vantagem pode crescer a proporções surpreendentes: funcionários *woke* fizeram com que um repórter do *The New York Times* fosse demitido, por usar a "palavra n"[62] para explicar por que, e quando, usar a "palavra n" era errado. O editor executivo do *Times*, Dean Baquet, até repetiu o mantra favorito da esquerda autoritária: "Não toleramos linguagem racista, independentemente da

---

[61] FEINBERG, Joel. *Offense to Others*: The Moral Limits of the Criminal Law. Nova York: Oxford University Press, 1985.
[62] *"n-word"*, forma pejorativa de se referir aos negros. (N. T.)

intenção". *Independentemente da intenção*[63]. Se você pode ser racista sem intenção, o silêncio torna-se a única proteção para a maioria dos americanos. Afinal, como gritavam os esquerdistas de Berkeley, quando falei lá em 2017: "Discurso é violência".

Entretanto, agora, a esquerda foi ainda mais longe. Agora, o *silêncio* é violência. Esse *slogan* idiota e autocontraditório foi adotado por uma miríade de políticos e líderes de pensamento. A ideia é que, se você permanecer em silêncio diante de um mal – um mal definido pela esquerda, naturalmente –, então você é cúmplice desse mal. Não é mais suficiente se opor ao racismo, por exemplo; você deve carregar uma cópia de *White Fragility* [Fragilidade Branca] de Robin DiAngelo, anunciar seu privilégio branco para o mundo ouvir e se preparar para sua expiação inevitável. Do contrário, você será considerado um inimigo.

Agora, não confunda o slogan "silêncio é violência" como um chamado para um discurso aberto. Longe disso! "Silêncio é violência" significa que você *deve* permanecer em silêncio, mas apenas depois de "fazer o trabalho" – aprender por que seu ponto de vista é totalmente irrelevante, ceder todo o terreno para os esquerdistas *woke* e tornar-se um cruzado em nome do ponto de vista deles. Caso você se recuse, você será o alvo. Desculpas abjetas serão exigidas. A única maneira de escapar dos esquadrões brutos da mídia social é tornar-se um membro, latindo em uníssono.

>> A RENORMALIZAÇÃO DAS INSTITUIÇÕES AMERICANAS

Tudo isso poderia permanecer um fenômeno marginal, relegado às florestas do Twitter e aos *campi* universitários, exceto

---

[63] TRACY, Marc. Donald McNeil has left the company, say Dean and Joe. [*S. l.*], 5 fev. 2021. Twitter: @marcatracy. Disponível em: https://twitter.com/marcatracy/status/1357804321421881348. Acesso em: 25 jan. 2022. [1 foto anexada]

COMO SILENCIAR UMA MAIORIA

por um simples fato: a cultura do esquerdismo autoritário agora sequestrou quase todas as principais instituições e marcos culturais dos americanos.

As universidades, antes bastiões do pensamento livre, são agora sistemas filosóficos de partido único, dedicados à promulgação do esquerdismo autoritário. Corporações, petrificadas pela possibilidade de responsabilidade legal – ou, pelo menos, na esperança de evitar acusações de insensibilidade ou de intolerância – cederam a essa cultura. Elas impuseram uma cultura de silêncio, na qual dezenas de milhões de funcionários temem falar o que pensam, por medo de retaliação. A mídia social baniu as pessoas que se recusam a cumprir os ditames da justiça social e turbas sociais, instigadas por ávidos ativistas na mídia, se mobilizam diariamente, para atingir os não *wokers*. Espaços culturalmente apolíticos, que vão desde esportes a entretenimento, foram mobilizados em nome da esquerda, transformados em armas na busca pela revolução cultural.

Como isso aconteceu? Como as faculdades, supostamente protetoras da investigação aberta e da liberdade de expressão, transformaram-se na vanguarda sangrenta da censura e da coerção ideológica? Como a mídia, supostamente comprometida com os fatos e as liberdades da Primeira Emenda, caiu nas garras de ferro dos *wokers*? Como as empresas, orientadas para a obtenção de lucros apolíticos, afastaram-se da vasta maioria de seu público e voltaram-se para agradar uma pequena minoria vocal?

A resposta está em um processo que o autor Nassim Nicholas Taleb chama de "renormalização". Esse processo permite que uma minoria motivada intimide uma maioria, em grande parte desinteressada, a ir junto, pelo bem da convivência. Taleb dá um exemplo simples: uma família de quatro pessoas, incluindo uma filha que come apenas produtos orgânicos. A mãe agora tem uma escolha: ela pode preparar duas refeições, uma para os membros não orgânicos da família e outra para a filha; ou ela pode cozinhar apenas uma refeição, com ingredientes orgânicos. Ela decidiu cozinhar apenas uma refeição. Essa é a *renormalização* da unidade familiar, que se converteu de uma maioria não orgânica em uma universalmente orgânica. Agora, diz Taleb, faça com que a família participe de um churrasco, com a presença de outras três famílias. O anfitrião deve fazer a mesma escolha que a mãe fez – e o anfitrião escolhe cozinhar orgânico para todos. Esse processo de *renormalização* – o novo normal – continua, até que números cada vez mais amplos sejam movidos por uma pessoa intransigente.

O processo aplica-se tanto na política quanto na vida. "Você acha que, porque algum partido de extrema direita ou esquerda tem, digamos, o apoio de 10% da população", escreve Taleb,

> seu candidato obterá dez por cento dos votos? Não: esses eleitores básicos devem ser classificados como "inflexíveis" e sempre votarão em sua facção. Porém, alguns dos eleitores flexíveis também *podem* votar nessa facção extrema. [...] Essas pessoas são as que devem ser observadas, pois podem aumentar o número de votos para o partido extremo[64].

Não é suficiente, porém, ter uma pessoa teimosa solitária. Você precisa de um ponto de inflexão – um certo número de pessoas, dentro de um todo, de forma a criar uma cascata de renormalização. Embora cada pequena demanda feita à ampla maioria possa parecer razoável, ou pelo menos de baixo custo, após um longo período de tempo, as pessoas reagem. Uma coisa é fazer uma festa do quarteirão com ingredientes orgânicos. Outra é exigir, dia após dia, que todos na vizinhança troquem seus hambúrgueres por tofu orgânico. Em determinado momento, uma longa sequência de demandas menores equivale a uma grande

---

[64] TALEB, Nassim Nicholas. *Skin in the Game*: *Hidden Asymmetries in Daily Life*. Nova York: Random House, 2018. p. 75-77. Após o ponto final, acrescentar o seguinte: No Brasil encontramos a seguinte tradução: TALEB, Nassim Nicholas, Arriscando a própria pele: assimetrias ocultas no cotidiano. São Paulo: Objetiva, 2018. (N. E.)

imposição. Até mesmo os Pais Fundadores americanos estavam dispostos a tolerar uma "longa sequência de usurpações e abusos" durante um tempo. Só depois de perceberem que essas demandas perseguiam "invariavelmente o mesmo Objeto, evidenciando um desígnio para reduzi-los sob o despotismo absoluto", foi que eles declararam independência.

O processo de renormalização só pode ir até certo ponto, a menos que um ponto de inflexão seja alcançado. Entretanto esse ponto de inflexão não exige maioria. Nem mesmo chega perto disso. Se *todos* os atores intransigentes se juntarem, um núcleo pode ser formado, desencadeando o ponto de inflexão. Segundo o físico Serge Galam, em alguns casos, apenas cerca de 20% de uma população é necessária para apoiar uma visão extrema, a fim de causar a renormalização radical. Uma forma de criar essa coalizão minoritária intransigente: a ativação do que Galam chamou de "preconceitos congelados", com o risco de parecer intolerante ou imoderado para uma ampla maioria, enquanto ainda mantém uma base central sólida[65]. Em outras palavras, comece com um grupo principal motivado; não se preocupe com quem você alienou; apele para os preconceitos de grupos vulneráveis, que são então forçados a escolher entre o grupo central e seus inimigos mais ardentes. Torne a escolha binária.

Essa é, em poucas palavras, a estratégia da esquerda autoritária. Ao reunir uma coalizão interseccional de grupos supostamente despossuídos, motivados por um inimigo comum – o próprio sistema –, eles podem mover montanhas. Eles podem construir uma coalizão de pessoas, que fingem não perceber a agressão revolucionária, que endossam a censura de cima para baixo, que acreditam profundamente na oposição ao convencionalismo. E quando a coalizão de esquerda autoritária ascendente usa seu ímpeto contra aqueles que povoam os níveis

---

[65] BRAZIL, Rachel. The physics of public opinion. *Physics world*, [*S. l.*], p. 1-10, 14 jan. 2020. Disponível em: https://physicsworld.com/a/the-physics-of-public-opinion/. Acesso em: 25 jan. 2022.

mais altos do poder institucional, oferecendo a preservação do emprego, ou a absolvição temporária em troca de rendição, as instituições geralmente se rendem. E então essas instituições impõem esses valores esquerdistas autoritários. Assim, você consegue que a Coca-Cola, uma empresa com mais de 80 mil funcionários, treine sua força de trabalho para ser "menos branca", de uma forma totalmente racista, observando que ser "menos branca" significa ser "menos arrogante, menos determinada, menos defensiva, menos ignorante e mais humilde" – e alegar que esse conteúdo discriminatório foi criado para aumentar a "inclusão"[66].

>> FECHANDO A JANELA DE *OVERTON*

Dentro das instituições, as demandas incrementais da esquerda autoritária foram atendidas, uma a uma: do treinamento em diversidade à contratação para ações afirmativas, de doações de caridade a expurgos internos. Entretanto, para que o impacto generalizado da tomada de controle institucional seja sentido, é necessário um passo final: a renormalização de nossa política social, em favor da censura.

Aqueles que trabalham em instituições sequestradas continuam sendo uma pequena fração da população em geral, mas podem renormalizar a sociedade de forma mais ampla, se puderem converter progressistas em esquerdistas assumidos[67]. A

---

[66] ZHAO, Christina. Coca-Cola, Facing Backlash, Says 'Be Less White' Learning Plan Was About Workplace Inclusion. *Newsweek*, [*S. l.*], p. 1-6, 21 fev. 2021. Disponível em: https://www.newsweek.com/coca-cola-facing-backlash-says-less-white-learning-plan-was-about-workplace-inclusion-1570875. Acesso em: 25 jan. 2022.

[67] Para aqueles que não estão familiarizados com a terminologia política desse debate, cabe notar que o autor diferencia os "graus" de liberalismo. Para os americanos, *liberals* pode designar tanto os *liberais clássicos*, defensores do livre mercado, livre associação e das moralidades sociais tradicionais, mais próximos assim das concepções conservadoras de sociedade — como os *progressistas*, que defendem certa autonomia econômica e admitem uma postura mais aberta de sociedade, e no entanto se aproximam mais de uma visão de justiça social, redistribuição de renda e Estado centralizador, ou seja, do socialismo.

política americana é, em termos gerais, dividida em três grupos significativos: conservadores, esquerdistas e progressistas[68]. Os progressistas podem compartilhar objetivos de redistribuição com os esquerdistas, mas podem ser distinguidos dos esquerdistas através de um teste simples: perguntar se aqueles que discordam devem ser silenciados. A *American Civil Liberties Union* (ACLU) por exemplo, costumava ser liberal – defendeu o direito dos nazistas de marcharem por Skokie, Illinois. Hoje, no entanto, a ACLU é totalmente esquerdista. Em 2018, a ACLU promulgou um memorando interno, explicando:

> Nossa defesa da palavra pode ter um impacto prejudicial, maior ou menor, no trabalho de igualdade e justiça, com o qual também

---

No Brasil, por nossa vez, diferenciamos "liberal" de "progressista" de forma mais delineada e automatizada. Para nós, ideias liberais não são a mesma coisa que ideias progressistas. Liberais são aqueles que assumem os valores primordiais do *liberalismo clássico*, isto é: livre mercado, ética individualista, livre associação, descentralização etc; enquanto que *progressistas* são aqueles que defendem uma cartilha política mais alinhada à esquerda, se coadunando a um crescente centralismo estatal, redistribuição de renda e uma ativa e militante cultura pós-modernista.

No sempre referenciado *Dicionário de Política*, o aclamado filósofo político italiano Norberto Bobbio, unido aos cientistas políticos Nicola Matteucci e Gianfranco Pasquino, assim descreve tal composição do termo "liberalismo" sob suas diferentes acepções ao redor do mundo:

> Ainda hoje a palavra 'liberal' assume diferentes conotações conforme os diversos países: em alguns países (Inglaterra, Alemanha), indica um posicionamento de centro, capaz de mediar conservadorismo e progressismo; em outros (Estados Unidos), um radicalismo de esquerda defensor agressivo de velhas e novas liberdades civis; em outros, ainda (Itália), indica os que procuram manter a livre iniciativa econômica e a propriedade particular.

BOBBIO, Norberto; MATTEUCCI, Nicola; PASQUINO, Gianfranco. *Dicionário de Política*. 11ª ed., Editora UNB: Brasília, 1998, p. 688.

A percepção brasileira de "liberalismo", nota-se, se aproxima mais do entendimento político italiano do que do inglês, alemão e americano. Dessa forma, para adequar a tradução de *Momento Autoritário* à linguagem política corrente no Brasil, adaptamos o termo "*liberal*" para "progressista", sempre que assim julgamos necessário. (N. E.)

[68] *Liberals*, no original. Perceba-se que Ben Shapiro irá brevemente explicar as diferenças entre as concepções políticas progressistas e liberais. Para entender os ajustes editoriais que fizemos nos termos, veja a nota 66. (N. E.)

estamos comprometidos. [...] devemos fazer todos os esforços para considerar as consequências de nossas ações[69].

A maior parte dos democratas *mainstream* – e a vasta maioria dos americanos – não é a favor da censura de cima para baixo. Porém, cada vez mais, a liderança do Partido Democrata muda de progressista para esquerdista. Isso significa ameaçar ações contra as empresas de mídia social por permitirem a disseminação de material não progressista, ou buscar regulamentação, visando corporações que não refletem a agenda esquerdista.

A renormalização ocorre aos centímetros. Ao invés de simplesmente pedir a proibição total de amplas faixas de discurso, os esquerdistas têm insistido que a Janela de Overton – a janela do discurso aceitável, na qual a discussão racional pode ocorrer – deve ser gradualmente fechada para qualquer pessoa à direita de Hillary Clinton. Isso significa atacar os conservadores como racistas e penalizar os progressistas que se dignam a conversar com os conservadores.

Isso significa que os progressistas têm uma escolha própria: eles podem escolher formar uma coalizão com os esquerdistas, com os quais concordam na maioria dos objetivos políticos, mas dos quais discordam nos princípios fundamentais da liberdade; ou podem formar uma coalizão com conservadores, com os quais discordam sobre os objetivos políticos, mas com os quais concordam sobre os princípios fundamentais da liberdade.

Essa escolha está, até agora, no ar.

Por um lado, existem progressistas que ainda defendem a liberdade de expressão – ou pelo menos parecem fazê-lo. Em junho de 2020, 153 progressistas, de J. K. Rowling a Noam Chomsky, assinaram uma carta condenando a ascensão do "clima intolerante que se instalou em todos os lados". Esses pensadores proeminentes explicaram,

---

[69] ACLU Case Selection Guidelines: Conflicts Between Competing Values or Priorities. [*S. l.*], 21 jun. 2018. Disponível em: http://online.wsj.com/public/resources/documents/20180621ACLU.pdf?mod=article_inline. Acesso em: 25 jan. 2022.

COMO SILENCIAR UMA MAIORIA

> A livre troca de informações e ideias, a força vital de uma sociedade liberal, está se tornando cada vez mais restrita. [...] A maneira de derrotar as más ideias é por exposição, argumento e persuasão, não tentando silenciá-las, ou desejar que desapareçam[70].

Esse foi um desenvolvimento encorajador. Entretanto nenhum apoiador de Trump apareceu na carta. Isso significava que a questão permanecia em aberto: esses progressistas buscavam, principalmente, evitar os expurgos de censura da esquerda radical sobre si, ou eles realmente esperavam abrir a Janela de Overton além de si mesmos?

Se os progressistas estão do lado dos conservadores na defesa da liberdade de expressão e do individualismo, ou dos esquerdistas na busca da utopia, permanece uma questão sem resposta. O júri ainda está deliberando. Entretanto o tempo está se esgotando para os progressistas se decidirem. Matthew Yglesias, um dos signatários da carta da *Harper's Weekly* e cofundador do Vox, foi repreendido por membros de sua própria equipe por se dignar a se juntar a gente como Rowling, injustamente acusada de transfobia. Sem surpresa, Yglesias deixou seu cargo em seu próprio *site*, apenas alguns meses depois, citando o incidente: "É uma tendência prejudicial na mídia em particular", disse Yglesias a Conor Friedersdorf, da *The Atlantic*, "porque é uma indústria que trata de ideias, e se você trata a divergência como uma fonte de dano ou segurança pessoal, então é muito desafiador fazer um bom trabalho"[71].

A ameaça aos valores centrais americanos só está aumentando.

---

[70] A LETTER on Justice and Open Debate. *Harper's Magazine*, [S. l.], p. 1-4, 7 jul. 2020. Disponível em: https://harpers.org/a-letter-on-justice-and-open-debate/. Acesso em: 25 jan. 2022.
[71] FRIEDERSDORF, Conor. Why Matthew Yglesias Left Vox. *The Atlantic*, [S. l.], p. 1-6, 13 nov. 2020. Disponível em: https://www.theatlantic.com/ideas/archive/2020/11/substack-and-medias-groupthink-problem/617102/. Acesso em: 25 jan. 2022.

>> CONCLUSÃO: UMA ERA DE CURA IRÁ EMERGIR?

Na noite em que a mídia anunciou sua projeção de que Joe Biden seria o presidente eleito dos Estados Unidos, Biden procurou colocar o gênio da guerra cultural de volta na lâmpada. Isso era, por si só, bastante irônico, dado o papel de Biden em alimentar as guerras culturais, desde destruir as esperanças de Robert Bork na Suprema Corte até sugerir que Mitt Romney queria colocar os negros americanos novamente em correntes. Ainda assim, Biden expressou que o caminho a seguir para o país reside na unidade e não na recriminação. "Agora", entoou Biden,

> vamos dar uma chance um ao outro. É hora de colocar de lado a retórica dura. Para baixar a temperatura. Para ver um ao outro novamente. Para ouvir um ao outro novamente. Para progredir, devemos parar de tratar nossos oponentes como nossos inimigos. Não somos inimigos. Nós somos americanos[72].

Esse foi, sem dúvida, um sentimento agradável. Entretanto os conservadores permaneceram desconfiados. Na política, a unidade tem sido repetidamente usada como uma arma para lutar contra aqueles que discordam. Existem dois tipos de unidade: unidade através do reconhecimento da humanidade fundamental do outro, e unidade através da purificação. Dada sua longa experiência de assistir a busca política da esquerda de limpar o país do conservadorismo e dos conservadores, eles permaneceram cautelosos.

Eles estavam certos em serem cautelosos.

No mesmo dia em que Biden fez seu discurso de "unidade", a ex-primeira-dama Michelle Obama – uma figura supostamente unificadora por seus próprios méritos, de acordo com seus

---

[72] READ Joe Biden's President-Elect Acceptance Speech: Full Transcript. *The New York Times*, [*S. l.*], p. 1-6, 9 nov. 2020. Disponível em: https://www.nytimes.com/article/biden-s-speech-transcript.html. Acesso em: 25 jan. 2022.

COMO SILENCIAR UMA MAIORIA

bajuladores da mídia, apesar de seu longo histórico de declarações divisionistas – afirmou que os 70 milhões de eleitores de Trump eram motivados pelo amor ao *"status quo"*, que significava "apoiar mentiras, ódio, caos e divisão"[73].

Biden, naturalmente, não disse nada.

Enquanto isso, democratas e membros da mídia pediram a "desbaathificação" política dos partidários de Trump. O ex-secretário do Trabalho de Clinton, Robert Reich, convocou uma "Comissão de Verdade e Reconciliação", para eliminar os partidários de Trump. Hari Sevugan, secretário de imprensa do Comitê Nacional Democrata, tuitou: "empregadores considerando [a contratação de funcionários de Trump] devem saber que há consequências para a contratação de alguém que ajudou Trump a atacar os valores americanos" e impulsionou o *Trump Accountability Project* – uma lista de funcionários e doadores de Trump a serem responsabilizados por sua presidência. A deputada Alexandria Ocasio-Cortez (democrata de Nova York) sugeriu "arquivar esses bajuladores de Trump, para quando, no futuro, eles tentarem minimizar, ou negar, sua cumplicidade"[74]. Membros do *Lincoln Project*, um grupo de antigos republicanos/democratas, que arrecadou dezenas de milhões de dólares em doações para atacar Trump e os republicanos, durante o ciclo de 2020, convocou uma inundação de reclamações para os membros do escritório de advocacia Jones Day, pelo grande crime de terem representado a campanha de Trump no tribunal[75].

....

[73] SAAVEDRA, Ryan. Michelle Obama Demonizes 70 Million Americans Who Voted For Trump: Support 'Hate, Chaos, Division'. *The Daily Wire*, [S. l.], p. 1-3, 7 nov. 2020. Disponível em: https://www.dailywire.com/news/michelle-obama-demonizes-70-million-americans-who-voted-for-trump-support-hate-chaos-division. Acesso em: 25 jan. 2022.

[74] O CONSELHO EDITORIAL. Canceling Trump Alumni. *The Wall Street Journal*, [S. l.], p. 1-5, 9 nov. 2020. Disponível em: https://www.wsj.com/articles/canceling-trump-alumni-11604962923. Acesso em: 25 jan. 2022.

[75] ALEXANDER, Harriet. Lincoln Project urges 2.7m followers to bombard law firms trying to overturn Pennsylvania election result. Independent, [S. l.], p. 1-4, 11 nov. 2020. Disponível em: https://www.independent.co.uk/news/world/americas/us-election-2020/lincoln-project-election-pennsylvania-law-firm-linkedin-b1720710.html. Acesso em: 25 jan. 2022.

Enquanto isso, os democratas, com a ousadia de criticar a ala militante e *woke* de seu próprio partido, foram submetidos a alegações de racismo e intolerância. Mesmo democratas eleitos, descobriu-se, eram deploráveis. Quando os democratas moderados reclamaram que quase perderam seus assentos, graças ao radicalismo de outros membros dos comitês locais, os quais pressionavam para "diminuir o orçamento para a polícia" e pelo socialismo, a deputada Rashida Tlaib (democrata de Michigan) os chamou de intolerantes que buscam silenciar as minorias[76]. Grupos progressistas, incluindo os *Justice Democrats*, o *Sunrise Movement* e o *Data for Progress*, emitiram um memorando, declarando que companheiros democratas sem desejo de espelhar as prioridades dos *woke* estavam participando do "racismo de dividir e conquistar do Partido Republicano"[77].

A batalha para silenciar a maioria silenciosa continua em andamento. Provavelmente irá acelerar, e não desacelerar, com o passar do tempo.

Para entender como combatê-lo, devemos, primeiramente, entender a história e o programa de nossos novos fascistas culturais. Em seguida, devemos compreender quão profundamente nossas instituições centrais foram transformadas em armas. Finalmente, devemos entender nossas próprias fraquezas e procurar corrigi-las.

---

[76] BARRÓN-LÓPEZ, Laura; OTTERBEIN, Holly. Tlaib lashes out at centrist Dems over election debacle: 'I can't be silent'. *Politico*, [*S. l.*], p. 1-8, 10 nov. 2020. Disponível em: https://www.politico.com/news/2020/11/11/rashida-tlaib-progressives-election-435877. Acesso em: 25 jan. 2022.

[77] NEW DEAL STRATEGIES; JUSTICE DEMOCRATS; SUNRISE MOVEMENT; DATA FOR PROGRESS. What Went Wrong for Congressional Democrats in 2020. [*S. l.*], 10 nov. 2020. Disponível em: https://www.politico.com/f/?id=00000175-b4b4-dc7f-a3fd-b-df660490000. Acesso em: 25 jan. 2022.

>> CAPÍTULO 2

COMO A ESQUERDA AUTORITÁRIA
RENORMALIZOU A AMÉRICA

>> CAPÍTULO 2 <<

COMO A ESQUERDA AUTORITÁRIA RENORMALIZOU A AMÉRICA

Em 2012, o presidente Barack Obama foi reeleito. Ele conseguiu, apesar de receber 3,5 milhões de votos a menos do que em 2008, e 33 votos a menos no colégio eleitoral; ele conseguiu, apesar de ganhar a mesma porcentagem do democrata perdedor de votos brancos John Kerry, em 2004; perdendo o apoio de 2008 entre os americanos, em todas as faixas etárias e grupos de educação; e perdendo eleitores que fazem mais de US$ 50.000 por ano[78].

Obama mal havia colocado a cabeça acima da água nos índices de aprovação na época da eleição, a economia havia estagnado (nos dois trimestres anteriores à eleição, o produto interno

---

[78] É costume norte-americano calcular os ganhos salariais do ano com o intuito de utilizar o resultado para fins oficiais de prestação de contas, bem como para fins meramente comparativos. (N. E.)

bruto havia crescido apenas 1,3% e 2,0%)[79], e ele havia tido um desempenho medíocre nos debates presidenciais. Entretanto se tornou o primeiro presidente, desde Ronald Reagan, a ganhar duas eleições com a maioria do voto popular.

Então, o que Obama fez para operar essa mágica? Ele formou um tipo diferente de coalizão. Obama venceu porque manteve unida uma coalizão de baixa renda, fortemente baseada em minorias: 93% dos eleitores negros, 71% dos eleitores hispânicos, 73% dos eleitores asiáticos, 55% do eleitorado feminino, 76% dos eleitores LGBT, 63% daqueles que fazem menos de US$ 30.000 por ano e 57% daqueles que fazem entre US$ 30.000 e US$ 50.000 por ano[80]. Obama se tornou o primeiro presidente, desde Franklin D. Roosevelt, em 1944, a perder apoio eleitoral e popular, e mesmo assim ganhar a reeleição.

A história da vitória de Obama em 2012 é a história da transformação da política americana. Em 2008, Obama havia sido um tipo diferente de candidato, executando uma campanha bastante familiar: uma campanha de unificação. Ronald Reagan havia concorrido na "manhã na América"; Bill Clinton havia concorrido por uma "terceira via", evitando o partidarismo; George W. Bush defendeu o "conservadorismo compassivo"; Obama concorreu com os termos "esperança" e "mudança", prometendo ir além da América como uma coleção de "estados Republicanos e estados Democratas" e, ao invés disso, unir os americanos de forma mais ampla. Na verdade, a história pessoal de Obama era parte integrante deste apelo: ele podia alegar, justificadamente, que unia as tensões mais contenciosas da América em seu próprio passado, sendo filho de mãe branca e pai negro, criado no Havaí, mas instalado no mundo duro de Chicago,

---

[79] BARRÓN-LÓPEZ, Laura; BIVENS, Josh. Inadequate GDP growth continues in the third quarter. *Economy Policy Institute*, [*S. l.*], p. 1-3, 26 out. 2012. Disponível em: https://www.epi.org/publication/gdp-growth-picture-october-2012/. Acesso em: 25 jan. 2022.

[80] BARRÓN-LÓPEZ, Laura. President Exit Polls. *The New York Times*, [*S. l.*], p. 1-3, 2012. Disponível em: https://www.nytimes.com/elections/2012/results/president/exit-polls.html. Acesso em: 25 jan. 2022.

filho de mãe solteira e criado pelos avós, mas educado na Columbia, e na Escola de Direito de Harvard. Obama era, como ele mesmo afirmou, uma "tela em branco, na qual pessoas de tendências políticas muito diferentes projetam suas próprias visões"[81].

Entretanto, em 2012, Obama deixou de lado essas ambiguidades. Ele foi o arquiteto do Obamacare[82], o criador do Cash for Clunkers[83] e dos "trabalhos braçais" em obras de infraestrutura, um crítico dos departamentos de polícia de todo o país, um recém-descoberto expositor do casamento entre pessoas do mesmo sexo, um progressista promotor de cortes de defesa, aumento de impostos e de grandes gastos. Seu progressismo havia suscitado uma resposta ardente da direita americana: o movimento *Tea Party*[84] e a perda do Congresso por Obama em 2010. Os americanos de várias tendências políticas não poderiam mais projetar sobre ele suas próprias opiniões, ou suas esperanças e desejos para a nação.

A popularidade pessoal de Obama – sua eloquência, prontidão para a câmera, família adorável – certamente o animou. Entretanto nada disso teria sido suficiente para que ele fosse reeleito. Não, o que Obama precisava era de uma nova estratégia. Essa estratégia – a mudança de apelar para bases amplas de americanos com temas comuns, em direção a uma transmissão restrita

---

[81] OBAMA, Barack. *The Audacity of Hope*. Nova York: Crown, 2006. p. 11. No Brasil encontramos a seguinte edição: OBAMA, Barack. *A audácia da esperança: reflexões sobre a reconquista do sonho americano*. São Paulo: Companhia das Letras, 2021. (N. E.)

[82] Lei federal da era Obama que visava criar uma linha de atendimento médico acessível com financiamento estatal. (N. E.)

[83] Programa de incentivos financeiros na troca de automóveis velhos e de alto consumo por outros novos e econômicos (N. E.)

[84] Trata-se de uma organização suprapartidária que uniu conservadores, libertários e alguns setores ultradireitistas dos Estados Unidos. Nasceu, especialmente, para criticar as políticas econômicas de engrandecimento do Estado, encabeçadas especialmente pelo governo Obama e setores do Partido Democrata.

O nome do movimento faz referência à revolta ocorrida em Boston, em 16 de dezembro de 1773, quando colonos norte-americanos se revoltaram contra a Coroa inglesa após esta aumentar as taxas de impostos sobre a colônia. Logo a notícia sobre o aumento se espalhou por toda a colônia, e um grupo significativo de homens invadiu navios ingleses carregados de chá, e, como protesto, despejou toda a mercadoria no mar. A data ficou então nacionalmente conhecida como "A Festa do Chá de Boston". Treze anos após esse evento, as 13 colônias norte-americanas seriam declaradas independentes. (N. E.)

a públicos fragmentados, juntando grupos ostensivamente despossuídos – foi transformadora. Ele colocou americanos contra americanos, raça contra raça, sexo contra sexo. Obama domesticou os impulsos destrutivos do esquerdismo autoritário em busca do poder.

Antes de Barack Obama, a esquerda americana havia sido dividida por impulsos duelistas: de um lado, o impulso em direção ao controle governamental de cima para baixo, completo com sua fé implícita no poder interminável do Estado para resolver problemas individuais; e, por outro lado, o impulso para a destruição dos sistemas prevalecentes da América, que a esquerda americana acreditava serem, em essência, responsáveis pelas disparidades no resultado entre grupos diferentes – sistemas enraizados nos direitos individuais, que vão desde o livre mercado à liberdade de expressão, e à liberdade de religião. Cada um desses impulsos – o Impulso Utópico e o Impulso Revolucionário – carrega certos aspectos do esquerdismo autoritário. O Impulso Utópico reflete um desejo de censura de cima para baixo e reflete a oposição ao convencionalismo; o Impulso Revolucionário acredita na agressão revolucionária e reflete uma oposição semelhante ao convencionalismo. Porém os dois impulsos estão em conflito.

Obama retificou essa divisão ao abraçar o poder do governo – e agindo como um organizador da comunidade dentro do próprio sistema, declarando-se o representante revolucionário dos despossuídos, empoderado com as alavancas do Estado, a fim de destruir e reconstituir o Estado em seu nome.

E isso funcionou.

Ao construir sua coalizão, Obama sem dúvida exerceu certa magia política. Acontece que a mistura de política identitária e utopismo progressista de Obama encorajou um esquerdismo autoritário que envenenou o corpo político. A América pode não se recuperar.

>> ASCENSÃO E QUEDA DO GOVERNO UTÓPICO DA AMÉRICA

A esquerda americana sempre foi atraída pela promessa de poder.

O poder do Estado é um afrodisíaco: aquece o coração, e incendeia a mente com a paixão da mudança utópica. Os utópicos da esquerda são geralmente defensores do anticonvencionalismo; eles acreditam que seu sistema moral é o único sistema moral decente. Eles também são bastante receptivos à censura de cima para baixo, projetada para bloquear os oponentes morais.

No início do século XX, os progressistas americanos sentiram a embriaguez eufórica do Impulso Utópico. Os primeiros progressistas americanos identificaram o Estado como a solução para uma variedade de males sociais: desigualdade de renda e exploração do trabalho, subeducação e até deficiência intelectual. As preocupações com os direitos individuais eram secundárias; a Declaração de Independência e suas garantias de liberdade natural foram banalizadas; a própria Constituição era um mero constrangimento à possibilidade de utopia.

Woodrow Wilson sugeriu que o Estado era o repositório de todas as possibilidades, defendendo a noção de que

> toda a ideia de uma limitação da autoridade pública pelos direitos individuais seja posta de lado e que o Estado se considera obrigado a parar apenas no que é imprudente ou fútil em sua superintendência universal, tanto de interesses individuais quanto de interesses privados.

Tal noção, pensou Wilson, não excluía a democracia – afinal, a democracia tratava apenas "do direito absoluto da comunidade, de determinar seu próprio destino e o de seus membros. Homens como comunidades são supremos sobre homens como indivíduos". Dados os desafios da vida moderna, Wilson perguntou, "o governo não deveria deixar de lado todos os escrúpulos tímidos e ousadamente se tornar um agente para a reforma social, bem como para o controle político?"[85].

John Dewey, talvez o primeiro progressista mais influente, acreditava, da mesma forma, que o Estado poderia agir como a força motriz por trás da ambição utópica. "O Estado", escreveu Dewey,

> é então o espírito objetivo completo, a razão exteriorizada do homem; reconcilia o princípio da lei e da liberdade, não ao trazer alguma trégua ou harmonia externa entre eles, mas tornando a lei o todo do interesse prevalecente e o motivo controlador do indivíduo[86].

Na verdade, os progressistas deleitavam-se com a natureza ilimitada da ambição associada a um Estado poderoso. Como presidente, Wilson ativou o Estado para perseguir seus oponentes políticos, incluindo o socialista antiguerra Eugene V. Debs. O procurador-geral de Wilson, Thomas Gregory, fez vista grossa para a Liga Protetora Americana, um grupo de vigilantes com um quarto de milhão de integrantes, invadindo as correspondências de seus vizinhos em busca de provas de atividade contra a guerra[87]. O juiz Oliver Wendell Holmes, companheiro progressista, explicou que o Estado tinha a capacidade de restringir a reprodução de quem tem síndrome de Down, pois

> seria estranho se [o bem-estar público] não pudesse recorrer a quem já esgota a força do Estado por esses sacrifícios menores,

---

[85] PESTRITTO, Ronald J. (ed.). *Woodrow Wilson*: The Essential Political Writings. Lanham, MD: Rowman & Littlefield, 2005. p. 77–78.

[86] SHOOK, John R.; GOOD, James A. *John Dewey's Philosophy of Spirit*: With the 1897 Lecture on Hegel. Nova York: Fordham University Press, 2010. p. 29.

[87] TRICKEY, Eric. When America's Most Prominent Socialist Was Jailed for Speaking Out Against World War I. *Smithsonian Magazine*, [*S. l.*], p. 1-10, 15 jun. 2018. Disponível em: https://www.smithsonianmag.com/history/fiery-socialist-challenged-nations-role-w-wi-180969386/. Acesso em: 25 jan. 2022.

muitas vezes não percebidos como tais pelos envolvidos, a fim de evitar que sejamos inundados pela incompetência[88].

Margaret Sanger, fundadora da Planned Parenthood, pediu a esterilização ou quarentena de cerca de "quinze ou vinte milhões de nossas populações", a fim de prevenir o suposto envenenamento do *pool* genético[89].

Entretanto, com o fim da Primeira Guerra Mundial, os Estados Unidos se cansaram da visão progressista do Estado como soberano; o Impulso Utópico havia sido aplacado e foi considerado insuficiente. A eleição triunfante de Warren G. Harding inaugurou uma era de governo menor e um retorno à visão tradicional das liberdades individuais, protegidas por um Estado constitucionalmente limitado. Calvin Coolidge, sucessor de Harding e vencedor de 54% do voto popular, e 382 votos do colégio eleitoral na eleição de 1924, expressou sua visão dos negócios, com reverência para com os livres mercados. "[S]e o Governo Federal fosse extinto, durante muito tempo as pessoas comuns não perceberiam a diferença no cotidiano", afirmou. "Vivemos em uma era de ciência e de acúmulo abundante de coisas materiais. Estas não criaram nossa Declaração. Nossa Declaração as criou"[90].

A restauração da normalidade constitucional não durou. Com a Grande Depressão, o Impulso Utópico – e a mão esmagadora do governo – ganhou vantagem mais uma vez. A crise foi, como sempre, uma excelente oportunidade para um caso de amor renovado com o socialismo democrático. Embora a intelectualidade de hoje goste de se deleitar com o brilho das realizações do

---

[88] BUCK v. Bell, 274 U.S. 200. *Justia US Supreme Court*, [S. l.], p. 1-3, 1927. Disponível em: https://supreme.justia.com/cases/federal/us/274/200/. Acesso em: 25 jan. 2022.

[89] SANGER, Margaret. *My Way to Peace*. [S. l.], 17 jan. 1932. Disponível em: https://www.nyu.edu/projects/sanger/webedition/app/documents/show.php?sangerDoc=129037.xml. Acesso em: 25 jan. 2022.

[90] COOLIDGE, Calvin. Speech on the 150th Anniversary of the Declaration of Independence. *Teaching American History*, [S. l.], p. 1-10, 5 jul. 1926. Disponível em: https://teachingamericanhistory.org/document/speech-on-the-occasion-of-the-one-hundred-and-fiftieth-anniversary-of-the-declaration-of-independence/. Acesso em: 25 jan. 2022.

presidente Franklin Delano Roosevelt – mais obviamente, a criação de novos programas de estado de bem-estar social –, seu histórico real foi sombrio. FDR implementou novos regulamentos massivos, manipulou a moeda e atacou a propriedade privada. O individualismo, mais uma vez, saiu de moda, com FDR afirmando: "Eu acredito no individualismo em todas essas coisas – até o ponto em que o individualista começa a operar à custa da sociedade"[91]. Isso, é claro, significava que ele não acreditava de verdade no individualismo.

FDR declarou que as liberdades fundamentais garantidas pela Constituição – liberdade de expressão, liberdade de imprensa, julgamento por júri, liberdade de religião – eram totalmente insuficientes. "À medida que nossa nação cresceu em tamanho e estatura", declarou FDR, "esses direitos políticos se mostraram inadequados para nos garantir igualdade na busca pela felicidade". Ao invés disso, ele propôs, a América precisaria abraçar uma "segunda Declaração de Direitos", que garantiria os direitos a um emprego, à alimentação, à roupa, a um lucro decente para os agricultores, à habitação, aos cuidados médicos, à previdência social e à educação. "Todos esses direitos significam segurança", proclamou FDR. Ele chegou a sugerir que se as políticas econômicas da década de 1920 – uma época de governo limitado e livres mercados – retornassem, "mesmo que tenhamos vencido nossos inimigos nos campos de batalha no exterior, teremos nos rendido ao espírito do fascismo aqui em casa"[92].

FDR combinou seus programas utópicos de governo com censura de cima para baixo, incluindo repressão fascista aos

---

[91] ROOSEVELT, Franklin D. Campaign Address. *Teaching American History*, [*S. l.*], p. 1-5, 14 out. 1936. Disponível em: https://teachingamericanhistory.org/document/campaign-address/. Acesso em: 25 jan. 2022.

[92] ROOSEVELT, Franklin D. State of the Union Message to Congress. Franklin D. *Roosevelt Presidential Library and Museum*, [*S. l.*], p. 1-5, 11 jan. 1944. Disponível em: http://www.fdrlibrary.marist.edu/archives/address_text.html. Acesso em: 25 jan. 2022.

dissidentes. Como Jonah Goldberg descreve em seu livro *Fascismo de esquerda*[93],

> parece impossível negar que o *New Deal* era objetivamente fascista. Sob o *New Deal*, capangas do governo derrubavam portas de forma a impor políticas domésticas. Agentes do governo eram tratados como semideuses, mesmo quando espionavam dissidentes. Os capitães da indústria escreveram as regras pelas quais eram governados. FDR gravou secretamente suas conversas, usou o serviço postal para punir seus inimigos [...].

Harry Hopkins, assessor de FDR, sugeriu abertamente, "não temos medo de explorar nada dentro da lei e temos um advogado que irá declarar como legal qualquer coisa que você queira fazer"[94].

O resultado de toda essa utopia governamental foi catastrófico para os americanos comuns, embora eles estivessem obcecados com o apelo pessoal irresistível de FDR. De acordo com os economistas Harold Cole e Lee Ohanion, da Universidade da Califórnia em Los Angeles, as políticas de FDR – particularmente sua tentativa de organização de cima para baixo da indústria, por meio da cartelização, restringindo as forças do livre mercado, em favor do controle centralizado – tornaram a Grande Depressão novamente grande, prolongando-a por sete anos completos. O consumo caiu drasticamente; as horas de trabalho caíram drasticamente[95].

Com o resto do mundo em ruínas, no final da Segunda Guerra Mundial, os Estados Unidos podiam suportar o inchaço e a ineficiência associados a programas governamentais maiores.

---

[93] No Brasil encontramos a seguinte edição: GOLDBER, Jonah. *Fascismo de esquerda: a história secreta do esquerdismo americano*. Rio de Janeiro: Record, 2009. (N. E.)
[94] GOLDBERG, Jonah. *Liberal Fascism*: The Secret History of the American Left, from Mussolini to the Politics of Change. Nova York: Broadway Books, 2007. p. 158-159.
[95] STANLEY, Samuel. FDR policies doubled the length of the Great Depression. *Reason Foundation*, [*S. l.*], p. 1-3, 21 nov. 2008. Disponível em: https://reason.org/commentary/fdr-policies-doubled-the-lengt/. Acesso em: 25 jan. 2022.

Entretanto as ambições adicionais do governo Lyndon Baines Johnson sobrecarregaram os recursos do ideal socialista democrático americano, ao ponto de ruptura. O presidente LBJ dobrou os compromissos de FDR, sugerindo, agora, que a América poderia se tornar uma "Grande Sociedade", apenas lançando uma multiplicidade de grandes iniciativas de gastos do governo, lutando uma "guerra contra a pobreza". O governo invadiu quase todas as áreas da vida americana, oferecendo subsídios e ameaçando processos e multas. O governo prometeu habitação; ao invés disso, ofereceu habitações populares administradas pelo governo, que rapidamente se degradaram, tornando-se distopias infernais. O governo prometeu bem-estar; ao invés disso, ofereceu a perspectiva de pobreza intergeracional, através do patrocínio da maternidade solteira. O governo prometeu oportunidade educacional; ao invés disso, forçou crianças a estudarem fora de seus distritos escolares e baixou os padrões da escola pública[96].

Esse foi um assunto bipartidário – o antigo conservador Richard Nixon, como presidente, consagrou novamente os programas econômicos de LBJ, incluindo desvincular o dólar americano do valor do ouro e definir preços, salários, vencimentos e aluguéis[97]. E, mais uma vez, de maneira similar à resposta de FDR à Grande Depressão, a estagnação econômica instalou-se, com a porcentagem de pessoas que viviam na pobreza interrompendo sua queda em 1970, e o mercado de ações atingindo o topo em janeiro de 1966, em torno de 8.000... e caindo, continuamente, até julho de 1982, em termos ajustados pela inflação[98].

No final da presidência de Jimmy Carter, os Estados Unidos haviam se afastado dos esquemas utópicos do governo. O impulso

---

[96] SHLAES, Amity. *Great Society: A New History. Nova York:* Harper Perennial, 2019.

[97] GREENSPAN, Alan; WOOLDRIDGE, Adrian. *Capitalism in America: A History.* Nova York: Penguin, 2018. p. 306.

[98] POLLOCK, Alex J. Seven decades of the inflation-adjusted Dow Jones Industrial average. *Reason Foundation*, [*S. l.*], p. 1-3, 18 abr. 2018. Disponível em: https://www.rstreet.org/2018/04/19/seven-decades-of-the-inflation-adjusted-dow-jones-industrial-average/. Acesso em: 25 jan. 2022.

utópico havia diminuído. "Consertar o mundo" através de medidas governamentais foi reduzido a filas nos postos de gasolina, inflação, desemprego e a um presidente lamentando o mal-estar americano, admitindo que "toda a legislação do mundo não pode consertar o que há de errado com a América"[99]. Ronald Reagan assumiu esse bastão, declarando, em seu Primeiro Discurso de Posse, que

> o governo não é a solução para o nosso problema; o governo é o problema. [...] É hora de controlar e reverter o crescimento do governo, que dá sinais de ter crescido além do consentimento dos governados[100].

Na realidade, Reagan não reduziu o tamanho e o escopo do governo – ele continuou a crescer. Entretanto, nas mentes dos americanos, a agenda progressista havia falhado. Em 1996, Bill Clinton, o presidente democrata, estava espelhando a retórica de Reagan sobre o papel do governo, explicando: "a era do governo grande acabou", soando quase como Reagan, em sua sugestão de que um "governo novo e menor deve funcionar à velha moda americana", pedindo um "orçamento equilibrado", e o fim dos "déficits de gastos permanentes"[101]. Em seu discurso de aceitação da Convenção Nacional Republicana de 2000, George W. Bush ecoou essa linguagem, sugerindo que "um governo grande não é a resposta"[102]. E em 2004, um jovem candi-

---

[99] CARTER, Jimmy. Energy and the National Goals – A Crisis of Confidence. *American Rethoric*, [*S. l.*], p. 1-11, 15 jul. 1979. Disponível em: https://www.americanrhetoric.com/speeches/jimmycartercrisisofconfidence.htm. Acesso em: 25 jan. 2022.

[100] REAGAN, Ronald. First Inaugural Address of Ronald Reagan. *The Avalon Project*, [*S. l.*], p. 1-2, 20 jan. 1981. Disponível em: https://avalon.law.yale.edu/20th_century/reagan1.asp. Acesso em: 25 jan. 2022.

[101] Presidente CLINTON, William Jefferson. State of the Union Address. *clintonwhitehouse4.archives.gov*, [*S. l.*], p. 1-17, 23 jan. 1996. Disponível em: https://clintonwhitehouse4.archives.gov/WH/New/other/sotu.html. Acesso em: 25 jan. 2022.

[102] BUSH, George W. Full Text of Bush's Acceptance Speech. *The New York Times*, [*S. l.*], p. 1-11, 4 ago. 2000. Disponível em: https://archive.nytimes.com/www.nytimes.com/library/politics/camp/080400wh-bush-speech.html. Acesso em: 25 jan. 2022.

dato negro ao Senado de Illinois, chamado Barack Obama, sugeriu: "As pessoas que encontro – em pequenas e grandes cidades, em lanchonetes e complexos de escritórios – não esperam que o governo resolva todos os seus problemas"[103]. Um consenso havia se formado nas mentes da maioria dos americanos: o governo não era uma panaceia, a cura para todos os problemas humanos. Frequentemente, o governo era o obstáculo para o sucesso humano e o florescimento. Sim, os americanos ficavam felizes em aceitar programas patrocinados pelo contribuinte que os beneficiavam e reagiam com raiva a propostas que implementariam mudanças nesses programas. Porém os americanos agora pareciam mais Reagan do que Wilson, em termos do que achavam que o governo poderia realizar.

>> A ASCENSÃO E QUEDA DA POLÍTICA IDENTITÁRIA REVOLUCIONÁRIA

Enquanto os progressistas argumentavam, ao longo do século XX, que o governo era a solução para todos os males da humanidade – e como os americanos foram, gradualmente, sendo desiludidos dessa noção –, outra ideia, um tanto contraditória, começou a se enraizar na esquerda americana. Essa ideia estava de acordo com a tese progressista de que a Declaração de Independência e a Constituição haviam passado de suas datas de validade. Entretanto ia mais longe: sugeria que virtualmente todos os sistemas na América precisavam ser destruídos, de forma a alcançar a verdadeira justiça. Onde os progressistas acreditavam que o poder do governo poderia ser atrelado a uma agenda redistributiva, a fim de alcançar fins utópicos, esse novo

---

[103] BARACK Obama's Remarks to the Democratic National Convention. *The New York Times*, [*S. l.*], p. 1-6, 24 jul. 2004. Disponível em: https://www.nytimes.com/2004/07/27/politics/campaign/barack-obamas-remarks-to-the-democratic-national.html. Acesso em: 25 jan. 2022.

tipo de radicalismo – animado pelo Impulso Revolucionário – argumentava que o próprio sistema governamental americano era inerentemente corrupto e que precisava ser arrancado pela raiz. A agressão revolucionária era justificada, argumentaram os radicais, a fim de derrubar as hierarquias de poder agindo como uma barreira para o triunfo do anticonvencionalismo moral.

Uma das primeiras formas influentes desse argumento veio dos estudiosos da chamada Escola de Frankfurt, expatriados europeus que fugiram para a América, para evitar os nazistas. Max Horkheimer, um dos líderes dessa escola de pensamento, sugeriu que, uma vez que todos os seres humanos eram produtos de seus ambientes, todos os males na América poderiam ser atribuídos ao ambiente capitalista e democrático. Como ele disse, "a miséria de nosso tempo está ligada à estrutura da sociedade"[104]. Erich Fromm, outro membro da Escola de Frankfurt, postulou que as liberdades americanas não tornaram os seres humanos livres. "O direito de expressar nossos pensamentos, no entanto, significa algo apenas se formos capazes de ter nossos próprios pensamentos", declarou ele. O consumismo americano, contudo, privou os americanos dessa capacidade – preparando-os, assim, para o protofascismo[105]. Para libertar os indivíduos, todos os sistemas de poder precisavam ser nivelados.

Isso significava que as liberdades tradicionais americanas precisariam ser restringidas. A liberdade de expressão precisaria morrer, para que a liberdade da autoestima subjetiva pudesse florescer. Como explicou Herbert Marcuse,

A tolerância libertadora, então, significaria intolerância aos movimentos da direita e tolerância aos movimentos da esquerda. [...] estender-se-ia ao palco de ação, bem como de discussão e propaganda, de ato, bem como de palavra.

----

[104] WIGGERSHAUS, Rolf. *The Frankfurt School: Its History, Theory and Political Significance*. Cambridge MA: MIT Press, 1995. p. 135.
[105] FROMM, Erich. *Escape from Freedom*. Nova York: Henry Holt, 1941. p. 140.

Isso se aplicava *especialmente* a grupos minoritários, que só podiam afirmar seu poder revidando contra o sistema[106].

Embora os pensadores da Escola de Frankfurt tivessem orientação marxista, seu argumento fazia pouco sentido como uma questão de classe. Afinal, a mobilidade econômica sempre foi a marca registrada da sociedade americana, e o livre mercado oferece oportunidades para todos os matizes. Entretanto, quando o argumento a favor da repressão americana foi traduzido de termos econômicos para raciais, começou a dar frutos. A América *havia* permitido e fomentado a escravidão dos negros; a América permitiu o florescimento de Jim Crow[107]. Embora a América tenha abolido a escravidão e, eventualmente, eviscerado Jim Crow – e feito isso, como o antigo escravo Frederick Douglass sugeriu em 1852, *por causa* dos ideais expressos na Declaração de Independência e na Constituição –, o argumento de que a América era racista em suas raízes e, portanto, impossível de ser corrigida, tinha alguma plausibilidade.

Essa foi a afirmação da chamada Teoria Crítica da Raça (CRT, sigla em inglês). A CRT transmutou o argumento, baseado em classe, de que a América é manipulada, em um argumento baseado em raça. De acordo com a CRT, todas as instituições nos Estados Unidos têm suas raízes na supremacia branca; toda instituição é racista, "estruturalmente" ou "institucionalmente". Essa ideia foi apresentada pela primeira vez por Stokely Carmichael, então chefe do Comitê de Coordenação Estudantil Não Violento[108], em 1966 (mais tarde, Carmichael se tornaria um separatista negro e chefe do Partido dos Panteras Negras). Logo após a Lei dos Direitos Civis de 1965, Carmichael postulou que, embora o governo federal tivesse barrado a discriminação com base na raça,

---

[106] MARCUSE, Herbert. *Repressive Tolerance*. Boston: Beacon Press, 1965. Disponível em: https://www.marcuse.org/herbert/publications/1960s/1965-repressive-tolerance-fulltext.html. Acesso em: 25 jan. 2022.

[107] Personagem popular e malandro, visão estereotipada do afro-americano. (N. E.)

[108] No original: "Student Nonviolent Coordinating Committee". (N. E)

o racismo não poderia ser aliviado por tal ação: a *desigualdade de resultados*[109] poderia ser atribuída ao racismo histórico e à estrutura de instituições construídas em uma época de racismo. Carmichael escreveu: "É o poder branco que faz as leis e é o poder branco violento que faz cumprir essas leis, com armas e cassetetes". O resultado previsível: as instituições precisavam ser destruídas[110].

Carmichael não estava argumentando que o sistema poderia ser mobilizado em nome daqueles que vitimou. Ele estava argumentando que a *definição* de racismo deveria mudar: de agora em diante, as ações seriam consideradas racistas *prima facie*[111], caso produzissem resultados racialmente díspares, ao invés de serem *realmente racistas*, em intenção ou conteúdo. Isso fez com que a disparidade afetasse o teste do racismo – uma proposição logicamente insustentável, uma vez que, literalmente, todas as políticas já elaboradas pela humanidade obtiveram resultados díspares para alguns grupos. Na verdade, muitas das políticas favoritas da esquerda – veja, por exemplo, o salário mínimo – exacerbam resultados díspares, ao invés de anulá-los. Tratar resultados díspares como resultados obtidos *apenas* através de sistemas racistas é ignorar toda a história humana, na busca por uma utopia mítica. Ao invés de argumentar que algumas medidas precisariam ser tomadas de maneira a nivelar o campo de jogo, Carmichael estava argumentando que o campo de jogo precisaria ser dinamitado.

---

[109] Esse é um tema extremamente controverso nos Estados Unidos: *equality of outcome* ou "igualdade de resultados", contra o seu antagonista teórico "igualdade de oportunidade". Este último diz que é um *direito* que todas as oportunidades ofertadas sejam iguais, seja para quem for, mas que é justo que os resultados possam ser diferentes sem que haja no final uma descriminação latente. Tal interpretação dá a entender que o "campo de jogo" precisa ser nivelado, de forma que todos possam começar do mesmo ponto. Já *equality of outcome* é o contrário: não importa quais as suas oportunidades iniciais ou de onde você tenha vindo, todos têm o *direito* de obter os mesmos resultados; sendo a conclusão do caminho, por fim, a tábula de julgamento social. (N. E.)

[110] CARMICHAEL, Stokely. Toward Black Liberation. *The Massachusetts Review*, [S. l.], p. 1-5, outono de 1966. Disponível em: http://nationalhumanitiescenter.org/pds/maai3/segregation/text8/carmichael.pdf. Acesso em: 25 jan. 2022.

[111] "À primeira vista". (N. E.)

Este era o Impulso Revolucionário com uma estrutura intelectual: agressão revolucionária, combinada com oposição ao convencionalismo.

Os herdeiros intelectuais de Carmichael lançaram formalmente o projeto CRT no final dos anos 1970 e início dos anos 1980. Os expositores Richard Delgado e Jean Stefancic estabeleceram os princípios básicos do CRT: primeiro, que "o racismo é comum, e não uma aberração"; segundo, que "nosso sistema de ascendência do branco-acima-dos-de-cor serve a propósitos importantes, tanto psíquicos quanto materiais". Em outras palavras, o sistema é projetado para *criar* resultados racialmente díspares; qualquer prova de resultados racialmente díspares é evidência da malignidade do sistema[112].

O pioneiro da Teoria Crítica da Raça, Derrick Bell, escreveu que

toda a cosmovisão liberal, dos direitos privados e da soberania pública, mediada pelo império da lei, precisava ser explodida. [...] uma visão de mundo baseada nas esferas pública e privada é uma miragem atraente, que mascara a realidade do poder econômico e político[113].

De acordo com Bell, mesmo *resultados supostamente bons* podem ser evidências da supremacia branca implícita no sistema – os brancos estão tão envolvidos no sistema que, caso precisem fazer algo supostamente tolerante racialmente para mantê-lo, eles irão. Entretanto, no final das contas, é tudo uma questão de manter o poder branco. Não é à toa que Bell postulou que os americanos brancos venderiam americanos negros a alienígenas, a fim de aliviar a dívida nacional, se pudessem – e sugeriu *em 1992* que os

---

[112] DELGADO, Richard; STEFANCIC, Jean. *Critical Race Theory: An Introduction*. Nova York: New York University Press, 2012. p. 7-8.
[113] BELL JR., Derrrick A. Racial Realism. In: WRIGHT, George; CUZZO, Maria S. W. (ed.). *The Legal Studies Reader*. Nova York: Peter Lang, 2004. p. 247.

americanos negros eram mais oprimidos do que em qualquer momento, desde o fim da escravidão[114].

Durante décadas, esse argumento ganhou pouco terreno no *mainstream*. A confiança dos progressistas na era Lyndon Baines Johnson o frustrou. LBJ acreditava que o poder do governo poderia preencher as lacunas entre brancos e negros. E o governo *realmente* se engajou em esforços e mais esforços para nivelar o campo de jogo, gastando trilhões em programas contra a pobreza, projetados para agir como uma forma de reparação suave, contra os males do racismo americano. Como LBJ acreditava que a lacuna entre a política identitária e o progressismo utópico poderia ser encoberta pelo poder do governo, ele criou novas ferramentas governamentais massivas, reescrevendo a barganha essencial entre os americanos e seu governo. Como escreve Christopher Caldwell,

> As mudanças da década de 1960, com os direitos civis em sua essência, não foram apenas um novo elemento importante na Constituição. Eles eram uma constituição *rival*, com a qual a original era frequentemente incompatível[115].

O sistema jurídico dos Estados Unidos mudou radicalmente, com o Governo Federal recebendo poderes extraordinários, de forma a acabar com a discriminação, tanto real quanto imaginária, tanto no setor público quanto no setor privado. Como escreve Caldwell, houve uma tentativa bem-sucedida do governo de "moldar toda a sociedade – até os atos privados mais íntimos – em torno da ideologia do antirracismo"[116]. E, quando os casos

---

[114] BERNSTEIN, Fred A. Derrick Bell, Law Professor and Rights Advocate, Dies at 80. *The New York Times*, [*S. l.*], p. 1-5, 6 out. 2011. Disponível em: https://www.nytimes.com/2011/10/06/us/derrick-bell-pioneering-harvard-law-professor-dies-at-80.html. Acesso em: 25 jan. 2022.

[115] CALDWELL, Christopher. *The Age of Entitlement*. Nova York: Simon & Schuster, 2020. p. 6-7.

[116] *Ibid.*, p. 10.

de racismo não podiam fornecer um pretexto adequado para o intervencionismo do governo, a rubrica de "antidiscriminação" foi expandida, para incluir qualquer grupo minoritário supostamente vitimizado. A coerção pelo governo – e o apoio a essa coerção – tornou-se um sinal de moralidade, ao invés de uma violação da liberdade:

> O modelo de direitos civis, com ordens executivas, litígios e reparações judiciais, acabou se tornando a base para resolver todas as questões que contrapõem uma ideia recentemente emergente de justiça contra antigas tradições. [...] Gradualmente, os direitos civis transformaram-se em uma licença para o governo fazer o que a Constituição não teria permitido fazer anteriormente. Isso foi além do contexto das leis de Jim Crow quase que imediatamente, ganhando o que seus apóstolos viam como libertação após libertação[117].

Na busca por essas libertações, foram gastos trilhões de dólares; milhões de americanos tornaram-se mais dependentes do governo; centenas de milhares de americanos acabaram trabalhando para o governo diretamente. Embora os programas tenham feito pouco para aliviar a posição dos negros americanos, em relação aos americanos brancos, eles, paradoxalmente, reforçaram *de fato* a credibilidade moral do sistema governamental americano: era difícil alegar que os sistemas que agora haviam se tornado *a favor* dos negros – sistemas que iam da ação afirmativa a leis contra a discriminação – foram projetados para torná-los subservientes. A legitimidade do sistema, ironicamente, havia sido sustentada por esforços para reformulá-lo, em nome do progresso neutro em relação à raça. O Impulso Utópico havia impedido o Impulso Revolucionário.

Assim, no início da década de 1990, os argumentos radicais foram postos de lado. Enquanto os teóricos raciais críticos

---

[117] *Ibid.*, p. 34.

continuaram a culpar "o sistema" pelas lacunas raciais e apelaram à discriminação racial em nome de grupos vitimados, os americanos de todos os matizes, ao invés disso, mantiveram a noção de que sistemas jurídicos neutros em relação à raça eram indispensáveis. Quando a artista de hip-hop Sister Souljah defendeu os distúrbios de Los Angeles, sugerindo: "Quero dizer, se negros matam negros todos os dias, por que não tirar uma semana para matar brancos?"[118], o candidato Bill Clinton chamou sua atenção, comparando-a a David Duke[119]. Quando as taxas de criminalidade dispararam, especialmente em comunidades minoritárias, uma coalizão bipartidária reuniu-se em Washington, D.C., para aprovar um projeto de lei duro contra o crime, destinado a alongar as penas. Esse projeto foi apoiado por 58% dos negros americanos, incluindo a maioria dos prefeitos negros[120]. Foi aprovado no Senado por 94–5 votos.

Na batalha entre utilizar o governo para buscar a utopia, ou derrubar o governo em nome do radicalismo, os utopistas haviam vencido. Os apelos para destruir o sistema por dentro foram rejeitados, não apenas pela direita política, mas pela esquerda política. A política identitária havia sido totalmente derrotada.

Na verdade, em 2004, um jovem Barack Obama confirmou essa tese em seu discurso na Convenção Nacional Democrata, rejeitando os princípios centrais da política identitária e da Teoria Crítica da Raça. "Estou aqui sabendo que minha história faz parte da história americana mais ampla, que tenho uma dívida para com

---

[118] MILLS, David. Sister Souljah's Call to Arms: The rapper says the riots were payback. Are you paying attention? *The Washington Post*, [S. l.], p. 1, 13 maio 1992. Disponível em: https://www.washingtonpost.com/wp-dyn/content/article/2010/03/31/AR2010033101709. html. Acesso em: 25 jan. 2022.

[119] EDSALL, Thomas B. Clinton Stuns Rainbow Coalition. *The Washington Post*, [S. l.], p. 1-3, 14 jul. 1992. Disponível em: https://www.washingtonpost.com/archive/politics/1992/06/14/clinton-stuns-rainbow-coalition/02d7564f-5472-4081-b6b2-2fe5b849fa60/. Acesso em: 25 jan. 2022.

[120] RAY, Rashawn; GALSTON, William A. Did the 1994 crime bill cause mass incarceration? *Brookings Institution*, [S. l.], p. 1-4, 28 ago. 2020. Disponível em: https://www.brookings.edu/blog/fixgov/2020/08/28/did-the-1994-crime-bill-cause-mass-incarceration/. Acesso em: 25 jan. 2022.

todos aqueles que vieram antes de mim e que, em nenhum outro país do mundo, minha história é sequer possível", afirmou Barack Obama, sob aplausos calorosos. Ele continuaria, repreendendo o mito difundido nos bairros centrais, "que diz que um jovem negro com um livro está agindo como um branco". E ele concluiria com sua máxima mais famosa, uma que ele repetiu – de forma cada vez mais vazia – ao longo de sua carreira subsequente:

> Não existe uma América progressistas e uma América conservadora – existem os Estados Unidos da América. Não existe uma América negra, uma América branca, uma América latina ou uma América asiática – existem os Estados Unidos da América[121].

>> COMO BARACK OBAMA TRANSFORMOU FUNDAMENTALMENTE A AMÉRICA

Esse consenso – de que o governo, de direita ou esquerda, não poderia resolver todos os problemas, mas que o sistema americano era inerentemente bom – manteve-se durante 2008. Barack Obama fez campanha com base nessa promessa. Ele prometeu esperança. Ele sugeriu que os americanos estavam unidos por uma visão comum e por uma fonte comum.

Entretanto, fervilhando sob a superfície da unidade de Obama, estava algo filosoficamente mais feio – algo profundamente divisionista. No final das contas, Obama não era adepto da ideologia fundadora, da utopia do governo ao estilo LBJ, ou mesmo de uma Terceira Via Clintoniana. A filosofia de Obama também estava enraizada não na conciliação racial de Martin Luther King Jr., mas na filosofia de Derrick Bell, um homem

---

[121] BARACK Obama's Remarks to the Democratic National Convention. *The New York Times*, [*S. l.*], p. 1-6, 24 jul. 2004. Disponível em: https://www.nytimes.com/2004/07/27/politics/campaign/barack-obamas-remarks-to-the-democratic-national.html. Acesso em: 25 jan. 2022.

apoiado pelo próprio Obama, durante seus dias na Faculdade de Direito de Harvard. Não foi surpresa que Obama gravitasse em torno de Jeremiah Wright, frequentando sua igreja durante vinte anos, ouvindo-o cuspir bile do púlpito, falando sobre os males dos Estados Unidos. Além disso, Obama acreditava em seu próprio mito messiânico – de que ele era a personificação de tudo o que era bom e decente. Michelle Obama resumiu bem o sentimento durante a campanha de 2008: ela sugeriu que "nossas almas estão quebradas nesta nação" e que "Barack Obama é a única pessoa nesta corrida que entende isso. [...] precisamos consertar nossas almas"[122]. O próprio Obama disse, nos dias anteriores à eleição de 2008, que sua missão era "transformar fundamentalmente os Estados Unidos da América"[123].

Essa combinação levou Obama a uma posição política revisada, após sua esmagadora eleição em 2008: todas as críticas a ele, na verdade, eram, *na verdade*, motivadas racialmente, porque Obama – como o primeiro presidente negro da América – representava a melhor esperança de transformar os sistemas da América de dentro. Para ser justo, os sinais da postura de polarização racial de Obama eram claros, mesmo na disputa de 2008. No início da mesma, Obama explicou sua falta de apoio da classe trabalhadora, nas áreas do "Cinturão de Ferrugem", referindo-se ao seu suposto racismo: "Eles ficam amargos, eles se apegam a armas, ou religião, ou antipatia por pessoas que não são como eles, ou sentimentos contra imigrantes, ou contra o comércio, como uma forma de explicar suas frustrações"[124]. Ao longo de sua campanha de 2008, Obama fez referência à sua raça como uma espécie de barreira

---

[122] LAST, Jonathan V. Michelle's America. *The Weekly Standard*, [S. l.], p. 1-3, 18 fev. 2008. Disponível em: https://www.washingtonexaminer.com/weekly-standard/michelles-america. Acesso em: 25 jan. 2022.

[123] HANSON, Victor Davis. Obama: Transforming America. *Real Clear Politics*, [S. l.], p. 1-4, 1 out. 2013. Disponível em: https://www.realclearpolitics.com/articles/2013/10/01/obama_transforming_america_120170.html. Acesso em: 25 jan. 2022.

[124] PILKINGTON, Ed. Obama angers midwest voters with guns and religion remark. *The Guardian*, Nova York, p. 1-3, 1 out. 2013. Disponível em: https://www.theguardian.com/world/2008/apr/14/barackobama.uselections2008. Acesso em: 25 jan. 2022.

eleitoral, apesar do fato de que, não fosse por causa dela, ele nunca teria sido nomeado. Ele até disse que seu oponente, John McCain, estava assustando os eleitores, ao sugerir que Obama não "se parecia com todos aqueles outros presidentes naquelas notas de dólar"[125].

Entretanto esse tom de polarização racial não veio à tona completamente, até depois da eleição. Na opinião de Obama, a única razão para os americanos se oporem a qualquer elemento de sua agenda era o racismo sutil – ou não tão sutil. Como Obama revelou em suas memórias em 2020, ele acreditava que

> minha presença na Casa Branca havia desencadeado um pânico profundo, uma sensação de que a ordem natural havia sido interrompida. [...] milhões de americanos [ficaram] assustados com um homem negro na Casa Branca.

Obama viu a companheira de chapa de McCain, Sarah Palin, como um avatar para esta América intolerantemente fanática: "Por meio de Palin, parecia que os espíritos das trevas, que há muito tempo espreitavam nas bordas do Partido Republicano moderno – xenofobia, oposição ao intelectualismo, teorias da conspiração paranoicas, uma antipatia pelos negros e pardos – estavam encontrando seu caminho para o centro do palco". Obama até escreveu que enviou o vice-presidente Joe Biden ao Capitólio, a fim de negociar com o líder da minoria no Senado, Mitch McConnell (republicano do Kentucky), ao invés de fazê-lo diretamente, por causa de sua consciência de que "as negociações com o vice-presidente não inflamam a base republicana da mesma forma que qualquer aparência de cooperação com Obama (socialista negro e muçulmano) estaria fadada a fazer".

---

[125] PRESTON, Mark; BASH, Dana. McCain defends charge that Obama playing race card. *CNN*, [*S. l.*], p. 1-2, 31 jul. 2008. Disponível em: https://www.cnn.com/2008/POLITICS/07/31/campaign.wrap/index.html. Acesso em: 25 jan. 2022.

Obama e Michelle também ligaram a oposição do Tea Party ao Obamacare ao racismo[126].

Dada a rejeição pessoal de Obama aos oponentes, considerados racistas ignorantes, não é de admirar que, em 2012, ele tenha traçado um curso diferente do que em 2008. Ao invés de realizar uma campanha dirigida a uma ampla base de apoio, Obama fatiou e dividiu o eleitorado, concentrando-se em sua nova coalizão interseccional, uma aglomeração demograficamente crescente de grupos supostamente vitimizados na vida americana.

Na prática, essa foi uma estratégia usada por muito tempo pelos organizadores de comunidade – como Obama bem sabia, pois ele havia sido um. Obama foi treinado nas estratégias de Saul Alinsky, ele mesmo, o pai da organização comunitária – e, como escreveu o marxista Alinsky em 1971,

> mesmo se todas as partes de baixa renda de nossa população estivessem organizadas – todos os negros, mexicanos-americanos, porto-riquenhos, brancos pobres dos Apalaches – se por algum gênio da organização estivessem todos unidos em uma coalizão, ela não seria poderosa o suficiente para obter as mudanças básicas e significativas necessárias. Precisaria [...] procurar aliados. A pragmática do poder não permitirá nenhuma alternativa.

Entretanto, enquanto Alinsky encorajou os organizadores radicais a usarem "sensibilidade estratégica" com o público da classe média, para "radicalizar partes da classe média"[127], os novos organizadores de comunidade perceberam uma oportunidade de descartar a classe média baixa – pessoas desprezadas pelo próprio

---

[126] MERICA, Dan; LIPTAK, Kevin; ZELENY, Jeff; WRIGHT, David; BUCK, Rebecca. Obama memoir confronts role his presidency played in Republican obstructionism and Trump's rise. *CNN*, [*S. l.*], p. 1-6, 15 nov. 2020. Disponível em: https://edition.cnn.com/2020/11/12/politics/obama-memoir-promised-land/index.html. Acesso em: 25 jan. 2022.

[127] ALINSKY, Saul D. *Rules for Radicals*: *A Practical Primer for Realistic Radicals*. Nova York: Vintage Books, 1989.

Alinsky, consideradas inseguras e amargas por ele (linguagem repetida pelo próprio Obama em 2008). Ao invés disso, eles se concentrariam nos universitários, nos jovens, como aliados em potencial.

Essa estratégia de coalizão acabaria sendo elevada à condição de filosofia, denominada interseccionalidade pela professora de direito Kimberlé Crenshaw. Crenshaw postulou, corretamente, que uma pessoa poderia ser discriminada de formas diferentes, graças à participação em vários grupos historicamente vitimados (uma mulher negra, por exemplo, poderia ser discriminada de forma diferente de um homem negro). Entretanto ela então estendeu essa premissa, um tanto incontroversa, em um argumento muito mais amplo: que os americanos podem ser divididos em vários grupos identitários e que os membros de certos grupos identitários não conseguiriam compreender as experiências daqueles de outros grupos identitários. Isso concedeu aos membros desses grupos, supostamente vitimizados, uma autoridade moral inquestionável[128]. A identidade está no centro de todos os sistemas de poder, argumentou Crenshaw. A única maneira daqueles com identidade vitimizada ganharem a liberdade seria formar coalizões com outros grupos vitimizados, a fim de derrubar os sistemas de poder dominantes.

Entretanto o maior problema com a coalizão interseccional permaneceu mais prático do que filosófico: a própria coalizão estava quebrada por divisões internas transversais. Os negros americanos, por exemplo, não eram fãs do casamento entre pessoas do mesmo sexo, ou da imigração ilegal – então, como uma coalizão de negros americanos, de gays americanos e de latino-americanos poderia ser mantida unida? E como essa coalizão poderia se unir com uma quantidade suficiente de eleitores brancos de forma a ganhar a maioria novamente?

---

[128] CRENSHAW, Kimberlé. Why intersectionality can't wait. *The Washington Post*, [*S. l.*], p. 1-4, 24 set. 2015. Disponível em: https://www.washingtonpost.com/news/in-theory/wp/2015/09/24/why-intersectionality-cant-wait/?noredirect=on. Acesso em: 25 jan. 2022.

Obama o fez em sua própria pessoa. Essencialmente, ele usou sua própria identidade como instrumento para favorecer políticas das quais os negros americanos *não gostavam especialmente* – então, usou sua popularidade com os negros para unir a coalizão. Cada grupo na coalizão interseccional receberia sua sacola de brindes durante o ciclo de 2012: em maio, os gays americanos ficaram emocionados, ao saber que Obama havia mudado sua posição em 2008, e agora apoiava o casamento entre pessoas do mesmo sexo[129]; no mês seguinte, Obama anunciou o programa Ação Diferida para os Chegados na Infância, jurando, unilateralmente, não fazer cumprir a lei de imigração, apesar de suas próprias promessas de não fazê-lo[130]; Obama, junto com uma imprensa complacente, rotulou as políticas republicanas de "guerra contra as mulheres" e prometeu lutar pelos direitos das mulheres. Quanto à comunidade negra, Obama deu por certo que ganharia o apoio dela – e, como se viu, ele estava certo[131].

Para manter unida sua coalizão interseccional, Obama precisou levantar o espectro de algo poderoso e perigoso. Esse "algo poderoso" não poderia ser o governo, já que Obama era o chefe desse governo. Ao invés disso, Obama unificaria a coalizão contra o passado. O *slogan* brilhante de Obama foi a simples diretiva: "AVANÇAR". Biden sugeriu a um público negro que o oponente Mitt Romney queria colocar os negros americanos "de volta nas cadeias"[132]. Obama afirmou que Romney iria "voltar no tempo 50 anos para as mulheres, os gays e os imigrantes", afirmando que,

---

[129] EARNEST, Josh. President Obama Supports Same-Sex Marriage. *obamawhitehouse.archives.gov*, [S. l.], p. 1-3, 10 maio 2012. Disponível em: https://obamawhitehouse.archives.gov/blog/2012/05/10/obama-supports-same-sex-marriage. Acesso em: 25 jan. 2022.

[130] PRESTON, Julia; CUSHMAN JR., John H. Obama to Permit Young Migrants to Remain in US. *The New York Times*, [S. l.], p. 1-5, 15 jun. 2012. Disponível em: https://www.nytimes.com/2012/06/16/us/us-to-stop-deporting-some-illegal-immigrants.html. Acesso em: 25 jan. 2022.

[131] TRAVIS, Shannon. Is Obama taking black vote for granted? *CNN*, [S. l.], p. 1-4, 13 jul. 2012. Disponível em: https://www.cnn.com/2012/07/12/politics/obama-black-voters/index.html. Acesso em: 25 jan. 2022.

[132] HAWKINS, Rodney. Biden tells African-American audience GOP ticket would put them "back in chains". *CBS News*, [S. l.], p. 1-3, 14 ago. 2012. Disponível em: https://www.cbsne-

ao invés disso, "nos ajudaria a avançar"[133]. Os ataques ao programa político de Barack Obama não eram uma mera diferença de opinião – eram agora um ataque às *identidades* de negros, mulheres, gays e latinos.

A nova coalizão de Obama fez o impossível com sucesso: ela uniu o Impulso Utópico, que colocou a fé absoluta no governo, e o Impulso Revolucionário, que viu a derrubada do sistema como a resposta. Obama uniu essas duas ideias com uma noção simples: revolução perpétua, *de dentro do governo*. Os democratas fariam campanhas de agressão revolucionária, destinadas a derrubar hierarquias de poder, tanto externas ao governo quanto dentro do próprio governo; censura de cima para baixo, de todos aqueles que se opõem a essa agenda; e uma oposição ao convencionalismo, projetada para repreender os oponentes como moralmente deficientes – na verdade, como intolerantes.

E a estratégia funcionou.

A eleição de 2012 marcou a vitória da coalizão Obama. Dan Balz, do *The Washington Post*, observou que a campanha de Obama se baseou fortemente em mudanças demográficas:

> contra os obstáculos no caminho de Obama estava a crença, em Chicago, no poder glacial da mudança demográfica. [...] Os conselheiros de Obama estavam certos de que o eleitorado teria menos eleitores brancos.

Obama recebeu o mesmo nível de apoio branco que Michael Dukakis em 1988 – mas venceu a eleição, por causa das mudanças demográficas, já que conquistou 80% dos eleitores não brancos. Na verdade, como Balz observou, a equipe de Obama

---

ws.com/news/biden-tells-african-american-audience-gop-ticket-would-put-them-back-in--chains/. Acesso em: 25 jan. 2022.

[133] MACASKILL, Ewen. Obama steps up criticism of Romney in battle for women voters. *The Guardian*, [*S. l.*], p. 1-4, 17 out. 2012. Disponível em: https://www.theguardian.com/world/2012/oct/17/obama-criticism-romney-womens-votes. Acesso em: 25 jan. 2022.

investiu no que chamou de Operação Voto, voltada exclusivamente para os principais constituintes da coalizão de Obama: afro-americanos, hispânicos, eleitores jovens e mulheres (especialmente aquelas com diploma universitário).

A campanha comunicou-se diretamente com esses grupos, visando locais específicos de encontro e divulgação a nichos[134].

A estratégia de coalizão de Obama foi forjada. E os progressistas aplaudiram entusiasticamente. Como Ruy Teixeira e John Halpin escreveram, para o *Center for American Progress* [Centro para o Progresso Americano] (CAP):

> A forte maioria progressista de Obama – construída sobre uma coalizão multirracial, multiétnica, cruzadora entre as classes, em apoio a um ativista [...] é real e crescente e reflete a face e as crenças dos Estados Unidos no início do século 21. O Partido Republicano deve enfrentar a dura realidade de que sua base eleitoral está diminuindo e que sua ideologia é rígida demais para representar a face em mudança do país de hoje.

Como observou o CAP, a coalizão de Obama "marca a culminação de um projeto de décadas, a fim de construir uma coalizão progressista eleitoralmente viável e ideologicamente coerente, na política nacional"[135].

Os democratas há muito esperavam por esse culminar. Em 2002, Teixeira escreveu um livro com o jornalista John Judis, intitulado *The Emerging Democratic Majority* [A Maioria Democrática

---

[134] BALZ, Dan. Obama's coalition, campaign deliver a second term. *The Washington Post*, [*S. l.*], p. 1-5, 7 nov. 2012. Disponível em: https://www.washingtonpost.com/politics/decision2012/obamas-coalition-campaign-deliver-a-second-term/2012/11/07/fb156970-2926-11e2-96b6-8e6a7524553f_story.html. Acesso em: 25 jan. 2022.
[135] TEIXEIRA, Ruy; HAPIN, John. The Return of the Obama Coalition. *Center for American Progress*, [*S. l.*], p. 1-4, 8 nov. 2012. Disponível em: https://www.americanprogress.org/issues/democracy/news/2012/11/08/44348/the-return-of-the-obama-coalition/. Acesso em: 25 jan. 2022.

Emergente], postulando que um número maior de minoritários americanos poderia se unir, de forma a trazer à tona uma utopia progressista permanente[136]. Em 2016, a NPR (*National Public Radio*) defendeu "o escurecimento da América", sugerindo que o país "está em um ponto de inflexão demográfica", com os democratas dependendo de sua coalizão interseccional, apoiada por uma maioria de brancos com ensino superior. "O Partido Democrata", concluiu a NPR, "adaptou-se a essa mudança demográfica e é mais diversificado, mais urbano e mais progressista do que em qualquer momento de sua história"[137].

Então, veio 2016. Trump chocou o mundo, ganhando por uma pequena maioria nos estados indecisos. Isso criou uma escolha para os democratas em 2020: eles poderiam repensar a coalizão interseccional de Obama, que Hillary Clinton não conseguiu reproduzir, ou poderiam dobrá-la. Eles escolheram tentar refazer a coalizão de Obama. Como o *Politico* observou, durante as primárias democratas:

> A retórica mudou o debate sobre a elegibilidade de um plano ideológico – onde moderados e democratas mais progressistas discutiram, durante meses, sobre a política – para um baseado mais na identidade e em qual candidato está mais bem posicionado para remontar a coalizão de Obama de jovens, mulheres e eleitores não brancos, que provaram ser fundamentais para o sucesso democrata nas eleições de meio de mandato de 2018[138].

---

[136] APPELBAUM, Yoni. How America Ends. *The Atlantic*, [S. l.], p. 1-18, 5 dez. 2019. Disponível em: https://www.theatlantic.com/magazine/archive/2019/12/how-america-ends/600757/. Acesso em: 25 jan. 2022.

[137] MONTANARO, Domenico. How The Browning of America is Upending Both Political Parties. *NPR*, [S. l.], p. 1-4, 12 out. 2016. Disponível em: https://www.npr.org/2016/10/12/497529936/how-the-browning-of-america-is-upending-both-political-parties. Acesso em: 25 jan. 2022.

[138] SIDERS, David; CADELAGO, Christopher; BARRÓN-LÓPEZ, Laura. To defeat Trump, Dems rethink the Obama coalition formula. *Politico*, [S. l.], p. 1-9, 25 nov. 2019. Disponível em: https://www.politico.com/news/2019/11/25/race-identity-democrats-2020-electability-072959. Acesso em: 25 jan. 2022.

Biden mobilizou com sucesso essa coalizão contra Trump, em grande parte sugerindo que Trump representava uma ameaça histórica única aos grupos identitários dentro da coalizão. Em seu discurso de vitória, Biden falou o nome dos grupos identitários em sua coalizão: "Gay, hétero, transgênero. Branco. Latino. Asiático. Nativo americano". Ele prometeu, especialmente, apoiar a "comunidade afro-americana", que "se levantou novamente por mim". "Eles sempre me dão cobertura", afirmou Biden, "e eu darei cobertura a vocês"[139]. Em homenagem à sua coalizão, Biden distribuiu posições de gabinete com base em características interseccionais. Isso foi um favorecimento racial explícito. A coalizão estava de volta ao poder. E essa coalizão aprendeu a principal lição da era Obama: a união do Impulso Utópico do progressismo com o Impulso Revolucionário da política identitária poderia conquistar a vitória.

>> USANDO O SISTEMA PARA DERRUBAR O SISTEMA

Em julho de 2020, em meio aos protestos de George Floyd, que alegavam racismo americano generalizado e sistêmico, o Museu Nacional de História e Cultura Afro-Americana – um projeto do Museu Smithsonian, uma entidade financiada pelo pagador de impostos – colocou uma exposição online condenando a "brancura". A exposição, intitulada "Aspectos & Suposições da Brancura & Cultura Branca nos Estados Unidos", explicou que os americanos internalizaram aspectos da cultura branca. Quais eram essas barreiras culturais terrivelmente brancas que representam desafios para os não brancos? De acordo com a exposição, "individualismo rude" era um conceito branco, enraizado em ideias desagradáveiscomo "o indivíduo é a unidade primária",

---

[139] STEVENS, Matt. Read Joe Biden's President-Elect Acceptance Speech: Full Text. *The New York Times*, [*S. l.*], p. 1-7, 9 nov. 2020. Disponível em: https://www.nytimes.com/article/biden-speech-transcript.html. Acesso em: 25 jan. 2022.

"independência & autonomia altamente valorizada – recompensada" e "indivíduos presumidos de estarem no controle de seu ambiente". "Estrutura familiar" representava outro conceito branco, com "a família nuclear" condenada como um aspecto da branquitude, juntamente com a noção de que crianças "deveriam ser independentes". Outras ideias irrevogavelmente brancas incluíam uma "ênfase no método científico", completa com "relações de causa e efeito"; um foco na história, incluindo "a primazia da tradição ocidental (grega, romana) e judaico-cristã"; a crença de que "o trabalho árduo é a chave para o sucesso" e o incentivo ao "trabalho antes do lazer"; monoteísmo; colocar ênfase na "gratificação adiada" e seguir "cronogramas rígidos"; justiça enraizada no *common law* inglês e na intenção, e na propriedade privada; "Tomada de decisão" e "orientação para a ação"; e, é claro, "ser bem-educado"[140].

Um momento de pensamento revelaria que presumir que caminhos de bom senso para o sucesso, como gratificação adiada, ser pontual, ser educado e formar estruturas familiares estáveis, não tem nada a ver com racismo – e que, na verdade, chamar essas noções excelentes de "brancas" degrada os americanos não brancos, por considerá-los incapazes de tomar decisões decentes na vida. A exposição do NMAAHC foi um caso clássico do preconceito brando das baixas expectativas. Descobri-lo em uma exposição financiada pelo pagador de impostos foi realmente chocante.

Não tão chocante, porém. O argumento apresentado pela nova coalizão interseccional – de que quaisquer falhas dentro do sistema americano são devidas aos males inerentes do sistema, e não a falhas individuais dentro desse sistema – agora predomina em todos os instrumentos de política, governo e lei. A agenda de unidade de Joe Biden com Bernie Sanders prometeu:

---

[140] YORK, Byron. [Sem texto]. [*S. l.*], 15 jul. 2020. Twitter: @ByronYork. Disponível em: https://twitter.com/ByronYork/status/1283372 233730203G51?ref_src=twsrc%5Etf-w%7Ctwcamp%5Etweetembed%7Ctwterm%5E1 283372233730203651%7Ctw-gr%5E%7Ctwcon%5Es1_&ref_url=https%3A%2F%2F www.foxnews.com%2Fus%2Fdc--museum-graphic-whiteness-race. Acesso em: 25 jan. 2022.

Desde o primeiro dia, estamos comprometidos em tomar ações antirracistas, de forma a obter equidade em todas as nossas instituições, inclusive nas áreas de educação, mudança climática, justiça criminal, imigração e saúde, entre outras.

Por política antirracista, é claro, Biden quer dizer política projetada para nivelar todos os resultados, não importando a tomada de decisão individual em questão. A plataforma do Partido Democrata de 2020 torna esse ponto ainda mais claro:

Os democratas estão comprometidos em enfrentar o racismo e a intolerância, em nossas leis, em nossa cultura, em nossa política e em nossa sociedade, e reconhecem que políticas neutras em relação à raça não são suficientes para retificar disparidades baseadas em raça. Faremos uma abordagem abrangente, de maneira a incorporar a justiça racial em cada elemento de nossa agenda de governo[141].

De maneira controversa, o Governo Federal foi, até ser ordenado a cessar, inculcando a Teoria Crítica da Raça dentro do Poder Executivo, com sessões de treinamento dizendo aos participantes que "virtualmente todas as pessoas brancas contribuem para o racismo", e nas quais os funcionários foram obrigados a explicar que "se beneficiam do racismo"[142]. As empresas foram ameaçadas de perda do *status* de contratadas do Governo Federal por não respeitarem os padrões ideológicos *"woke"*. A lei contra a discriminação foi radicalmente estendida para incluir tudo, desde a identificação como transgênero ao casamento entre pessoas do mesmo sexo, colidindo dramaticamente com a liberdade de asso-

---

[141] WEINGARTEN, Ben. Would A President Joe Biden Institute Systemic Racism In Our Legal System? *The Federalist*, [*S. l.*], p. 1-7, 22 out. 2020. Disponível em: https://thefederalist.com/2020/10/22/would-a-president-joe-biden-institute-systemic-racism-in-our-legal-system/. Acesso em: 25 jan. 2022.

[142] VOUGHT, Russel. *Memorandum for the Heads of Executive Departments and Agencies*. [*S. l.*], 4 set. 2020. Disponível em: https://www.whitehouse.gov/wp-content/uploads/2020/09/M-20-34.pdf. Acesso em: 25 jan. 2022.

ciação e a liberdade de religião; permanece uma questão legal não resolvida se o não uso de um pronome biológico adequado pode ser considerado uma violação da lei federal contra a discriminação. Os pais agora precisam temer que governos estaduais e locais predatórios assumam o controle da criação de seus filhos; as igrejas temem a perda do *status* de isenção de impostos; departamentos de polícia são forçados a não fazer cumprir a lei.

Os defensores dessa ideologia perversa se dedicam a usar as ferramentas revolucionárias de governo, criadas na década de 1960, não para consertar o sistema, mas para derrubá-lo. As ferramentas do sistema serão voltadas contra o mesmo. Há uma razão pela qual Ibram X. Kendi, sucessor ideológico de Derrick Bell e Stokely Carmichael, pediu abertamente um Departamento Federal de Antirracismo, com a capacidade de limpar

> todas as políticas públicas locais, estaduais e federais, de forma a garantir que não gerem desigualdade racial, monitorar essas políticas, investigar políticas racistas privadas quando a desigualdade racial surgir e monitorar funcionários públicos quanto a expressões de ideias racistas.

O Departamento de Antirracismo teria a capacidade de punir "formuladores de políticas e funcionários públicos, que não mudem, voluntariamente, suas políticas e ideias racistas"[143]. Essa é uma expressão de fascismo tão pura quanto é possível imaginar.

Ainda não chegamos lá. Entretanto a batalha está em andamento.

---

[143] KENDI, Ibram X. Pass an Anti-Racist Constitutional Amendment. *Politico*, [*S. l.*], p. 1-2, 22 out. 2020. Disponível em: https://www.politico.com/interactives/2019/how-to-fix-politics-in-america/inequality/pass-an-anti-racist-constitutional-amendment/. Acesso em: 25 jan. 2022.

COMO A ESQUERDA AUTORITÁRIA RENORMALIZOU A AMÉRICA

>> SERÁ QUE A COALIZÃO AUTORITÁRIA DE ESQUERDA IRÁ SE MANTER?

Para os progressistas, a importância da coalizão de Obama reside em sua suposta capacidade de forçar de cima para baixo a política a uma grande minoria – ou até mesmo à maioria – dos americanos. Ao unir, de forma improvisada, minorias supostamente despossuídas e americanos brancos *wokers*, desesperados pela dissociação psicológica do alegado preconceito sistêmico da América, os democratas esperam deixar para trás a era de amplos apelos públicos e simplesmente renormalizar o sistema político americano. Os democratas *mainstream* esperam consolidar a coalizão de Obama através de concessões à filosofia "antirracista"; em troca, eles exigem fidelidade a um conjunto progressista convencional de propostas de políticas.

O novo poder governante na América, diz a teoria, será a coalizão interseccional progressista. Essa coalizão tem orientação autoritária: promove a agressão revolucionária contra o próprio sistema, tanto interna quanto externamente; busca a censura de cima para baixo daqueles que discordam; e se configura como um sistema moral inquestionável, superior a seus antecessores.

Os democratas apostaram nessa estratégia em 2020. Eles alegaram que Donald Trump era uma ameaça única, chocante e direta aos negros americanos, às mulheres, aos americanos de origem latina, aos gays americanos. Trump representava tudo o que havia de pior na América e cabia à coalizão interseccional e a seus aliados de bom coração desferirem um golpe em nome de uma América nova, transformada e *melhor*.

Apenas três semanas após a eleição de 2020, a professora Sheryll Cashin, da Universidade de Georgetown, pediu aos democratas que continuassem a fortalecer a estratégia de coalizão de Obama. Ela apelou aos democratas para ignorarem os eleitores de Trump, silenciá-los, e se concentrarem em apaziguar todos os outros membros da coalizão interseccional. "Uma estratégia mais viável para os progressistas do que tentar conquistar imediatamente os apoiadores de Trump, seria continuar a ganhar eleições, impulsionadas por maiorias energizadas de negros americanos em estados críticos, em coalizões com outras pessoas de cor energizadas, ocupando seu lugar legitimamente na política americana, e com a massa crítica de brancos dispostos a ver e resistir ao racismo", escreveu Cashin. Prioridades progressistas poderiam ser aliadas a prioridades "antirracistas", a fim de solidificar uma coalizão de *woke*[144].

Entretanto, como se viu, as coisas não são tão simples.

Primeiro, a demografia não é o destino. Os ganhos de Trump entre vários grupos identitários demonstram que os americanos pensam por si próprios e não serão relegados, com o tempo, às fronteiras da solidariedade baseada na raça, etnia ou orientação sexual.

Mais urgentemente, porém, os problemas práticos da interseccionalidade permanecem: nem todos os membros da coalizão convivem bem. Os membros mais radicais da coalizão provavelmente não ficarão de braços cruzados, enquanto os membros mais moderados definem a política. A tensão entre o Impulso Utópico e o Impulso Revolucionário não se dissipou. E sem Barack Obama para encobrir essas diferenças – ou, tão importante quanto, para acenar a varinha de raça, e magicamente considerar os amigos antirracistas, e os inimigos o oposto – a coalizão não pode se manter. Os membros moderados provavelmente não verão seus empregos desaparecer, porque os radicais tomaram as rédeas. Após a vitória de Biden em 2020, os democratas moderados no Congresso estavam preocupados porque quase haviam perdido a maioria na Câmara e não conseguiram obter a maioria no Senado. Esses moderados culparam os radicais, que empurravam posições idiotas através do tênue controle democrata do poder: a deputada

---

[144] CASHIN, Sheryl. A Blueprint for Racial Healing in the Biden Era. *Politico*, [*S. l.*], p. 1-10, 21 nov. 2020. Disponível em: https://www.politico.com/news/magazine/2020/11/21/biden-era-racial-healing-blueprint-438900. Acesso em: 25 jan. 2022.

Abigail Spanberger (democrata da Virgínia) criticou seus colegas radicais por seus *slogans* sobre "reduzir os recursos da polícia" e "socialismo", apontando que os democratas "perderam bons membros" por causa de tal postura[145]. Enquanto isso, membros radicais do Congresso – membros como a deputada Alexandria Ocasio-Cortez (democrata de Nova York), a deputada Ayanna Pressley (democrata de Massachussetts), a deputada Rashida Tlaib (democrata de Michigan), e o deputado Ilhan Omar (democrata de Minnesota) – uniram forças para atacar ferozmente democratas como Spanberger, argumentando em uma carta aberta aos colegas: "A lição a ser aprendida nesta eleição não pode, e não deve ser, apoiar-se em políticas racistas de ressentimento, ou recuar dos movimentos sociais, que empurraram os democratas ao poder"[146].

Como a coalizão democrata *é* tão frágil, representando, na melhor das hipóteses, uma grande minoria ou uma tênue maioria dos americanos, ela pode ser fragmentada. A maneira mais óbvia de fraturar a coalizão democrata é através da resistência generalizada a elementos individuais da agenda interseccional. E cada elemento da agenda interseccional está se tornando cada vez mais radical. Durante o ciclo eleitoral de 2020, os democratas, com medo de alienar os negros americanos, ignoraram os distúrbios e saques associados aos protestos Black Lives Matter; abraçaram a insanidade ideológica do CRT; promoveram protestos em massa contra a polícia, em meio a uma pandemia global; e falsearam se eram a favor de reduzir o financiamento da polícia, uma vez que as taxas de crime dispararam. Com medo de alienar os americanos

---

[145] ASSOCIAÇÃO DE IMPRENSA. Spanberger to House Dems: Never "use the word 'socialist' or 'socialism' again". *wjla.com*, [*S. l.*], p. 1-8, 21 nov. 2020. Disponível em: https://wjla.com/news/local/house-democrats-blame-losses-on-polls-message-even-trump-11-06-2020. Acesso em: 25 jan. 2022.

[146] NEW DEAL STRATEGIES; JUSTICE DEMOCRATS; SUNRISE MOVEMENT; DATA FOR PROGRESS. *What Went Wrong for Congressional Democrats in 2020*. [*S. l.*], 10 nov. 2020. Disponível em: https://www.politico.com/f/?id=00000175-b4b4-dc7f-a3fd-bdf660490000. Acesso em: 25 jan. 2022.

LGBT, os democratas abraçaram os elementos mais radicais da teoria de gênero, incluindo a aprovação de mudança de sexo para crianças; eles pressionaram as empresas de mídia social a punir os americanos por "usar o gênero errado"; eles juraram reprimir a prática religiosa, em nome de supostos direitos LGBT. Com medo de alienar os latino-americanos, os democratas começaram a tratar o próprio termo *latino* como um insulto, adotando, ao invés disso, a terminologia acadêmica *latinx*, pouco conhecida e pouco usada; mais amplamente, eles defenderam a descriminalização da própria imigração ilegal.

Entretanto, à medida em que cada demanda interseccional se torna mais radical, a coalizão dos democratas é ameaçada. A renormalização da política americana buscada pelos democratas só pode ocorrer na ausência de reação majoritária. Caso, por exemplo, a maioria dos americanos – incluindo membros da coalizão democrata – diga não à agenda transgênero radical, a coalizão precisaria escolher entre descartar grupos de interesse transgêneros (talvez fragmentando a coalizão), ou perder os moderados que se juntam à sua coalizão (provavelmente perdendo sua pequena maioria durante o processo).

De forma a resolver esses problemas, a esquerda não pode confiar na renormalização pura, através de meios democráticos. Ela deve frustrar seus oponentes, de maneira a evitar a fratura de sua coalizão. A esquerda deve aumentar o tamanho de sua coalizão, intimidando seus oponentes para que fiquem inativos, ou intimidando-os a obedecê-los. A esquerda deve se engajar na captura institucional e, em seguida, usar o poder dessas instituições para obrigar a maioria dos americanos a espelhar suas prioridades políticas escolhidas. Sem o controle das alturas culturais dominantes, a coalizão de esquerda não consegue vencer. É por isso que eles concentraram todas as suas energias em tomar essas alturas de comando.

>> CAPÍTULO 3

A CRIAÇÃO DE UMA NOVA
CLASSE DOMINANTE

>> CAPÍTULO 3 <<

A CRIAÇÃO DE UMA NOVA CLASSE DOMINANTE

Em 12 de março de 2019, os promotores federais revelaram um caso bombástico, envolvendo pelo menos cinquenta réus, que se estendeu de 2011 a 2018. Dezenas de réus eram extraordinariamente ricos; muitos eram sobrenaturalmente famosos. Os dois maiores nomes foram Lori Laughlin, estrela de *Três é Demais*, e Felicity Huffman, atriz indicada ao Oscar. O crime deles: tentar fazer seus filhos entrarem na faculdade através de suborno, pagando alguém para colar nos testes, pagando alguém para criar "reforçadores de currículos falsos", e subornando administradores de faculdade, ou através de outros meios. De acordo com os promotores, Laughlin "concordou em pagar subornos, totalizando US$ 500.000, em troca de ter suas duas filhas designadas como recrutas, para a equipe de remo da USC – apesar do fato de elas não participarem da tripulação"[147]; Huffman pagou US$ 15.000

---

[147] KATES, Graham. Lori Loughlin and Felicity Huffman among dozens charged in college bribery scheme. *CBS News*, [*S. l.*], p. 1-7, 12 mar. 2019. Disponível em: https://www.cbsnews.com/news/college-admissions-scandal-bribery-cheating-today-felicity-huffman--arrested-fbi-2019-03-12/. Acesso em: 26 jan. 2022.

para aumentar a pontuação de sua filha no teste, pagando um inspetor para corrigir suas respostas[148].

Funcionários da faculdade envolvidos no esquema vieram de algumas das escolas mais importantes do país: Yale, Stanford, UCLA e USC, entre outras[149]. Por seu crime, Laughlin cumpriu dois meses de prisão, dois anos de liberdade condicional, 100 horas de serviço comunitário e pagou uma multa de US$ 150.000; Huffman cumpriu 14 dias de prisão, 250 horas de serviço comunitário e pagou uma multa de US$ 30.000[150].

O escândalo ganhou as manchetes nacionais. Aqueles na esquerda política sugeriram que a história cheirava a privilégio branco – afinal, eram todas pessoas de posses, pagando centenas de milhares de dólares para manipular o sistema, em nome de seus filhos. Os políticos de direita sugeriram que a história era apenas mais uma prova de que o próprio sistema universitário havia se tornado uma farsa.

Tudo isso não atingiu o ponto real: por que razão pais ricos e famosos – milionários e bilionários – sentiram a necessidade de seus filhos irem para "boas escolas"? Essa questão era particularmente urgente em relação à filha de Laughlin, Olivia Jade, que já era uma celebridade da mídia social, com milhões de seguidores. E depois que o escândalo estourou, Jade perdeu patrocínios com empresas de maquiagem, como a Sephora[151]. Então por que,

---

[148] TAYLOR, Kate. By Turns Tearful and Stoic, Felicity Huffman Gets 14-Day Prison Sentence. *The New York Times*, [*S. l.*], p. 1-4, 13 set. 2019. Disponível em: https://www.nytimes.com/2019/09/13/us/felicity-huffman-sentencing.html. Acesso em: 26 jan. 2022.

[149] KATES, Graham. Lori Loughlin and Felicity Huffman among dozens charged in college bribery scheme. *CBS News*, [*S. l.*], p. 1-7, 12 mar. 2019. Disponível em: https://www.cbsnews.com/news/college-admissions-scandal-bribery-cheating-today-felicity-huffman-arrested-fbi-2019-03-12/. Acesso em: 26 jan. 2022.

[150] TAYLOR, Kate. By Turns Tearful and Stoic, Felicity Huffman Gets 14-Day Prison Sentence. *The New York Times*, [*S. l.*], p. 1-4, 13 set. 2019. Disponível em: https://www.nytimes.com/2019/09/13/us/felicity-huffman-sentencing.html. Acesso em: 26 jan. 2022.

[151] FRANCE, Lisa Respers. Brands distance themselves from Lori Loughlin and daughter Olivia Jade. *CNN*, [*S. l.*], p. 1-2, 14 mar. 2019. Disponível em: https://edition.cnn.com/2019/03/14/entertainment/olivia-jade-cheating-scandal/index.html. Acesso em: 26 jan. 2022.

A CRIAÇÃO DE UMA NOVA CLASSE DOMINANTE

exatamente, era vital para Laughlin e seu marido, Mossimo Giannulli, fundador da Mossimo, gastar meio milhão de dólares para mandar sua filha para a segunda melhor escola de Los Angeles?

A questão torna-se ainda mais intrigante quando refletimos que Jade não tinha grandes aspirações para a faculdade. Não é como se ela estivesse ansiosa por uma carreira em engenharia genética. Na verdade, Jade atraiu muitas críticas quando postou um vídeo nas redes sociais, descrevendo suas esperanças para uma carreira na universidade aos seus 2 milhões de seguidores, explicando:

> Eu não sei quanto da escola vou frequentar, mas vou entrar, e falar com meus reitores e com todos, e espero poder tentar equilibrar tudo. Mas eu quero a experiência de dias de jogos, festas […]. Eu realmente não me importo com a universidade, como vocês todos sabem[152].

Porém, é o seguinte: Jade estava certa.

A verdadeira razão pela qual muitos americanos vão para a faculdade – particularmente americanos que não estão se formando nas áreas de ciência, tecnologia, engenharia e matemática – é a pura busca de credenciais, prestígio social ou ambos. A faculdade, em essência, é sobre a criação de uma Nova Classe Dominante. É um programa extraordinariamente caro de licenciamento para influência social.

Os americanos simplesmente *não aprendem muito* quando se formam em artes liberais. Sim, os americanos podem ter uma trajetória de carreira com ganhos mais altos se frequentarem uma boa faculdade e se formarem em inglês do que se pararem sua

---

[152] JUSTICH, Kerry. Celebrity kid called 'spoiled' and 'privileged brat' after saying she's going to college for 'game days' and 'partying'. *Yahoo!life*, [*S. l.*], p. 1-3, 17 ago. 2018. Disponível em: https://www.yahoo.com/lifestyle/celebrity-kid-called-spoiled-privileged-brat-saying-shes-going-college-game-days-partying-190101738.html. Acesso em: 26 jan. 2022.

carreira educacional após o ensino médio. Entretanto isso ocorre porque os empregadores normalmente usam diplomas como um substituto para exames de admissão a empregos, e também porque graduados universitários tendem a criar capital social com outros graduados universitários. Em outras palavras, a faculdade é, basicamente, um mecanismo de classificação. Por isso, os pais extremamente ricos de Olivia Jade arriscariam um tempo na prisão, e gastariam centenas de milhares de dólares, para colocá-la em uma escola boa, mas não ótima, como a USC.

Comece com a questão das credenciais. Em 1950, apenas 7,3% dos homens americanos e 5,2% das mulheres americanas haviam feito faculdade; em 1980, esse número era de 20,9% dos homens e 13,6% das mulheres, um aumento de quase três vezes. Em 2019, 35,4% dos homens haviam feito faculdade, e também 36,6% das mulheres[153]. Essa tendência, baseada no simples fato de que os americanos ganham, em média, mais com um diploma universitário do que sem, levou a uma enorme inflação no mercado de credenciais: há apenas alguns anos, você poderia conseguir um emprego como técnico de laboratório dentário, ou operador de equipamento médico, sem um diploma universitário, mas isso não é mais verdade. Agora, você precisa competir com outros, que se formaram na faculdade, pelo mesmo emprego – e isso significa que as faculdades têm interesse em produzir o maior número possível de diplomas, visto que a demanda do empregador por graduados continua a aumentar.

Um estudo de outubro de 2017, de Joseph Fuller e Manjari Raman, professores da Escola de Negócios de Harvard, descobriu que "a inflação de diplomas está minando a competitividade dos EUA e prejudicando a classe média americana". Fuller e Raman explicaram que

---

[153] PERCENTAGE of the U.S. population who have completed four years of college or more from 1940 to 2020, by gender. *Statista*, [*S. l.*], p. 1-2, mar. 2021. Disponível em: https://www.statista.com/statistics/184272/educational-attainment-of-college-diploma-or-higher-by-gender/. Acesso em: 26 jan. 2022.

A CRIAÇÃO DE UMA NOVA CLASSE DOMINANTE

[p]ostagens para muitos empregos tradicionalmente vistos como empregos de qualificação média (aqueles que exigem funcionários com mais do que um diploma de ensino médio, mas menos do que um diploma universitário) nos Estados Unidos agora estipulam um diploma universitário como um requisito de educação mínima. [...] Nossa análise indica que mais de 6 milhões de empregos estão atualmente em risco de inflação de diplomas.

Os danos da inflação de diplomas atingem, particularmente, aqueles que não vão para a faculdade em um percentual desproporcional, ou seja, estudantes de baixa renda, muitos dos quais são membros de minorias. Durante as recessões econômicas, essas tendências só são exacerbadas, à medida que recém-formados universitários desempregados se aglomeram com aqueles que não têm diploma universitário em profissões de nível médio[154].

Naturalmente, a demanda por graduados universitários levou a um grande aumento no número de americanos buscando pós-graduação. De acordo com o Census Bureau, o número de americanos com mais de 25 anos com mestrado *dobrou* entre 2000 e 2018, e o número de americanos com doutorado aumentou 125%. No geral, enquanto apenas 8,6% dos americanos tinham pós-graduação em 2000, 13,1% a tinham em 2018[155].

A inflação do diploma não significa, necessariamente, que os americanos estejam mais qualificados para o trabalho do que quando não iam para a faculdade – não há nada em um diploma de bacharel em teoria de estudos *queer* que deixará alguém pronto para um cargo inicial como assistente de dentista. Na verdade, os

---

[154] FULLER, Joseph B.; RAMAN, Manjari. Dismissed by Degrees. [*S. l.*]: *Harvard Business School*, out. 2017. Disponível em: https://www.hbs.edu/managing-the-future-of-work/Documents/dismissed-by-degrees.pdf. Acesso em: 25 jan. 2022.

[155] NUMBER of People With Master's and Doctoral Degrees Doubles Since 2000. *United States Census Bureau*, [*S. l.*], p. 1-3, 21 fev. 2019. Disponível em: https://www.census.gov/library/stories/2019/02/number-of-people-with-masters-and-phd-degrees-double-since-2000.html#:~:text=Since%202000%2C%20the%20number%20of,from%208.6%20percent%20in%20%202000. Acesso em: 26 jan. 2022.

melhores graduados do ensino médio, que não frequentam a faculdade, tendem a se sair tão bem quanto os graduados. Como descobriu um estudo recente do Instituto Manhattan, alunos do ensino médio que se graduam entre os 25% melhores de sua classe, mas não vão para a faculdade, superam, rotineiramente, os graduados que terminam entre os 25% piores de sua classe. E, como apontam os autores do estudo, "mais de 40% dos recém-formados na faculdade terminam em empregos que não exigem um diploma [...] além da metade dos frequentadores da faculdade que não conseguem obter um diploma"[156].

A faculdade, então, pode conceder uma vantagem indevida aos graduados, com base nas credenciais. Entretanto essa não é a única vantagem. A outra é o acesso a uma nova hierarquia de classes.

Em *Era Uma Vez Um Sonho*, J. D. Vance escreve sobre sua ascensão, de crescer pobre nos Apalaches, até a graduação em Direito, em Yale. Para Vance, a transição não foi meramente econômica ou regional – foi cultural. Como ele escreve, "aquele primeiro ano em Yale me ensinou, acima de tudo, que eu não sabia como funciona o mundo da elite americana". Vance ficou com vergonha, ao descobrir em um jantar formal, que não sabia o que era água com gás, como usar três colheres ou várias facas de manteiga, ou a diferença entre *chardonnay* e *sauvignon blanc*. Entretanto tudo isso era parte de um teste:

> As entrevistas [do escritório de advocacia] eram sobre passar em um teste social – um teste de pertencimento, de se manter seguro em uma sala de diretoria corporativa, de fazer conexões com potenciais futuros clientes[157].

---

[156] HARRIS, Connor. The Earning Curve: Variability and Overlap in Labor-Market Outcomes by Education Level. *Manhattan Institute*, [S. l.], p. 1-15, 26 fev. 2020. Disponível em: https://www.manhattan-institute.org/high-school-college-wage-gap?utm_source=press_release&utm_medium=email. Acesso em: 26 jan. 2022.

[157] VANCE, J. D. *Hillbilly Elegy: A Memoir of a Family and Culture in Crisis*. Nova York: Harper Collins, 2016. VANCE, J. D. Era uma vez um sonho. São Paulo: Leya, 2017. (N. E.)

A CRIAÇÃO DE UMA NOVA CLASSE DOMINANTE

Esse teste de pertencimento separa os graduados universitários de todos os outros. Como observa Charles Murray, em seu trabalho seminal de 2012, *Coming Apart* [Separando-se], os americanos – ele se concentra principalmente nos americanos brancos – separaram-se em duas classes: uma elite, "as pessoas que dirigem as instituições econômicas, políticas e culturais da nação", aqueles que "são tanto bem-sucedidos quanto influentes, em uma cidade ou região" e todos os demais[158]. Murray chama o primeiro grupo de nova alta classe, "com educação avançada, muitas vezes obtida em escolas de elite, compartilhando gostos e preferências que os diferenciam da corrente principal da América". Eles são mais bem denominados como Nova Classe Dominante, pois os estratos econômicos não são o principal divisor de águas.

Os membros da Nova Classe Dominante não têm quase nada em comum com a "nova classe inferior, caracterizada não pela pobreza, mas pela retirada das instituições culturais centrais da América". Os membros da Nova Classe Dominante têm maior probabilidade de serem casados, menor probabilidade de se envolverem em paternidade solteira, menor probabilidade de serem vítimas de crime. Eles também são mais propensos a serem politicamente progressistas. Murray descreve seu ponto de vista como "vazio", significando que eles se recusam a promulgar os mesmos padrões sociais que realmente praticam. Eles se posicionam firmemente contra a propagação e o incentivo à adesão às regras de vida que eles seguiram para o sucesso. O historiador de esquerda Christopher Lasch diz que a Nova Classe Dominante (ele a chama de "novas elites")

> está em revolta contra a 'América do Meio', como eles a imaginam: uma nação tecnicamente atrasada, politicamente reacionária, repressiva em sua moralidade sexual, intermediária em seus

---

[158] MURRAY, Charles. *Coming Apart*. Nova York: Crown Forum, 2012. p. 16-19.

gostos, presunçosa e complacente, enfadonha e deselegante. [...] É uma dúvida se eles sequer se consideram americanos[159].

O ingresso para ser membro da Nova Classe Dominante geralmente é baseado em credenciais. Os membros da Nova Classe Dominante sabem disso. Em dezembro de 2020, Joseph Epstein, que lecionava na Universidade de Chicago, escreveu uma coluna, apontando que a primeira-dama Jill Biden não era realmente uma doutora – seu doutorado foi em educação, pela prestigiosa Universidade de Delaware. "Um homem sábio disse uma vez que ninguém deve chamar a si mesmo de 'dr.' a menos que tenha realizado o parto de uma criança", escreveu Epstein. "Pense nisso, dra. Jill, e imediatamente abandone o 'dra.'"[160]. A mídia reagiu com desprezo e fúria absolutos. A dra. Jill, disseram eles, não era apenas uma doutora – ela era a melhor doutora desde Jonas Salk.

Michelle Obama postou no Instagram:

> Com muita frequência, nossas realizações são recebidas com ceticismo, até mesmo com escárnio. Temos a dúvida daqueles que preferem a fraqueza do ridículo ao invés da força do respeito. E ainda assim, de alguma forma, suas palavras podem ficar – depois de décadas de trabalho, somos forçados, mais uma vez, a nos provar.

O segundo-cavalheiro[161] Douglas Emhoff tuitou que Biden "obteve seus diplomas por meio de trabalho árduo e coragem

---

[159] LASCH, Christopher. *The Revolt of the Elites and the Betrayal of Democracy*. Nova York: Norton, 1995. p. 6.

[160] EPSTEIN, Joseph. Is There a Doctor in the White House? Not if You Need an M.D. *The Wall Street Journal*, [S. l.], p. 1-4, 11 dez. 2020. Disponível em: https://www.wsj.com/articles/is-there-a-doctor-in-the-white-house-not-if-you-need-an-m-d-11607727380. Acesso em: 26 jan. 2022.

[161] Termo para se contrapor à "segunda-dama", que é o título tradicional da esposa de um vice-presidente, e contraposto, por sua vez, com "primeira-dama", a esposa do presidente. Douglas Emhoff, no caso, é marido de Kamala Harris, a vice do presidente Biden, fazendo daquele o "segundo-cavalheiro" do governo americano. (N. E.)

A CRIAÇÃO DE UMA NOVA CLASSE DOMINANTE

pura. Ela é uma inspiração para mim, para seus alunos e para os americanos em todo o país". A própria dra. Jill participou da hora da propaganda de Stephen Colbert, onde ele leu o livro dela de maneira nauseante e acenou com a cabeça enquanto ela entoava: "Uma das coisas de que mais me orgulho é o meu doutorado. Eu trabalhei tão duro para isso"[162].

Só existe um problema. A dra. Jill não é uma médica, em nenhum sentido significativo. Isso não é apenas porque seu suposto trabalho árduo equivale a receber um diploma para uma dissertação, de uma universidade com uma escola de políticas públicas com o nome de seu marido, em um estado representado por ele por décadas (embora se possa argumentar que tal diploma seja um pouco... bem... imerecido). Tem a ver com o fato de que apenas médicos de verdade – você sabe, pessoas para quem você ligaria caso seu filho tivesse uma infecção no ouvido – deveriam ser chamados de doutores. Eu tenho um doutorado legal da Escola de Direito de Harvard. Eu não sou doutor[163]. Minha esposa é formada em medicina pela UCLA. Ela é doutora. Na verdade, existe um teste terrivelmente simples para saber se alguém deve ser chamado de doutor no dia a dia: se você estiver em um avião, e o piloto perguntar se há um médico disponível, você levanta a mão? (Nota: se você levantar a mão porque tem doutorado em educação, seus companheiros de viagem deveriam ser autorizados por lei a mandá-lo pela porta de saída, a 30.000 pés).

---

[162] ALEXANDER, Bryan. Jill Biden was blindsided by Wall Street Journal call to drop 'Dr.' title: 'It was really the tone of it'. *USA Today*, [*S. l.*], p. 1-2, 17 dez. 2020. Disponível em: https://www.usatoday.com/story/entertainment/tv/2020/12/17/jill-biden-speaks-out-wall-street-journal-column-drop-dr-title/3952529001/. Acesso em: 26 jan. 2022.

[163] Aqui corre um debate em torno do termo "doutor". Para Ben Shapiro, ter um diploma de doutorado não autoriza a utilização do título de doutor. No Brasil, os advogados ganham o título de 'doutor' após se formarem no primeiro grau do ensino superior (o bacharelado), e atendendo aos requisitos necessários. Isso se deu com Dom Pedro I que, em 1827, na *Lei do Império de 11 de agosto de 1827*, assim decretou. Para consultar o decreto imperial: <http://www.planalto.gov.br/ccivil_03/leis/lim/LIM.-11-08-1827.htm>. Acesso em: 09 de março de 2022. (N. E.)

Então, qual era o problema? Por que, de fato, a dra. Jill insiste que todos a chamem de doutora, já que ela é quase tão doutora quanto o dr. J, e possui uma média vitalícia de pontos por jogo significativamente mais baixa? (O dr. J possui de fato um doutorado honorário da Universidade de Massachusetts.) Ela insiste em ser chamada de "doutora", porque é uma marca de membro da Nova Classe Dominante. Como a dra. Jill certa vez disse a Joe Biden, seu marido: "Eu estava cansada de receber correspondências do senador e da sra. Biden. Eu queria que a correspondência fosse endereçada à dra. e ao senador Biden"[164].

Isso é, tecnicamente falando, o cúmulo da tolice desagradável. Minha esposa – novamente, uma doutora de verdade – é frequentemente chamada de sra. Shapiro. E, como ela me disse, não se importa nem um pouco, já que sabe o que faz para viver, e sua identidade não está ligada ao fato dos outros saberem sobre seus diplomas.

Em outras palavras, a valorização das credenciais não é, de maneira geral, sobre reconhecimento do mérito. É uma forma de sinalizar comunhão com os patrícios de nossa sociedade.

Entretanto algo aconteceu desde o lançamento do livro de Murray que aprofundou ainda mais as divisões culturais: os membros da Nova Classe Dominante não são meramente constituídos pelo histórico educacional. Eles agora precisam *falar a linguagem da justiça social*. Há uma linguagem ensinada nas universidades da América, e falada apenas por aqueles que a frequentaram, ou adotada por aqueles que aspiram a ser membros da Nova Classe Dominante. Essa linguagem é estranha, tanto para graduados não universitários quanto para aqueles que se formaram na faculdade anos atrás. Parece jargão para quem não frequentou universidades; é ilógica quando examinada com rigor. Porém quanto mais tempo

---

[164] GIGOT, Paul A. The Biden Team Strikes Back. *The Washington Post*, [*S. l.*], p. 1-4, 13 dez. 2020. Disponível em: https://www.wsj.com/articles/the-biden-team-strikes-back-11607900812. Acesso em: 26 jan. 2022.

A CRIAÇÃO DE UMA NOVA CLASSE DOMINANTE

você passa em instituições de ensino superior, melhor você aprende a linguagem.

Reclamar dessa língua dá a você uma passagem para a colônia social de leprosos. Enquanto, da década de 1990 até a eleição de 2008, a diferença de votação entre os graduados do ensino médio e universitário foi "pequena, se não insignificante", ela aumentou amplamente entre 2008 e 2012. Como observa Adam Harris, da *The Atlantic*, "eleitores brancos sem diploma universitário eram nitidamente mais propensos a votar nos republicanos do que aqueles com diploma universitário". Em 2016, 48% dos graduados universitários brancos votaram em Trump, em comparação com 66% daqueles que não se formaram na faculdade[165]. Em 1980, os 100 condados com a maior proporção de diplomas universitários tornaram-se republicanos, por 76 a 24; em 2020, os democratas conquistaram os principais condados com graduação universitária por 84 a 16[166].

Naturalmente, os comentaristas de esquerda atribuem essa diferença emergente na votação tanto à estupidez republicana quanto ao racismo republicano. Entretanto a história não é essa. A história é a criação de um grupo elitista de americanos, que falam a Sagrada Língua dos *Wokeness* – uma linguagem construída para a solidariedade interna e projetada para a purgação dos incrédulos.

>> APRENDENDO O VOCABULÁRIO *WOKE*

O movimento *woke*, é claro, está enraizado na política identitária. Ele pega dicas da interseccionalidade, o que sugere uma hierarquia de vitimização, na qual você recebe credibilidade com

---

[165] HARRIS, Adam. America is Divided by Education. *The Atlantic*, [*S. l.*], p. 1-8, 7 nov. 2018. Disponível em: https://www.theatlantic.com/education/archive/2018/11/education-gap-explains-american-politics/575113/. Acesso em: 26 jan. 2022.
[166] EDSALL, Thomas. Honestly, This Was a Weird Election. *The New York Times*, [*S. l.*], p. 1-5, 2 dez. 2020. Disponível em: https://www.nytimes.com/2020/12/02/opinion/biden-trump-moderates-progressives.html. Acesso em: 26 jan. 2022.

base no número de grupos de vítimas aos quais pertence. Contudo não para por aí. O movimento *woke* leva a política identitária ao extremo: vê *cada estrutura da sociedade* como reflexo de estruturas de opressão mais profundas e subjacentes. Razão, ciência, linguagem e liberdade – todos estão sujeitos ao ácido tóxico da política identitária[167]. Apoiar *qualquer* sistema supostamente objetivo é endossar os resultados desiguais desse sistema. Toda desigualdade na vida pode ser atribuída à desigualdade sistêmica. E defender o sistema significa defender a desigualdade.

Esse argumento, que caiu em desuso ao longo das décadas de 1970 e 1980, de repente voltou com força total nas universidades, na década de 2010. Para ser justo, a filosofia nunca havia realmente desaparecido – mesmo quando frequentei a UCLA, no início de 2000, as chamadas para "cursos de diversidade" obrigatórios, impregnados de interseccionalidade, eram comuns. Entretanto, na década de 2010, o movimento *woke* mudou, de uma filosofia proeminente, mas minoritária, para a filosofia dominante nas principais universidades da América. De repente, teorias desacreditadas sobre o mal americano inerente voltaram ao primeiro plano.

Entretanto essas teorias não constituem outra mera tendência. Elas representam toda uma visão de mundo *religiosa* e infalsificável. Negar que uma desigualdade significa a ocorrência de uma iniquidade tornou-se pecaminoso e perigoso: ao sugerir que talvez a desigualdade tenha resultado de sorte, de desequilíbrios naturais, ou de tomada de decisão diferencial, você é uma *ameaça* aos outros, alguém que culpa as vítimas. Como Ibram X. Kendi, professor de história da Universidade de Boston, talvez o mais popular dos pensadores *woke*, afirma, "Desigualdade racial é evidência de política racista, e os diferentes grupos raciais são iguais"[168]. Robin DiAngelo, a homóloga branca *woke* de Kendi, e

---

[167] PLUCKROSE, Helen; LINDSAY, James. *Cynical Theories*. Durham, NC: Pitchstone Publishing, 2020. p. 57.
[168] KENDI, Ibram X. *How to Be an Antiracist*. Nova York: One World, 2019. p. 84.

A CRIAÇÃO DE UMA NOVA CLASSE DOMINANTE

professora da Universidade de Washington, resume: "se realmente acreditarmos que todos os humanos são iguais, então a disparidade de condição só pode ser o resultado de discriminação sistêmica"[169]. Em outras palavras, todas as decisões devem gerar o mesmo resultado – e, se você discordar, você é racista[170].

A "justiça social" dita que você se sente e cale a boca – que ouça as experiências dos outros, evite o julgamento e se junte ao frenesi anárquico, de forma a destruir os sistemas prevalecentes.

E é um culto. É um sistema moral construído na oposição ao convencionalismo – na crença de que seus expositores são os únicos faróis de luz no universo moral e, portanto, justificáveis em sua agressão revolucionária e censura de cima para baixo.

Para ser considerado antirracista, por exemplo, é preciso fazer cursos com Robin DiAngelo, participar de sessões de luta maoísta e sempre – *sempre* – espelhar as ideias *woke* predominantes. Deixar de fazer isso é ser classificado como indesejável. Todas as "microagressões" devem ser detectadas. Todas as heresias devem ser reveladas. E toda consistência lógica – até mesmo a decência básica – deve ser posta de lado, em nome de um bem maior. Como Kendi coloca,

> O único remédio para a discriminação racista é a discriminação antirracista. O único remédio para a discriminação do passado, é a discriminação presente. O único remédio para a discriminação presente, é a discriminação futura[171].

Repita e acredite. Ou seja, rotulado de maligno. Para Ibram X. Kendi, a América tem duas almas. Uma é a alma da justiça, que "respira vida, liberdade, igualdade, democracia, direitos humanos,

---

[169] DIANGELO, Robin. *White Fragility*. Boston: Beacon Press, 2018. p. 17.

[170] KENDI, Ibram X. Pass an Anti-Racist Constitutional Amendment. *Politico*, [*S. l.*], p. 1-3, 2019. Disponível em: https://www.politico.com/interactives/2019/how-to-fix-politics-in-a-america/inequality/pass-an-anti-racist-constitutional-amendment/. Acesso em: 26 jan. 2022.

[171] KENDI, Ibram X. *How to Be an Antiracist*. Nova York: One World, 2019. p. 19.

justiça, ciência, comunidade, oportunidade e empatia para todos". A outra são aqueles que discordam, que respiram "genocídio, escravidão, desigualdade, repressão eleitoral, fanatismo, trapaça, mentira, individualismo, exploração, negação e indiferença a tudo isso"[172]. Observe as inclusões dos termos "individualismo" e "negação" na ladainha do mal de Kendi. Se você acredita que os indivíduos têm direitos, que em um país livre você é amplamente responsável por seu próprio destino, ou se nega a proposição, claramente falsa, de que toda desigualdade é evidência de iniquidade, você é habitado pela alma do mal.

Se isso soa como um culto, é porque é. A "justiça social" realmente se tornou um culto. Como escrevem Helen Pluckrose e James Lindsay, ambos estudiosos liberais[173]:

> Os teóricos da justiça social criaram uma nova religião, uma tradição de fé, que é ativamente hostil à razão, à falsificação, à refutação e ao desacordo de qualquer tipo. Na verdade, todo o projeto pós-moderno parece agora, em retrospecto, como uma tentativa inconsciente de desconstruir as velhas metanarrativas do pensamento ocidental – ciência e razão, juntamente com religião e sistemas econômicos capitalistas – de forma a abrir espaço para uma religião totalmente nova, uma Fé pós-moderna baseada em um Deus morto, que vê misteriosas forças mundanas em sistemas de poder e privilégios, e que santifica a vitimização. Esta é, cada vez mais, a religião fundamentalista da esquerda nominalmente secular[174].

---

[172] KENDI, Ibram X. A Battle Between the Two Souls of America. *The Atlantic*, [S. l.], p. 1-5, 11 nov. 2020. Disponível em: https://www.theatlantic.com/ideas/archive/2020/11/americas--two-souls/617062/. Acesso em: 26 jan. 2022.

[173] Helen Pluckrose e James Lindsay assumem, em *Teorias Cínicas*, que são politicamente *liberals*, isto é, progressistas. No entanto, como o próprio livro e demais textos de ambos os autores deixam claro, eles são partidários de um progressismo moderado e avessos ao pós-modernismo – a fonte teórica e acadêmica do progressismo contemporâneo. (N. E.)

[174] PLUCKROSE, Helen; LINDSAY, James. *Cynical Theories*. Durham, NC: Pitchstone Publishing, 2020. p. 210-211. No Brasil encontramos a seguinte edição: PLUCKROSE,

A religião dos *woke* requer mais do que adesão. Requer *fluência* no vocabulário *woke*. Este não é um atributo exclusivo dos *woke* – todas as religiões contêm elementos de sinalização, o uso de significantes exclusivos, de forma a identificar os membros do grupo. Os grupos sociais muitas vezes dependem de significantes para criar solidariedade, formando assim laços entre um grande número de pessoas: judeus religiosos usam quipás, por exemplo, não apenas para simbolizar fidelidade a algo superior, mas para sinalizar a outros judeus religiosos um nível de comprometimento com a religião. Como escrevem os antropólogos evolucionistas, Richard Sosis e Candace Alcorta, esse tipo de atividade é verdadeiro, mesmo no reino animal: "Os sinais rituais, ao permitirem uma comunicação clara de intenções, eram vistos como promotores de coordenação e redução dos custos dos encontros agonísticos, lançando assim as bases para o desenvolvimento e estabilidade dos grupos sociais". Para dissuadir aqueles que tentam imitar os sinais do grupo, a fim de obter uma entrada social imprópria, os grupos muitas vezes exigem sacrifícios – sinais que se tornam caros para falsificar. A sinalização mais eficaz inclui um aspecto do sagrado: "A capacidade do ritual religioso de provocar emoções torna difícil para os descrentes imitarem e o torna uma ferramenta poderosa para a avaliação social"[175].

É disso que se trata o vocabulário *woke*. Não se trata de convencer os outros. Trata-se de demonstração de crença no culto. Como escreve Lasch:

> As guerras culturais que convulsionaram a América desde os anos 60 são mais bem compreendidas como uma forma de guerra de classes, na qual uma elite iluminada (como pensa a respeito de si

---

Helen; LINDSAY, James. *Teorias Cínicas*. São Paulo: Avis Rara (Faro Editorial), 2021. (N. E.)

[175] SOSIS, Richard; ALCORTA, Candace. Signaling, Solidarity, and the Sacred: The Evolution of Religious Behavior. *Evolutionary Anthropology*, [*S. l.*], ed. 12, p. 264-274, 2003. Disponível em: http://sites.oxy.edu/clint/evolution/articles/SignalingSolidarityandtheSacredTheEvolutionofReligiousBehavior.pdf. Acesso em: 26 jan. 2022.

mesma) busca, não tanto impor seus valores à maioria (uma maioria percebida como incorrigivelmente racista, sexista, provinciana e xenófoba), muito menos persuadir a maioria através de um debate público racional, mas criar instituições paralelas, ou "alternativas", nas quais não será mais necessário enfrentar, de forma alguma, os não iluminados[176].

Ser membro da Nova Classe Dominante vem com significantes culturais claros – é fácil dizer se alguém é um iniciado na Nova Classe Dominante. Por acaso eles usam pronomes em suas biografias públicas para mostrar solidariedade à agenda transgênero, acenando gravemente com abominações linguísticas patentes como *ze/hir, ze/zem, ey/em, per/pers* – termos ridículos com o objetivo de obscurecer ao invés de esclarecer? Eles usam a palavra *Latinx* ao invés de *Latinos* para mostrar sensibilidade às latinas, apesar da natureza de gênero do espanhol? Eles falam sobre discriminação "institucional" ou "sistêmica" ou "cultural"? Eles atribuem modificadores a palavras como *justiça* – "Justiça ambiental", "justiça racial", "justiça econômica", "justiça social" – modificadores que realmente minam a natureza da justiça individual em favor da comunal? Eles se preocupam com "microagressões" ou "avisos de gatilho"? Eles utilizam termos como "minha verdade" ao invés de "minha opinião"? Eles "chamam a atenção" daqueles que pedem dados, castigando-os por "apagamento" ou "destruição de identidade", ou rejeitam suas crenças, referindo-se ao suposto "privilégio" de seus oponentes? Eles falam sobre "estruturas de poder" ou sugerem que termos como "civilização ocidental" são intrinsecamente preconceituosos? Eles falam de "patriarcado", ou "heteronormatividade", ou "cisnormatividade"?

É uma linguagem complexa. A adesão requer atenção constante ao dicionário de normas em constante mudança. O que era

---

[176] LASCH, Christopher. *The Revolt of the Elites and the Betrayal of Democracy*. Nova York: Norton, 1995. p. 21.

A CRIAÇÃO DE UMA NOVA CLASSE DOMINANTE

absolutamente inofensivo ontem pode se tornar profundamente ofensivo hoje, sem aviso – e a ignorância não é defesa. Não existe um sistema definido para mudar o vocabulário *woke* – as mudanças podem surgir, totalmente formadas, quase instantaneamente.

O vocabulário *woke* é, aparentemente, absurdo. Duas décadas atrás, Alan Sokal, matemático da Universidade de Nova York, publicou uma salada de jargões de desconstrução, em um jornal acadêmico pós-moderno. Seu título: "Transgredindo os Limites: em Direção a uma Hermenêutica Transformadora da Gravidade Quântica". Em 2018, os estudiosos James Lindsay, Helen Pluckrose e Peter Boghossian repetiram o feito, mas em uma escala muito maior. Os acadêmicos liberais de esquerda enviaram uma série de artigos, hilários e absurdos, para revistas acadêmicas de prestígio – e muitos desses artigos foram aceitos. Dos vinte artigos submetidos, sete foram aceitos e quatro foram publicados. Apenas seis foram rejeitados de imediato[177]. *Gender, Place, and Culture* publicou um artigo intitulado "Reação Humana à Cultura do Estupro e Performances Queer em Parques Urbanos para Cachorros em Portland, Oregon"[178]. A revista *Fat Studies* publicou um artigo intitulado, "Quem São Eles para Julgar? Superando a Antropometria e uma Estrutura para Crescimento Gordo"[179]. *Sex Roles* aprovou um artigo intitulado "Uma Etnografia da Masculinidade 'Peitorante': Temas de Objetificação, Conquista Sexual, Controle Masculino e Tenacidade Masculina, em um Restaurante Sexualmente Objetificante"[180].

O conteúdo desses artigos não era menos absurdo. Um dos artigos argumentou contra a "astronomia ocidental", uma vez que

---

[177] MCRAE, Mike. A Massive Hoax Involving 20 Fake Culture Studies Papers Just Exploded in Academia. *Science Alert*, [*S. l.*], p. 1-4, 4 out. 2018. Disponível em: https://www.sciencealert.com/cultural-studies-sokal-squared-hoax-20-fake-papers. Acesso em: 26 jan. 2022.

[178] No original: "Human Reaction to Rape Culture and Queer Performativity at Urban Dog Parks in Portland, Oregon". (N. E.)

[179] No original: "Who Are They to Judge? Overcoming Anthropometry and a Framework for Fat Bodybuilding". (N. E.)

[180] No original: "An Ethnography of Breastaurant Masculinity: Themes of Objectification, Sexual Conquest, Male Control, and Masculine Toughness in a Sexually Objectifying Restaurant". (N. E.)

esse campo de investigação estava, supostamente, enraizado na intolerância; ao invés disso, os autores sugeriram "outros meios, superiores às ciências naturais [...] para extrair conhecimentos alternativos sobre estrelas", o que incluiria maravilhas como "análise feminista moderna" de "narrativas mitológicas" sobre estrelas, e talvez "dança interpretativa feminista (especialmente no que diz respeito aos movimentos das estrelas e seu significado astrológico)". Outro artigo aceito abordou o tópico importante de se a masturbação, ao pensar em alguém, faz de você um abusador sexual, uma vez que o objeto não deu o seu consentimento[181]. Ainda outro artigo discutiu se a transfobia e a homofobia de homens heterossexuais poderiam ser superadas, através do "uso de brinquedos sexuais com penetração receptiva". Um artigo foi uma releitura de uma seção de *Mein Kampf*, usando a terminologia de estudos femininos.

A farsa funcionou, porque Lindsay, Pluckrose e Boghossian eram fluentes no vocabulário *woke*: eles entenderam que, simplesmente caracterizando cada problema como uma crítica à vitimização social, eles possuíam a chave para os esqueletos da academia. Os próprios professores explicaram: "Estudos acadêmicos, baseados menos em encontrar a verdade e mais em atender às queixas sociais, tornaram-se firmemente estabelecidos, se não totalmente dominantes" em muitas áreas do ensino superior[182].

É essa linguagem – o vocabulário *woke* – que as universidades agora ensinam. Fora das ciências, as universidades não existem mais para treiná-lo para um trabalho. Elas existem para conceder a você uma credencial e conduzi-lo para o mundo mais

---

[181] MOUNK, Yascha. What an Audacious Hoax Reveals About Academia. *The Atlantic*, [S. l.], p. 1-5, 5 out. 2018. Disponível em: https://www.theatlantic.com/ideas/archive/2018/10/new-sokal-hoax/572212/. Acesso em: 26 jan. 2022.

[182] EMBA, Christine. The 'Sokal Squared' hoax sums up American politics. *The Washington Post*, [S. l.], p. 1-5, 10 out. 2018. Disponível em: https://www.washingtonpost.com/opinions/what-do-the-kavanaugh-confirmation-and-the-sokal-squared-hoax-have-in--common/2018/10/10/f7efabf8-ccc6-11e8-a3e6-44daa3d35ede_story.html. Acesso em: 26 jan. 2022.

A CRIAÇÃO DE UMA NOVA CLASSE DOMINANTE

amplo da Nova Classe Dominante, através de seu novo bilinguismo em vocabulário *woke*. David Randall, da *National Association of Scholars* [Associação Nacional de Acadêmicos], observa que, nos últimos vinte anos, uma nova geração de acadêmicos e administradores assumiu o poder, buscando "transformar o próprio ensino superior em um motor de defesa política progressista, submetendo os alunos a cursos que não são nada além de treinamento prático em ativismo progressista". O movimento *woke* é tão dominante que, em muitos departamentos universitários importantes, nem um único conservador pode ser identificado na equipe. Os professores alavancam a justiça social em seus currículos, em suas pesquisas, em seus escritos; os administradores usam seu poder para promover a justiça social em todos os aspectos da vida acadêmica e social, desde a vida residencial até eventos públicos.

Para tanto, a Nova Classe Dominante, encarregada de nossas universidades, visa a maximizar orçamentos alocados para cursos orientados para a justiça social; no geral, as faculdades gastam dezenas de bilhões de dólares nessas atividades[183]. Um dos subprodutos não acidentais do movimento *woke* é o aumento dramático nos orçamentos das faculdades, direcionados a campos inúteis – estudos de diversidade, direcionados não para o alargamento das mentes, mas para o estreitamento delas. Como escreve Heather Mac Donald, em *The Diversity Delusion* [A Ilusão da Diversidade],

> Campos inteiros surgiram em torno de raça, etnia, sexo e identidade de gênero. [...] Um vasto aparato administrativo – a burocracia da diversidade – promove a noção de que ser um estudante universitário, pertencente a um número cada vez maior de grupos de vítimas, é experimentar o preconceito diário de seus professores e colegas.

---

[183] MAC DONALD, Heather. *The Diversity Delusion*. Nova York: St. Martin's, 2018. p. 2.

Mesmo departamentos supostamente desassociados do ativismo pela justiça social costumam estar repletos disso. O movimento *woke* domina completamente nossas instituições de ensino superior[184].

>> COMO AS UNIVERSIDADES FORAM RENORMALIZADAS

As universidades representaram a primeira linha de ataque para os radicais culturais. Na década de 1960, ainda prevalecia um consenso liberal[185], uma crença nas liberdades garantidas pela Constituição, bem como um compromisso com a própria noção de busca da verdade. No final da década de 1960, esse consenso havia entrado completamente em colapso nos *campi*. A renormalização das universidades ocorreu porque esse consenso liberal era vazio – porque os ideais do iluminismo, de investigação aberta e busca da verdade, não são evidentes por si próprios e morrem quando desconectados de suas raízes culturais.

O ponto fraco para os liberais do Iluminismo reside na incapacidade de refutar o que Robert Bellah chamou de "individualismo expressivo". O individualismo expressivo é a ideia básica de que o objetivo da vida e do governo deve ser garantir a capacidade dos indivíduos de explorarem sua própria percepção de uma boa vida e de expressá-la como acharem adequado[186]. O liberalismo iluminista ainda estava inconscientemente conectado a velhas ideias sobre razão e virtude. Em contraste, o individualismo expressivo obliterou todos esses limites. Se você encontrou sentido

---

[184] RANDALL, David. Social Justice Education in America. *The Washington Post*, [*S. l.*], p. 1-450, 29 nov. 2019. Disponível em: https://www.nas.org/reports/social-justice-education-in-america/full-report#Preface&Acknowledgements. Acesso em: 26 jan. 2022.

[185] Perceba-se que o autor elucidará suas interpretações sobre o liberalismo originário, isto é, aquele liberalismo conectado às percepções tradicionais do iluminismo britânico, o que comumente denomina-se "liberalismo clássico". (N. E.)

[186] SNEAD, O. Carter. *What It Means to Be Human*. Cambridge, MA: Harvard University Press, 2020. p. 68-70.

A CRIAÇÃO DE UMA NOVA CLASSE DOMINANTE

em evitar a responsabilidade por outras pessoas, incluindo crianças, isso era parte integrante da liberdade; se você encontrou sentido em se definir de uma forma diretamente contrária à realidade ou à decência, isso também era simplesmente liberdade.

Além do mais, de acordo com o filósofo Charles Taylor, o individualismo expressivo requer a *aprovação* de outros. Conforme relata O. Carter Snead, da Universidade de Notre Dame, Taylor

> identificou uma nova categoria de dano que emerge em uma cultura de individualismo expressivo, especificamente, a *falha em receber, aceitar e valorizar* a expressão das profundezas dos outros. [...] Deixar de reconhecer a expressão de outros 'eus' é, para eles, uma violação e um dano.

Devemos todos torcer pelas ideias, decisões e proclamações dos outros, não importa o quão ruins, perversas ou falsas[187].

A crítica fornecida pelo desconstrutivismo era, no fundo, apenas uma versão radical do individualismo expressivo. Onde o liberalismo iluminista considerou como certas as ideias sobre direitos humanos, o valor da verdade objetiva, a capacidade dos seres humanos de compreenderem o mundo ao seu redor – ideias emprestadas do judaico-cristianismo – para então construir sobre essas ideias, questionando axiomas há muito tempo aceitos, mas não comprovados, sobre ciência e poder, o desconstrutivismo banhou *tudo* no ácido do questionamento, portanto, "desconstruindo" tudo. Os pós-modernistas argumentaram que todo conhecimento era resultado de narrativas preexistentes, as quais precisavam ser questionadas, e que nenhuma dessas narrativas poderia refutar quaisquer outras narrativas. O pós-modernismo poderia ser usado para destruir qualquer tentativa de estabelecer a verdade – até mesmo fatos científicos poderiam ser refutados,

---

[187] *Ibid.*, p. 84-85.

através da crítica à maneira como definimos a verdade, com base em nosso contexto cultural.

O pós-modernismo arrancou o coração do projeto liberal. O liberalismo iluminista empurrou a razão e a lógica para o centro do discurso; o pós-modernismo descartou a razão e a lógica como apenas, tipo, a sua opinião, cara.

O vazio resultante representou um desastre para as universidades, onde o pós-modernismo havia se tornado fortemente influente. As faculdades estavam prontas para a colheita. Ao invés de se dedicarem a ensinar as verdades consagradas da civilização ocidental, elas se dedicaram a "pensar criticamente" – o que, na prática, significava criticar a civilização ocidental, enquanto perguntavam "quem somos nós para julgar?" sobre outras culturas. Entretanto enquanto o desconstrutivismo puro teria apontado a fragilidade de *todas* as estruturas culturais, o desconstrutivismo adotado nas universidades americanas aplicava-se *apenas* ao Ocidente. Aplicar o desconstrutivismo a outros, violaria os princípios do individualismo expressivo. Os grupos identitários rapidamente se aproveitaram dessa fraqueza, sugerindo que pertencer a um grupo vitimado conferia conhecimento e *status* especiais às suas críticas aos sistemas ideológicos prevalecentes. E os responsáveis pelas universidades – aleijados por sua incapacidade de refutar as críticas aos sistemas ocidentais de investigação e conhecimento, e "legais" demais para usar as ferramentas do desconstrutivismo contra outras culturas – simplesmente entraram em colapso[188].

Em termos práticos, as universidades imploram porque, em nome do Princípio da Cordialidade, aqueles que deveriam ter reagido não o fizeram; porque, em nome do liberalismo, aqueles que não deveriam ter tolerado a visão iliberal, fizeram--no; porque os radicais eram simplesmente intransigentes e construíram coalizões grandes o suficiente para manter as

---

[188] PLUCKROSE, Helen; LINDSAY, James. *Cynical Theories*. Durham, NC: Pitchstone Publishing, 2020.

A CRIAÇÃO DE UMA NOVA CLASSE DOMINANTE

instituições como reféns. Os esquerdistas autoritários assumiram a universidade porque renormalizaram com sucesso as próprias instituições.

Para dar apenas um exemplo, o Movimento pela Liberdade de Expressão de Berkeley (FSM, sigla em inglês) de 1964, agora defendido como um glorioso momento americano de liberdade, foi, na verdade, uma mera pretensão, destinada a obter poder e controle. Como observa o autor Roger Kimball, a polêmica começou quando os alunos começaram a usar uma faixa de terra de propriedade da universidade para fins políticos. A universidade opôs-se, apontando que os alunos tinham muitas áreas destinadas a essa atividade. Entretanto os alunos responderam ao chamado – e esse chamado foi muito além de restrições de tempo e lugar à atividade política. Um panfleto da FSM de 1965 apontava que "política e educação são inseparáveis" e que a universidade não deveria ser voltada para "passar adiante a moralidade da classe média, nem a moralidade do homem branco, nem mesmo a moralidade do *pot-pourri* que chamamos de 'sociedade ocidental'"[189].

Durante o mesmo período, estudantes de Harvard apreenderam edifícios; Estudantes de Columbia mantiveram um reitor como refém e ocuparam o gabinete do presidente. Em Cornell, estudantes armados tomaram professores como reféns, invadiram prédios de faculdades e forçaram o corpo docente a reverter suas próprias penalidades aplicadas a alunos infratores. O reitor da universidade passou a chamar o incidente de "uma das forças mais positivas já postas em movimento na história de Cornell". Professores com coragem, incluindo Walter Berns e Allan Bloom, renunciaram. Mais tarde, um dos líderes de todo o caso, Tom Jones, seria nomeado para o conselho de curadores da Cornell. Bloom escreveu que os alunos agora sabiam que "professores pomposos, que os catequizavam sobre a liberdade acadêmica

---

[189] KIMBALL, Roger. *The Long March*. Nova York: Encounter Books, 2000. p. 106-111.

poderiam, com um pequeno empurrão, ser transformados em ursos dançantes"[190].

Os alunos sabiam disso. Shelby Steele, que mais tarde se tornaria conservador, lembra-se de ter frequentado a faculdade no final dos anos 1960, levando estudantes negros ao gabinete do presidente com uma lista de exigências. Como narra Steele, "com toda a autoridade militante que pude reunir, permiti que as cinzas do meu cigarro aceso caíssem em pequenos cilindros cinza, sobre o tapete felpudo do presidente. Essa foi a afronta, a insolência, que era esperada em nosso novo compromisso com a militância". Steele esperava que o presidente da faculdade, Dr. Joseph McCabe, o punisse. Porém, diz Steele, isso simplesmente não aconteceu:

> Pude ver que tudo estava se tornando demais para ele. [...] Não havia precedente para esse tipo de ataque à autoridade, nenhum manual administrativo sobre como lidar com isso. Eu vi algo parecido com raiva real surgir em seu rosto, e ele agarrou os braços da cadeira como se quisesse se levantar. [...] Entretanto seus braços nunca o livraram de seu assento. Eu nunca saberei qual pensamento o impediu. Lembro apenas que seu olhar se voltou repentinamente para dentro, como se ele estivesse se lembrando de algo profundo, algo que tornava impossível para ele se levantar. [...] Então, ficou claro que o cigarro seria esquecido. Naquele instante, testemunhamos sua transformação, de uma figura de autoridade implacável em um negociador empático com a causa daqueles que o desafiaram – de um presidente de faculdade tradicional a um moderno.

Como afirma Steele, foi a compreensão de McCabe sobre os males do racismo que permitiu tal comportamento ultrajante por parte dos alunos. Seu próprio "vácuo de autoridade moral",

---

[190] *Ibid.*, p. 112-118.

A CRIAÇÃO DE UMA NOVA CLASSE DOMINANTE

proveniente do conhecimento dos pecados americanos, o paralisou[191]. Esquerdistas autoritários, contando com uma objeção ao convencionalismo, que repreendia o liberalismo clássico como sendo moralmente deficiente, silenciaram McCabe, como fizeram com a maioria dos administradores universitários.

A separação do liberalismo de suas raízes carregadas de valores o deixou incapaz de se defender. A dança da renormalização havia ocorrido. Primeiro, eles silenciaram aqueles que estavam no poder. Então, eles os forçaram a se arrepender publicamente. Em seguida, eles os colocaram de lado. Esse é o processo da esquerda autoritária, em todos os países e em todas as épocas.

>> O EXPURGO

As universidades agora se tornaram fábricas de *wokes*. Existem poucos ou nenhum conservador no corpo docente e na equipe da maioria das principais universidades; uma pesquisa da *Harvard Crimson* em 2020 revelou que 41,3% dos membros do corpo docente se identificaram como progressistas e outros 38,4% como "muito progressistas"; moderados constituíam apenas 18,9% do corpo docente e 1,46% disseram que eram conservadores[192]. Uma pesquisa semelhante do *Yale Daily News* com professores, em 2017, descobriu que 75% dos professores entrevistados se identificaram como progressistas, ou muito progressistas; apenas 7% disseram ser conservadores, com apenas 2% se autodenominando "muito conservadores". Nas humanidades, as porcentagens eram ainda mais distorcidas, com 90% se autodenominando progressistas; no geral, 90% de todos os professores disseram que

---

[191] STEELE, Shelby. *White Guilt*. Nova York: Harper Collins, 2006.
[192] STREET, Jon. Less than 2 percent of Harvard faculty are conservative, survey finds. *CampusReform.org*, [S. l.], p. 1-3, 4 mar. 2020. Disponível em: https://www.campusreform.org/?ID=14469. Acesso em: 26 jan. 2022.

se opunham a Trump[193]. Um professor liberal de Yale disse ao *The Wall Street Journal*: "As universidades estão se afastando da busca pela verdade" e indo em direção à "justiça social"[194].

No geral, para mais de 2.000 professores universitários, em trinta e um estados e no Distrito de Columbia, que doaram a candidatos políticos de 2015 a 2018, as contribuições para os democratas ultrapassaram as dos republicanos em uma proporção de 95:1[195]. Outro estudo, publicado em 2016 no *Econ Journal Watch*, descobriu que, dos 7.243 professores registrados para votar em quarenta universidades importantes, os democratas superavam os republicanos, de 3.623 a 314[196]. A *Carnegie Foundation* pesquisou professores para saber sobre suas afiliações políticas em 1969 e descobriu que 27% eram conservadores; em 1999, apenas 12% o eram. Samuel Abrams, do *Higher Education Research Institute* [Instituto de Pesquisa do Ensino Superior], sugeriu que, desde 1984, a proporção entre progressistas e conservadores no corpo docente da faculdade aumentou 350%. Segundo um estudo, estima-se que apenas 2% dos professores de ciências políticas eram conservadores; apenas 4% dos professores de filosofia; apenas 7% dos professores de história; e apenas 3% dos professores de literatura[197]. São números de identificação política que fariam Fidel Castro corar de inveja.

---

[193] TREISMAN, Rachel; YAFFE-BELLANY, David. Yale faculty skews liberal, survey shows. *Yale Daily News*, [*S. l.*], p. 1-4, 14 set. 2017. Disponível em: https://yaledailynews.com/blog/2017/09/14/yale-faculty-skews-liberal-survey-shows/. Acesso em: 26 jan. 2022.

[194] TREISMAN, Rachel; FREEMAN, James. Yale Prof Estimates Faculty Political Diversity at '0%'. *The Wall Street Journal*, [*S. l.*], p. 1-4, 9 dez. 2019. Disponível em: https://www.wsj.com/articles/yale-prof-estimates-faculty-political-diversity-at-0-11575926185. Acesso em: 26 jan. 2022.

[195] STREET, Jon. STUDY: Profs donate to Dems over Republicans by 95:1 ratio. *Campus-Reform.org*, [*S. l.*], p. 1-3, 22 jan. 2020. Disponível em: https://www.campusreform.org/?ID=14255. Acesso em: 26 jan. 2022.

[196] RICHARDSON, Bradford. Liberal professors outnumber conservatives 12 to 1: Study. *The Washington Times*, [*S. l.*], p. 1-5, 6 out. 2016. Disponível em: https://www.washingtontimes.com/news/2016/oct/6/liberal-professors-outnumber-conservatives-12-1/. Acesso em: 26 jan. 2022.

[197] SHIELDS, Jon A. The Disappearing Conservative Professor. *National Affairs*, [*S. l.*], p. 1-20, Outono 2018. Disponível em: https://www.nationalaffairs.com/publications/detail/the-disappearing-conservative-professor. Acesso em: 26 jan. 2022.

A CRIAÇÃO DE UMA NOVA CLASSE DOMINANTE

Não só os conservadores foram eliminados das melhores universidades da América. Mesmo os liberais da velha guarda, baseados em direitos, foram agora marginalizados. O ex-chefe da *American Civil Liberties Union* [União Americana pelas Liberdades Civis], Ira Glasser disse recentemente à *Reason*, sobre uma visita a uma das principais faculdades de direito da América:

> [O] público era um arco-íris. Havia tantas mulheres quanto homens. Havia pessoas de todas as cores de pele e de todas as etnias [...] era o tipo de coisa com que sonhávamos. Foi o tipo de coisa pela qual lutamos. Estou olhando para este público e me sentindo muito bem com isso. E então, após o painel de discussão, pessoa após pessoa se levantou, incluindo alguns dos professores mais jovens, para afirmar que seus objetivos de justiça social para os negros, para as mulheres, para as minorias de todos os tipos, eram incompatíveis com a liberdade de expressão e que a liberdade de expressão era uma antagonista. [...] Para as pessoas que hoje afirmam ser apaixonadas pela vjustiça social, estabelecer a liberdade de expressão como um inimigo é suicídio[198].

Entretanto o suicídio da academia está bem encaminhado. Mesmo os progressistas moderados agora se encontram à beira da demissão. Quando o professor progressista Bret Weinstein se recusou a deixar o *campus* do *Evergreen State College*, depois que radicais negros exigiram que os professores brancos não lecionassem em um determinado dia – e quando ele acrescentou a esse pecado, afirmando que os empregos do corpo docente deveriam ser baseados no mérito, e não na cor da pele –, estudantes autoritários de esquerda chamaram-nos de racista e ocuparam prédios

---

[198] GILLESPIE, Nick. Would the ACLU Still Defend Nazis' Right To March in Skokie? *Reason*, [*S. l.*], p. 1-6, jan. 2021. Disponível em: https://reason.com/2020/12/20/would-the--aclu-still-defend-nazis-right-to-march-in-skokie/. Acesso em: 26 jan. 2022.

do *campus*[199]. Alunos desistiram de uma aula ministrada por sua esposa, a bióloga evolucionista Heather Heyer, quando ela apontou que os homens são, em média, mais altos do que as mulheres[200]. O professor Nicholas Christakis e sua esposa, Erika, foram expulsos de suas posições como professores residentes no *Silliman College* de Yale, depois que Erika cometeu o grave pecado de pedir aos alunos que fossem menos sensíveis a fantasias de Halloween. Os alunos confrontaram Nicholas na quadra e gritaram com ele. "Quem diabos te contratou?" gritou uma estudante negra. "Você deveria se demitir! [...] Não se trata de criar um espaço intelectual! Não se trata! Você entende isso? [...] Você é nojento!"[201].

Esses incidentes deixaram os dissidentes aterrorizados em silêncio ou, pior, em obediência. Entretanto não é apenas a intimidação dos alunos que está em questão. É a natureza autoperpetuadora da Nova Classe Governante em nossas universidades. De acordo com o sociólogo George Yancy, 30% dos sociólogos admitiram abertamente que discriminariam os candidatos republicanos a empregos, assim como 24% dos professores de filosofia; 60% dos antropólogos e 50% dos professores de literatura disseram que discriminariam os cristãos evangélicos. Porém tão importante quanto, uma vez que o movimento *woke* foi consagrado como a ideologia oficial do ensino superior, os conservadores se retiram dessa arena. Com que frequência um orientador de dissertação aceita um aluno de doutorado em ciências políticas que postula que a tomada de decisão individual, ao invés do racismo sistêmico, está na raiz das desigualdades raciais? Com

---

[199] JASCHIK, Scott. Who Defines What Is Racist? *Inside Higher Ed*, [*S. l.*], p. 1-5, 30 maio 2017. Disponível em: https://www.insidehighered.com/news/2017/05/30/escalating-debate-race-evergreen-state-students-demand-firing-professor. Acesso em: 26 jan. 2022.

[200] KNIGHTON, Tom. Leftists Storm Out of Lecture Over Claim Men, Women Have Different Bodies. *PJ Media*, [*S. l.*], p. 1-3, 16 mar. 2018. Disponível em: https://pjmedia.com/news-and-politics/tom-knighton/2018/03/16/leftists-storm-lecture-claim-men-women-different-bodies-n56793. Acesso em: 26 jan. 2022.

[201] FRIEDERSDORF, Conor. The Perils of Writing a Provocative E-mail at Yale. *The Atlantic*, [*S. l.*], p. 1-5, 26 maio 2016. Disponível em: https://www.theatlantic.com/politics/archive/2016/05/the-peril-of-writing-a-provocative-email-at-yale/484418/. Acesso em: 26 jan. 2022.

A CRIAÇÃO DE UMA NOVA CLASSE DOMINANTE

que frequência um reitor de faculdade contrata um professor associado que chama a ideologia de gênero de mentira? Como Jon Shields, ele próprio um professor associado de governo no *Claremont McKenna College*, observa na *National Affairs* que "a inclinação para a esquerda das ciências sociais e humanas é autorreforçada"[202].

>> CONCLUSÃO

A religião da Nova Classe Dominante – bem como as atividades ritualísticas pagãs que a cercam – é um vírus intelectual. E infectou vários aspectos da vida americana. Na verdade, o movimento *woke* é tão incrivelmente virulento que, em fevereiro de 2021, o presidente francês Emmanuel Macron afirmou que a unidade do país estava ameaçada, por "certas teorias das ciências sociais importadas dos Estados Unidos". O ministro da educação de Macron alertou que a "matriz intelectual das universidades americanas" não deve ser importada[203].

Durante décadas, os conservadores zombaram dos radicais nos *campi*. Eles presumiram que a vida real venceria o radicalismo dos esquerdistas em idade universitária. Eles pensavam que a cultura de microagressão das universidades seria destruída pelo mercado de trabalho, que o pagamento de impostos curaria os graduados de sua visão redistributiva utópica, que as instituições agiriam como um freio às malcriações egocêntricas das vítimas de doutrinação universitária.

Eles estavam errados.

---

[202] SHIELDS, Jon A. The Disappearing Conservative Professor. *National Affairs*, [*S. l.*], p. 1-20, outono 2018. Disponível em: https://www.nationalaffairs.com/publications/detail/the-disappearing-conservative-professor. Acesso em: 26 jan. 2022.
[203] ONISHI, Norimitsu. Will American Ideas Tear France Apart? Some of Its Leaders Think So. *The New York Times*, [*S. l.*], p. 1-6, 9 fev. 2021. Disponível em: https://www.nytimes.com/2021/02/09/world/europe/france-threat-american-universities.html?action=click%20&module=Top%20Stories&pgtype=Homepage. Acesso em: 26 jan. 2022.

Ao invés disso, o movimento *woke* foi levado a todas as áreas importantes da vida americana através de poderosas instituições culturais e governamentais – quase todas compostas, desproporcionalmente, por pessoas que se formaram na faculdade e aprenderam o vocabulário *woke*. As indústrias em crescimento nos Estados Unidos são inteiramente dominadas por graduados universitários. Na verdade, entre dezembro de 2007 e dezembro de 2009, durante a Grande Recessão, os graduados universitários *aumentaram* seu emprego em 187 mil vagas, enquanto aqueles com ensino médio, ou menos, perderam 5,6 milhões de empregos. Ao longo dos próximos seis anos, graduados do ensino médio ganhariam um total de apenas 80 mil empregos, durante a chamada recuperação de Obama, em comparação com 8,4 milhões de empregos para graduados universitários[204].

Ao invés de institutos de pós-graduação moldarem seus funcionários, os funcionários estão moldando suas instituições. Acontece que os chefes corporativos e magnatas da mídia estão tão sujeitos à renormalização quanto as faculdades sempre estiveram. Como veremos, os titãs corporativos agora têm medo de sua equipe *woke* e passaram a refletir suas prioridades; os liberais clássicos da grande mídia entregaram suas carteiras a repressores *woke*; mesmo as igrejas têm entregado seus púlpitos, cada vez mais, para aqueles que cedem ao novo sistema de valores radical.

Uma área da vida americana, porém, deveria estar imune às predações do esquerdismo autoritário: a ciência. Afinal, a ciência tem um método, uma maneira de distinguir a verdade da falsidade; a ciência é projetada para descobrir verdades objetivas, ao invés de chafurdar em percepções subjetivas de vitimização. A ciência deveria estar na vanguarda da resistência.

Ao invés disso, a ciência também se rendeu. A seguir, veremos por quê.

---

[204] FULLER, Joseph B.; RAMAN, Manjari. *Dismissed by Degrees*. [S. l.]: Harvard Business School, out. 2017. Disponível em: https://www.hbs.edu/managing-the-future-of-work/Documents/dismissed-by-degrees.pdf. Acesso em: 26 jan. 2022.

>> CAPÍTULO 4

COMO A CIÊNCIA™ DERROTOU
A VERDADEIRA CIÊNCIA

>> CAPÍTULO 4 <<

COMO A CIÊNCIA™[205] DERROTOU A VERDADEIRA CIÊNCIA

O ano de 2020 foi excepcional para a ciência. Em meio a uma pandemia global causada por um novo coronavírus, cientistas em laboratórios de todo o mundo atenderam ao chamado. Eles pesquisaram os métodos mais eficazes para retardar a propagação do vírus. Eles desenvolveram novas terapias, destinadas a reduzir as taxas de mortalidade, e pesquisaram novas aplicações de drogas já existentes. O mais incrível é que eles desenvolveram várias vacinas para a covid-19 em poucos meses, após sua disseminação exponencial pelo Ocidente. A maior parte do Ocidente não fechou até março de 2020. Em dezembro, os cidadãos estavam recebendo suas primeiras doses da vacina, imunizando os mais vulneráveis e achatando a curva de infecção.

---

[205] No original, o autor faz uso dessa terminologia, semelhante a quando falamos de Deus, "d'Ele", "Ele", etc., simbolizando que essa nova Ciência™ se tornou uma nova semirreligião, algo como um "novo deus", que exige de todos uma espécie de adoração servil e inconteste. (N. E.)

Enquanto isso, em hospitais, médicos e enfermeiras trabalhavam em condições perigosas para cuidar de ondas de enfermos. Os médicos foram instados a ser engenhosos com os recursos limitados; enfermeiras foram instadas para tratar os outros, enfrentando perigo para si mesmas. À medida que aprendiam mais sobre a natureza da doença, esses profissionais da área médica salvaram dezenas de milhares de vidas.

E o público também tomou medidas. Em todo o Ocidente, os cidadãos distanciaram-se socialmente e colocaram máscaras. Eles fecharam seus negócios, tiraram seus filhos da escola e disseram a seus pais para ficarem em casa, de forma a proteger os outros.

O flagelo histórico da doença desafiou a humanidade. A ciência saiu vitoriosa.

E mesmo assim.

Enquanto os cientistas de laboratório faziam um trabalho sem precedentes, criando soluções para um problema sem precedentes, enquanto os médicos trabalhavam em condições perigosas para preservar as vidas de pacientes sofredores, os funcionários da saúde pública – as vozes da Ciência™, a perversão politicamente dirigida da ciência real, em nome do esquerdismo autoritário –, continuavam a pressionar objetivos politicamente radicais, politizando a pesquisa científica real e minando a confiança do público na própria ciência. Infelizmente, porque a ciência é uma parte indispensável da vida ocidental – é, talvez, a única arena de concordância política restante em nossa sociedade, graças ao fato de que, até agora, permaneceu fora do reino da política –, ela é uma ferramenta valiosa demais para ser deixada sem uso pela esquerda autoritária. E assim, a esquerda autoritária substituiu a ciência por A Ciência™.

A própria ciência é um processo de coleta de conhecimento, através de tentativa e erro meticulosos, por meio do desenvolvimento gradual de um corpo de conhecimento através da observação e coleta de dados, e da falseabilidade. A ciência requer que acreditemos em verdades objetivas sobre o mundo ao nosso redor e que

COMO A CIÊNCIA™ DERROTOU A VERDADEIRA CIÊNCIA

acreditemos em nossa própria capacidade de explorar o desconhecido a fim de descobrir essas verdades. Acima de tudo, a ciência fornece a palavra final onde fala.

A Ciência™ é uma história diferente. A Ciência™ é um apelo ao silêncio, não à investigação. Quando os membros da Nova Classe Dominante insistem que sigamos A Ciência™, geralmente *não* querem dizer que devamos reconhecer a realidade das descobertas científicas. Eles querem dizer que devemos seguir sua interpretação politizada da ciência, que devemos espelhar suas soluções preferidas, que devemos olhar para o outro lado, quando eles ignoram e distorcem a ciência para seus próprios fins. A Ciência™ nunca é invocada para convencer, mas para golpear. A Ciência™, em suma, é a política vestida de jaleco branco. Tratar a ciência como política prejudica a ciência; tratar a política como ciência, custa vidas. Isso é precisamente o que a esquerda autoritária faz quando invoca A Ciência™ para justificar-se.

Repetidamente, vimos A Ciência™ prevalecer sobre a própria ciência durante a pandemia, com um efeito horrível.

Talvez a descoberta mais robusta em relação à covid – uma descoberta replicada em todo o mundo – tenha sido que grandes reuniões, envolvendo gritos e cantos, seriam inerentemente mais perigosas do que situações pouco povoadas e socialmente distantes. Rapidamente, a mídia agarrou-se a esse fato, por exemplo, para repreender os manifestantes contra o *lockdown* por sua irresponsabilidade, alegando que mesmo protestos ao ar livre poderiam não ser seguros[206]. Enquanto isso, as autoridades locais em muitas áreas foram além da ciência em si, fechando praias, trilhas para caminhadas e até parques públicos – áreas que, de forma alguma, eram os principais vetores de transmissão[207]. Os republi-

---

[206] GABBATT, Adam. US anti-lockdown rallies could cause surge in Covid-19 cases, experts warn. *The Guardian*, [S. l.], p. 1-6, 21 abr. 2020. Disponível em: https://www.theguardian.com/us-news/2020/apr/20/us-protests-lockdown-coronavirus-cases-surge-warning. Acesso em: 26 jan. 2022.

[207] JULIANO, Michael. Some L.A. parks are closing until further notice after a busy weekend on the trails. *Time Out*, [S. l.], p. 1-6, 22 mar. 2020. Disponível em: https://www.ti-

canos que se recusaram a fechar praias em áreas praticamente não afetadas, como o governador Ron DeSantis, da Flórida, foram duramente criticados[208]. Toda a política e retórica pró-*lockdown* foi justificada com apelos à ciência.

No final das contas, as autoridades de saúde pública não estavam preocupadas com a ciência. Elas estavam apenas usando a ciência como uma ferramenta para impulsionar suas políticas preferidas. Elas estavam, em resumo, mais interessadas na Ciência™ do que na própria ciência.

Isso ficou perfeitamente claro no final de maio.

Em 25 de maio, George Floyd, um homem negro de 46 anos, morreu sob custódia da polícia de Minneapolis. Floyd era um criminoso de carreira, com um histórico sério. A polícia havia sido chamada porque ele havia passado uma nota de vinte dólares falsificada enquanto comprava cigarros; sua autópsia descobriu que ele tinha um "nível fatal" de fentanil em seu sistema. Uma edição seletiva de um vídeo de Floyd no chão, durante quase nove minutos, dizendo que não conseguia respirar, quando um policial colocou o joelho na nuca de Floyd, tornou-se viral. O policial que reprimiu Floyd foi acusado de assassinato em segundo grau.

A morte de Floyd gerou protestos e tumultos massivos em todo o país. Esses protestos e tumultos foram motivados pela falsa noção de que a polícia de todo o país assassinava rotineiramente homens negros – uma inverdade sem evidências[209]. Liderados pelo movimento radical Black Lives Matter, esses encontros de

---

meout.com/los-angeles/news/some-l-a-parks-are-closing-until-further-notice-after-a-busy--weekend-on-the-trails-032220. Acesso em: 26 jan. 2022.

[208] RITCHIE, Bruce; GLORIOSO, Alexandra. Florida won't close its beaches. Here's exactly what DeSantis said about that. *Politico*, [*S. l.*], p. 1-2, 19 mar. 2020. Disponível em: https://web.archive.org/web/20200408061442/https://www.politico.com/states/florida/story/2020/03/19/florida-wont-close-its-beaches-heres-exactly-what-desantis-said-about--that-1268185. Acesso em: 26 jan. 2022.

[209] MAC DONALD, Heather. The Myth of Systemic Police Racism. *The Wall Street Journal*, [*S. l.*], p. 1-3, 2 jun. 2020. Disponível em: https://www.wsj.com/articles/the-myth-of-systemic-police-racism-11591119883. Acesso em: 26 jan. 2022.

COMO A CIÊNCIA™ DERROTOU A VERDADEIRA CIÊNCIA

"justiça racial" – no meio de uma pandemia mortal – eram sem precedentes, em tamanho e escala. De acordo com a pesquisa, algo entre 15 e 26 milhões de pessoas nos Estados Unidos participaram de algum protesto[210]. Os protestos com certeza não foram socialmente distantes; alguns usavam máscaras, mas muitos, certamente não. Frequentemente, os protestos transformavam-se em violência, incluindo saques em massa e destruição de propriedades; as principais cidades da América foram forçadas a declarar toque de recolher para os cumpridores da lei[211]. Mais frequentemente, os protestos transformaram-se em ambientes festivos, incluindo dança, cantos e gritos.

E os mesmos profissionais de saúde pública, que condenaram os protestos contra o *lockdown*, que exortaram os americanos a fazer sua parte com o distanciamento social, que aplaudiram quando as empresas e as escolas foram instruídas a fechar, endossaram, em êxtase, as reuniões em massa. Aparentemente, o próprio vírus era *"woke"*: ele mataria os republicanos que se opusessem a *lockdowns* que paralisassem a economia, mas deixaria de lado qualquer um que entoasse *slogans* banais sobre reduzir o orçamento da polícia.

Políticos de esquerda – devotos do movimento *woke* – apareceram pessoalmente em meio a protestos de massa. A governadora Gretchen Whitmer (democrata de Michigan) participou de uma marcha pelos direitos civis em Highland Park, com centenas de outras pessoas, "ombro a ombro com alguns participantes da marcha". Ela fez isso poucos dias depois de explicar que os protestos poderiam, de fato, colocar vidas em perigo[212]. Mesmo enquanto a Guarda Nacional policiava Los Angeles, na esteira de

---

[210] BUCHANAN, Larry; BUI, Quoctrung; PATEL, Jugal K. Black Lives Matter May Be the Largest Movement in US History. *The New York Times*, [S. l.], p. 1-4, 3 jul. 2020. Disponível em: https://www.nytimes.com/interactive/2020/07/03/us/george-floyd-protests-crowd-size.html. Acesso em: 26 jan. 2022.
[211] Aqui, por "cumpridores da lei" o autor se refere àqueles cidadãos que não quebraram a lei, e não às forças policiais ou demais poderes executivos. (N. E.)
[212] MAUGER, Craig; DICKSON, James David. With little social distancing, Whitmer marches with protesters. *The Detroit News*, [S. l.], p. 1-4, 4 jun. 2020. Disponível em: https://

tumultos generalizados, e os cumpridores da lei estavam confinados em suas casas, o prefeito Eric Garcetti ajoelhou-se com a multidão do Black Lives Matter e "puxou para baixo sua máscara azul do Los Angeles Dodgers para falar"[213]. Falando na CNN, o prefeito de Nova York, Bill de Blasio, declarou abertamente que apenas marchas do BLM seriam permitidas em sua cidade: "Este é um momento histórico de mudança. Precisamos respeitar isso, mas também dizer às pessoas que os tipos de reuniões aos quais estamos acostumados, os desfiles, as feiras – simplesmente não podemos ter isso agora, enquanto estivermos focados na saúde"[214].

Deixando de lado as implicações de Primeira Emenda de tais declarações, nada disso poderia ser remotamente justificado pela própria ciência. Entretanto políticos de esquerda autoritários podiam contar com membros do *establishment* de saúde pública para apoiar sua jogada, fabricando narrativas anticientíficas em nome da ciência. Mais de mil "especialistas em saúde pública" assinaram uma carta aberta apoiando os maiores protestos da história americana, *no meio de uma pandemia global*, alegando que tais protestos eram "vitais para a saúde pública nacional", e acrescentando, "Isso não deve ser confundido com uma postura permissiva a todas as reuniões, particularmente protestos contra ordens de ficar em casa". O especialista em doenças infecciosas Ranu S. Dhillon, da Escola de Medicina de Harvard, disse ao *The New York Times*:

---

www.detroitnews.com/story/news/local/michigan/2020/06/04/whitmer-appears-break-social-distance-rules-highland-park-march/3146244001/. Acesso em: 26 jan. 2022.

[213] COSGROVE, Jaclyn; GANGULI, Tania; WICK, Julia; BRANSON-POTTS, Hailey; HAMILTON, Matt; DILLON, Liam. Mayor Garcetti takes a knee amid chants of 'Defund police!' at downtown LA protest. *Los Angeles Times*, [S. l.], p. 1-5, 2 jun. 2020. Disponível em: https://www.latimes.com/california/story/2020-06-02/mayor-garcetti-takes-a-knee-a-mid-chants-of-defund-police-at-downtown-l-a-protest. Acesso em: 26 jan. 2022.

[214] BARONE, Vincent. NYC Black Lives Matter marches can continue despite large-event ban, de Blasio says. *New York Post*, [S. l.], p. 1-4, 9 jul. 2020. Disponível em: https://nypost.com/2020/07/09/nyc-allows-black-lives-matter-marches-despite-ban-on-large-events/. Acesso em: 26 jan. 2022.

COMO A CIÊNCIA™ DERROTOU A VERDADEIRA CIÊNCIA

> Protestar contra a injustiça sistêmica, que está contribuindo diretamente para esta pandemia, é essencial. O direito de viver, o direito de respirar, o direito de andar na rua sem a polícia vindo atrás de você, por nenhum motivo [...] isso é diferente de eu querer ir ao meu local de culto no fim de semana, querer levar meu filho a uma montanha-russa, querer ir para o *brunch* com meus amigos[215].

A ciência social simplesmente não apoia a alegação de que a polícia esteja, claramente, visando os americanos de cor com base no *animus* racial. Entretanto, mesmo que tal acusação infundada pudesse ser comprovada, é completamente absurdo sugerir que protestos em massa sobre uma questão tão sistêmica – protestos capazes de espalhar uma doença mortal, altamente transmissível – representem um resultado positivo para a saúde pública. Contudo precisamente essa controvérsia se tornou comum no mundo da Ciência™.

Julia Marcus, epidemiologista da Escola de Medicina de Harvard, e Gregg Gonsalves, epidemiologista da Escola de Saúde Pública de Yale, escreveram um artigo na *The Atlantic*, alegando:

> Especialistas em saúde pública estão avaliando esses mesmos riscos em nível populacional e muitos chegaram à conclusão de que as implicações para a saúde, de manter o *status quo* da supremacia branca, são grandes demais para serem ignoradas, mesmo com o potencial para um aumento na transmissão do coronavírus durante os protestos[216].

---

[215] WEINER, Rachel. Political and health leaders' embrace of Floyd protests fuels debate over coronavirus restrictions. *The Washington Post*, [S. l.], p. 1-5, 11 jun. 2020. Disponível em: https://www.washingtonpost.com/health/political-and-health-leaders-embrace-of--floyd-protests-fuels-debate-over-coronavirus-restrictions/2020/06/11/9c60bca6-a-761-11ea-bb20-ebf0921f3bbd_story.html. Acesso em: 26 jan. 2022.
[216] MARCUS, Julia; GONSALVES, Gregg. Public-Health Experts Are Not Hypocrites. *The Atlantic*, [S. l.], p. 1-5, 11 jun. 2020. Disponível em: https://www.theatlantic.com/ideas/archive/2020/06/public-health-experts-are-not-hypocrites/612853/. Acesso em: 26 jan. 2022.

O hospital da Universidade da Califórnia, em San Francisco, deu aos médicos negros um dia de folga após a morte de Floyd. Muitos desses médicos aderiram a protestos. Uma delas, a dra. Maura Jones, explicou,

> Eu diria que sim, eu sou uma médica e encorajo você a se distanciar socialmente, eu me preocupo com o coronavírus e sei que é uma ameaça real, mas o racismo é, para mim e para minha família, a maior ameaça agora, e tem sido há centenas de anos.

A dra. Jasmine Johnson se juntou a um protesto da Associação Médica Nacional de Estudantes da Universidade da Carolina do Norte, com uma placa dizendo, "O racismo também é uma pandemia!". Ela alegou que o racismo era a causa raiz das disparidades raciais, nas estatísticas de mortalidade da covid – e, portanto, sugeriu que o protesto seria, na verdade, um *bem* à saúde nacional[217]. Ashish Jha, reitor da Escola de Saúde Pública da Universidade Brown, fez o argumento mais insano de todos: que os protestos iriam alimentar a disseminação da covid, mas que isso não importava. "Eu me preocupo que protestos em massa alimentem mais casos? Sim, eu me preocupo. Porém, uma barragem quebrou e não há como parar isso", declarou ele[218]. Com base na Ciência™, figuras progressistas no governo começaram a promover declarações de que o racismo representava uma "crise de saúde pública"[219].

---

[217] SMITH, Terrance. White coats and black lives: Health care workers say 'racism is a pandemic too'. *ABC News*, [*S. l.*], p. 1-6, 12 jun. 2020. Disponível em: https://abcnews.go.com/Politics/white-coats-black-lives-health-care-workers-racism/story?id=71195580. Acesso em: 26 jan. 2022.

[218] POWELL, Michael. Are Protests Dangerous? What Experts Say May Depend on Who's Protesting What. *The New York Times*, [*S. l.*], p. 1-5, 6 jul. 2020. Disponível em: https://www.nytimes.com/2020/07/06/us/Epidemiologists-coronavirus-protests-quarantine.html. Acesso em: 26 jan. 2022.

[219] WILLIAMS, Joseph P. Pandemic, Protests Cause Racism to Resonate as a Public Health Issue. *US News*, [*S. l.*], p. 1-7, 8 jul. 2020. Disponível em: https://www.usnews.com/news/healthiest-communities/articles/2020-07-08/racism-resonates-as-public-health-crisis-amid-pandemic-protests. Acesso em: 26 jan. 2022.

A ciência disse que reunir grandes números não era uma boa ideia. Para tanto, milhares de americanos assistiram, de longe, pais, irmãos e irmãs, familiares e amigos morrerem sozinhos em hospitais. Funerais foram realizados por Zoom. Empresas foram fechadas às centenas de milhares.

A Ciência™ disse que as preocupações com a saúde eram secundárias e as preocupações políticas eram as principais.

E o nosso *establishment* científico se pergunta por que os americanos têm problemas de confiança.

Como se viu, talvez nunca saibamos se os protestos em massa espalharam covid. Sabemos que o verão viu aumentos radicais na transmissão viral – aumentos que a mídia rapidamente atribuiu às reuniões do Memorial Day, que ocorreram na mesma semana do estouro dos protestos. Entretanto cidades como Nova York disseram a seus rastreadores de contato para *não perguntarem* se as pessoas diagnosticadas com covid haviam participado de algum protesto[220].

A disposição da comunidade de saúde pública de estender sua área de suposta especialização a problemas de suposta injustiça racial destaca um problema muito sério para o *establishment* científico: o Problema Ultracrepidário. Ultracrepidanismo é opinar sobre assuntos fora de sua área de especialização, ou fingir que sua área de especialização se estende a questões em diferentes áreas temáticas. Basta dizer que nossos especialistas em saúde pública – e os médicos que opinam sobre a questão política do policiamento e das relações raciais – certamente estão operando em águas desconhecidas para eles. Simplesmente colocar o rótulo de "ciência" em uma opinião política não torna essa opinião mais científica, assim como chamar um homem de mulher não torna esse homem uma mulher biológica. O

---

[220] SCHER, Isaac. NYC's contact tracers have been told not to ask people if they've attended a protest. *Business Insider*, [*S. l.*], p. 1-4, 15 jun. 2020. Disponível em: https://www.businessinsider.com/nyc-contact-tracers-not-asking-people-attend-george-floyd-protest-2020-6. Acesso em: 26 jan. 2022.

problema ultracrepidário estende o alcance da ciência às áreas da pseudociência, reivindicando o manto do objetivo e verificável em nome da conjectura subjetiva.

Há um segundo problema relacionado, talvez ainda mais sério para as instituições científicas nos Estados Unidos: o que podemos chamar de "Efeito *Bleedover*"[221]. Considerando que o Problema Ultracrepidário vem da comunidade científica falando fora de sua área de especialização, o Efeito *Bleedover* ocorre quando pontos de vista políticos externos invadem as próprias instituições científicas. Previsivelmente, isso restringe o alcance real da ciência, suplantando a investigação científica pelas ideologias anticientíficas dominantes.

Veja outro exemplo da política mundial da covid: a tomada de decisão em torno da distribuição de vacinas. Agora, esta parece ser uma questão científica simples: quem é mais vulnerável à covid? Os mais vulneráveis, obviamente, deveriam receber primeiro a vacina de covid. E, ao que parece, essa pergunta tem uma resposta óbvia: os idosos, que são os mais suscetíveis a múltiplas doenças preexistentes. O risco de covid é fortemente estriado por idade: de acordo com os Centros de Controle de Doenças (CDC, sigla em inglês), a taxa de mortalidade de covid para pessoas com mais de 85 anos é 630 vezes a taxa de mortalidade para pessoas entre 18 e 29 anos; para aqueles entre 75 e 84, a taxa de mortalidade é 220 vezes maior; para aqueles entre 65 e 74, a taxa de mortalidade é 90 vezes maior[222]. Portanto não deveria ter sido difícil para os Centros de Controle de Doenças definir as diretrizes de distribuição de vacinas com base na idade.

---

[221] O termo "*bleedover*" é uma junção de "*bleed*" com "*over*", cuja tradução literal pode ser "sangrar sobre", ou uma tradução mais adaptada, "transbordo de sangue". No contexto dado, se referiria ao transbordamento de uma opinião sangrenta para outros assuntos, escapando do recipiente inicial e avançando sobre outros. (N. T.)

[222] COVID-19 Hospitalization and Death by Age. cdc.gov, [*S. l.*], p. 1, 18 ago. 2020. Disponível em: https://www.cdc.gov/coronavirus/2019-ncov/covid-data/investigations-discovery/hospitalization-death-by-age.html. Acesso em: 26 jan. 2022.

COMO A CIÊNCIA™ DERROTOU A VERDADEIRA CIÊNCIA

Entretanto não foi isso o que aconteceu. Ao invés disso, o movimento *woke* invadiu o processo científico, transformando a ciência em A Ciência™.

Em 23 de novembro de 2020, Kathleen Dooling, oficial de saúde pública do CDC, apresentou suas recomendações para a distribuição da vacina ao Comitê Consultivo em Práticas de Imunização. Dooling explicou que os trabalhadores essenciais – cerca de 87 milhões de pessoas – deveriam receber a vacina *antes* dos idosos. Sim, a modelagem de Dooling reconheceu que isso aumentaria o número de mortes em algum lugar entre 0,5% e 6,5%. Entretanto essas diferenças eram "mínimas", afirmou Dooling, quando comparadas com o fato de que se poderia buscar igualdade racial através de sua política recomendada. Afinal, Dooling apontou, "grupos de minorias raciais e étnicas estão sub-representados entre adultos com mais de sessenta e cinco anos". Como os brancos desfrutam de uma expectativa de vida maior do que os negros e os hispano-americanos, argumentava Dooling, havia brancos idosos demais. Por que não priorizar jovens negros e hispânicos, *com menor risco de morrer da doença*, como uma espécie de medida reparadora?

Essa proposta não era apenas moralmente idiota. Era perversa. Estatisticamente falando, mesmo que os brancos sejam super-representados como uma porcentagem da população entre aqueles com mais de sessenta e cinco anos, colocar esse grupo após os trabalhadores essenciais mataria *mais negros* – seria colocar a parcela dos americanos negros com maior probabilidade de morrer (aqueles com mais de 65 anos) atrás de americanos negros com menor probabilidade de morrer (trabalhadores de mercearia de 20 anos, por exemplo). Assim, mesmo que menos americanos negros morressem em porcentagem, mais americanos negros morreriam em *números absolutos*[223].

---

[223] MOUNK, Yascha. Why I'm Losing Trust in the Institutions. *Persuasion.community*, [*S. l.*], p. 1-8, 23 dez. 2020. Disponível em: https://www.persuasion.community/p/why-im-losing-trust-in-the-institutions. Acesso em: 26 jan. 2022.

Essa perspectiva não era marginal, mas muito respeitada e bem divulgada. Em 5 de dezembro, o *The New York Times* relatou que o comitê havia apoiado unanimemente a proposta de Dooling. Pelo menos dezoito estados decidiram levar em consideração o "índice de vulnerabilidade social" do CDC na distribuição de vacinas. Como reconheceu o *Times*,

> Historicamente, o comitê confiou em evidências científicas para informar suas decisões. Agora, porém, os membros também estão avaliando as questões de justiça social, observou Lisa A. Prosser, professora de política de saúde e decisão científica na Universidade de Michigan.

O *Times* citou um tal de Harald Schmidt, suposto especialista em ética e política de saúde da Universidade da Pensilvânia, que se expressou em termos flagrantemente eugenistas:

> As populações mais velhas são mais brancas. A sociedade está estruturada de uma forma que lhes permite viver mais. Ao invés de dar benefícios adicionais à saúde, para aqueles que já os têm, podemos começar a nivelar um pouco o campo de jogo[224].

Tudo o que seria necessário para nivelar esse campo de jogo seria enterrar um número desproporcional de corpos brancos nas áreas baixas.

A reação pública aos padrões do CDC levou-os a revisar – mas apenas um pouco. Depois que os trabalhadores médicos foram tratados, o CDC recomendou que os idosos e os trabalhadores da linha de frente fossem colocados no mesmo grupo. Essa abordagem também custará vidas. Como aponta Yascha Mounk,

---

[224] GOODNOUGH, Abby; HOFFMAN, Jan. The Elderly vs. Essential Workers: Who Should Get the Coronavirus Vaccine First? *The New York Times*, [*S. l.*], p. 1-6, 5 dez. 2020. Disponível em: https://www.nytimes.com/2020/12/05/health/covid-vaccine-first.html. Acesso em: 26 jan. 2022.

COMO A CIÊNCIA™ DERROTOU A VERDADEIRA CIÊNCIA

pensador liberal que frequentemente escreve para a *The Atlantic*:

> A orientação malfeita da América, sobre quem toma a vacina primeiro, deveria, de uma vez por todas, acabar com a ideia de que os excessos do movimento *"woke"* são um pequeno problema, que não afeta decisões importantes.

Além disso, como apontou Mounk, o *Times* – que estava tão ansioso para aplaudir a infusão de cultura *"woke"* nos padrões científicos – mal relatou que o comitê havia mudado suas recomendações com base na pressão pública. Escreveu Mounk:

> Um leitor fiel do jornal de registro nem mesmo saberia que um importante órgão público estava, até receber críticas massivas do público, prestes a sacrificar milhares de vidas americanas no altar de uma ideologia perigosa, e profundamente iliberal[225].

Quando a ciência se torna A Ciência™, os americanos começam a duvidar de suas instituições científicas. Eles começam a acreditar, corretamente, que as instituições da ciência haviam sido sequestradas por esquerdistas autoritários, que buscam usar jalecos brancos para impor seus pontos de vista de cima para baixo.

>> "ESCUTE OS *EXPERTS*"

O Problema Ultracrepidário surge regularmente no reino da formulação de políticas, quando os cientistas determinam que não são apenas responsáveis por identificar problemas baseados em dados e fornecer respostas baseadas em dados, mas por

---

[225] MOUNK, Yascha. Why I'm Losing Trust in the Institutions. *Persuasion.community*, [*S. l.*], p. 1-8, 23 dez. 2020. Disponível em: https://www.persuasion.community/p/why-im-losing-trust-in-the-institutions. Acesso em: 26 jan. 2022.

responder a todas as perguntas da humanidade. O Problema Ultracrepidário não é nada novo no reino da ciência. Na verdade, é uma parte integrante do cientificismo, a filosofia de que a moralidade pode vir da própria ciência – que tudo o que a sociedade precisa é a gestão por especialistas usando o método científico, de forma a alcançar o pleno florescimento humano. O cientificismo diz que pode responder a questões éticas sem recorrer a Deus; tudo o que se precisa são alguns dados e um cientista devidamente treinado.

A história do cientificismo é longa e sombria – inclui suporte à eugenia, ao genocídio e à engenharia social extremamente equivocada –, mas a popularidade do cientificismo não diminuiu. O cientificismo moderno é um pouco mais suave do que tudo isso, mas mantém a mesma premissa: de que a ciência pode responder a todas as nossas questões morais e de que pode nos mover facilmente da questão do que é para a questão do que *deve* ser feito.

Steven Pinker, um defensor do cientificismo moderno, escreve: "O princípio do Iluminismo, de que podemos aplicar a razão e a simpatia para aumentar o florescimento humano, pode parecer óbvio, banal, antiquado [...] eu cheguei à conclusão que não é".[226] A frase "florescimento humano" surge muito na filosofia do cientificismo. Entretanto a questão do que constitui o "florescimento humano" é, de fato, uma questão moral, e não científica. O debate sobre se um ser humano deve viver uma vida socialmente rica, cheia de compromisso com os outros, ou uma vida hedonista, cheia de compromisso com a autorrealização é, literalmente, tão antigo quanto a filosofia.

Em um nível menos filosófico, o Problema Ultracrepidário mina a ciência ao minar a credibilidade de cientistas que insistem em falar além de seu alcance. Vejamos, por exemplo, o problema das mudanças climáticas. Na comunidade científica, existe um

---

[226] PINKER, Stephen. *Enlightenment Now*: *The Case for Reason, Science, Humanism and Progress*. Nova York: Viking, 2018. p. 4. VANCE, J. D. Era uma vez um sonho. São Paulo: Leya, 2017. (N. E.)

conjunto de fatos bem estabelecidos e princípios bem aceitos: primeiro, que a mudança climática está *de fato* acontecendo e o mundo está esquentando; e segundo, que a atividade humana, particularmente as emissões de carbono, estão contribuindo significativamente para o aquecimento. Há um sério debate sobre o quanto o mundo se aquecerá no decorrer do próximo século – o Painel Intergovernamental sobre Mudanças Climáticas (IPCC, sigla em inglês) estima que o clima global aquecerá entre 2 °C e 4 °C acima da temperatura média do período de 1850-1900. Essa é uma gama bastante grande[227]. Também existe uma incerteza significativa a respeito da sensibilidade do clima às emissões de carbono; como explica o diretor do Instituto Goddard de Estudos Espaciais da NASA, Gavin Schmidt, a sensibilidade ao clima "tem uma gama bastante ampla de incertezas, e isso tem grandes implicações sobre a gravidade da mudança climática causada pelo homem"[228]. Além disso, há uma grande incerteza sobre o *impacto* em relação às mudanças climáticas – os seres humanos serão capazes de se adaptar? Quantos eventos de "choque" ocorrerão?

Essas incertezas estão no cerne da política de mudança climática. Quanto devemos sacrificar o bem-estar econômico atual e o crescimento econômico futuro em prol da estabilização do meio ambiente? Que nível de risco futuro provável justifica a formulação de políticas do mundo real, e em tempo real, no presente?

Os verdadeiros cientistas são modestos em suas recomendações sobre essas questões. Eles falam em termos de avaliações de risco e métricas quantificáveis. William Nordhaus, por exemplo,

---

[227] COLLINS, M. *et al*. Long-term Climate Change: Projections, Commitments and Irreversibility. In: STOCKER, Thomas F. *et al*., (ed.). *Climate Change 2013*: The Physical Science Basis. Contribution of Working Group I to the Fifth Assessment Report of the Intergovernmental Panel on Climate Change. Cambridge e Nova York: Cambridge University Press, 2013. cap. 12, p. 1029-1137. Disponível em: https://www.ipcc.ch/site/assets/uploads/2018/02/WG1AR5_Chapter12_FINAL.pdf. Acesso em: 26 jan. 2022.
[228] BUIS, Alan. Making Sense of 'Climate Sensitivity'. *Climate.nasa.gov*, [*S. l.*], p. 1-8, 8 set. 2020. Disponível em: https://climate.nasa.gov/ask-nasa-climate/3017/making-sense-of-climate-sensitivity/. Acesso em: 26 jan. 2022.

ganhador do Prêmio Nobel de Economia por seu trabalho sobre mudança climática, sugeriu que as pessoas deveriam aceitar que uma certa quantidade de aquecimento global está embutida no bolo e que seremos capazes de nos adaptar a isso – mas que devemos trabalhar na redução do aquecimento global fora dessa faixa[229].

Entretanto os especialistas da Ciência™ não têm problemas em propor soluções radicais para as mudanças climáticas que, coincidentemente, alinham-se perfeitamente com as recomendações políticas de esquerda. Aqueles que discordam são rapidamente caluniados como "negadores do clima", independentemente de sua aceitação das estimativas de mudança climática do IPCC. Dessa forma, a mídia apresenta Greta Thunberg como se fosse uma especialista, uma adolescente ativista climática não qualificada cientificamente, que viaja pelo mundo dando sermões arrogantes para adultos a respeito de sua falta de comprometimento em conter a mudança climática; eles ignoram vozes realmente científicas sobre a mudança climática. Afinal, como escreve Paul Krugman, do *The New York Times*, "quase não há negadores de boa-fé das mudanças climáticas [...] quando o fracasso em agir com base na ciência pode ter consequências terríveis, a negação é, como eu disse, depravada". Ele então agrupa aqueles que negam abertamente a realidade do aquecimento global, com aqueles que "insistem que nada pode ser feito sem destruir a economia"[230].

Porém, eis o seguinte: muito pouco pode ser feito sobre as mudanças climáticas, em termos de regulamentação, sem prejudicar seriamente a economia. Cumprir as diretrizes do Acordo de Paris custaria, pelas estimativas da Heritage Foundation, perda

---

[229] DARBY, Megan. Economics Nobel goes to inventor of models used in UN 1.5C report. *Climate Home News*, [S. l.], p. 1-3, 8 out. 2018. Disponível em: https://www.climatechange-news.com/2018/10/08/economics-nobel-goes-inventor-models-used-un-1-5c-report/. Acesso em: 26 jan. 2022.

[230] KRUGMAN, Paul. The Depravity of Climate-Change Denial. *The New York Times*, [S. l.], p. 1-5, 26 nov. 2018. Disponível em: https://www.nytimes.com/2018/11/26/opinion/clima-te-change-denial-republican.html. Acesso em: 26 jan. 2022.

COMO A CIÊNCIA™ DERROTOU A VERDADEIRA CIÊNCIA

de renda de pelo menos US$ 20.000 por família até 2035 e uma perda agregada total do PIB de US$ 2,5 trilhões[231]. E, como até mesmo o Programa das Nações Unidas para o Meio Ambiente concluiu, em 2017, se todos os principais países mantivessem suas promessas sob o muito alardeado Acordo de Paris, a terra *ainda* aqueceria pelo menos 3 °C até 2100[232]. Na verdade, mesmo se os Estados Unidos cortassem suas emissões de carbono em 100%, o mundo estaria 0,2 °C mais frio, em 2100. Alcançar emissões líquidas de carbono zero em todo o mundo até 2050, através do infame *New Deal* Verde da deputada Alexandria Ocasio-Cortez (democrata de Nova York), custaria a uma família típica de quatro pessoas US$ 8.000 *a cada ano*[233].

Isso não significa que nada possa ser feito a respeito das mudanças climáticas. Deveríamos investir em medidas adaptativas, como quebra-mares, e buscar novas tecnologias, como a geoengenharia. Deveríamos torcer para a indústria de *fracking*[234] da América, que redirecionou o uso de energia de indústrias mais intensivas em carbono; deveríamos pressionar pelo uso da energia nuclear; deveríamos promover o capitalismo, que aumenta os padrões de vida em todo o mundo, tornando assim as pessoas que vivem na pobreza menos vulneráveis aos estragos das mudanças climáticas. Entretanto aqueles que promovem essas políticas são tratados como "negadores"; aqueles que gritam que o mundo acabou e a única solução é a redistribuição econômica massiva são tratados como falantes da verdade.

---

[231] LORI, Nicolas. Staying in Paris Agreement Would Have Cost Families $20K. *The Heritage Foundation*, [*S. l.*], p. 1-4, 5 nov. 2019. Disponível em: https://www.heritage.org/environment/commentary/staying-paris-agreement-would-have-cost-families-20k. Acesso em: 26 jan. 2022.

[232] GRESHKO, Michael. Current Climate Pledges Aren't Enough to Stop Severe Warming. *National Geographic*, [*S. l.*], p. 1-5, 31 out. 2017. Disponível em: https://www.nationalgeographic.com/science/article/paris-agreement-climate-change-usa-nicaragua-policy-environment#close. Acesso em: 26 jan. 2022.

[233] DAYARATNA, Kevin *et al. Assessing the Costs and Benefits of the Green New Deal's Energy Policies*. [*S. l.*]: The Heritage Foundation, 24 jul. 2019. Disponível em: https://www.heritage.org/sites/default/files/2019-07/BG3427.pdf. Acesso em: 26 jan. 2022.

[234] Fratura hidráulica, método de extração de combustíveis líquidos e gasosos do solo. (N. E.)

A portas fechadas, aqueles que realmente sabem sobre as mudanças climáticas entendem a complexidade do problema e a tolice de muitas das soluções propostas publicamente. Vários anos atrás, participei de um evento com líderes mundiais e mentes científicas importantes. Quase todos reconheceram que a mudança climática já estava no bolo, que muitas das soluções mais populares não eram soluções e que as alternativas aos combustíveis fósseis baseados em carbono, especialmente em países em desenvolvimento, eram inviáveis. Entretanto, quando uma atriz então se levantou e começou a xingar esses especialistas proeminentes, gritando que eles não estavam levando a mudança climática a sério o suficiente, todos se levantaram e aplaudiram.

Isso não era ciência. Isso era A Ciência™.

Porém, a tentativa de reivindicar soluções para todos os problemas em nome da ciência – o Problema Ultracrepidário – rapidamente se transforma em um problema ainda mais profundo: o Efeito *Bleedover*, no qual aqueles com as opiniões politicamente corretas são considerados especialistas e no qual a ciência se encontra à mercê desses ditos especialistas.

>> O EFEITO *BLEEDOVER*

Talvez a maior ironia do Problema Ultracrepidário seja que, ao permitir aos cientistas falarem fora de sua área de especialização – de forma a permitir que eles se envolvam nos negócios da política, enquanto fingem integridade científica –, os cientistas criam uma área cinzenta, na qual política e ciência estão misturadas. Essa área cinzenta – a arena da Ciência™ – torna-se então um reduto de radicais de esquerda, que prontamente adotam a máscara da ciência para impedir, ativamente, a pesquisa científica.

Nos últimos anos, o pós-modernismo entrou no mundo da ciência através desse vetor, colocando em risco todo o empreendimento científico. O pós-modernismo considera até mesmo as verdades científicas como artefatos culturais – que os seres humanos não podem entender verdadeiramente nada como uma "verdade objetiva", e que a ciência é apenas uma forma de pensar sobre o mundo. Na verdade, a ciência é uma forma exclusivamente ocidental (leia-se: racista, sexista, homofóbica, transfóbica, etc.) de pensar o mundo, pois é uma teoria de conhecimento que, historicamente, perpetuou sistemas de poder[235]. Novamente, isso não é nada novo na história humana – os nazistas rejeitaram a "ciência judaica", assim como os soviéticos rejeitaram a "ciência capitalista". Entretanto o fato de que o mundo ocidental, enriquecido a alturas quase inimagináveis pela ciência e pela tecnologia, ter até mesmo apoiado a visão de mundo pós-moderna é incrivelmente estúpido.

Obviamente, essa filosofia não infundiu todas as nossas instituições científicas, mas não precisa fazer isso para colocar a empreitada em risco. A renormalização deve ocorrer apenas em termos de *estabelecer limites* para a pesquisa – a ciência deve ser contida nas áreas mais sensíveis, quando entra em conflito com o pensamento autoritário esquerdista. Isso é exatamente o que aconteceu. Onde o Problema Ultracrepidário alarga as fronteiras da ciência além do aplicável, o Efeito *Bleedover* estreita as fronteiras da ciência para o "aceitável". Ao infundir justiça social na ciência, ela agora deve ter a aprovação da Nova Classe Dominante. Aqueles que falam em contravenção à teologia de esquerda estabelecida são denunciados e expulsos, de maneira verdadeiramente autoritária. Como escreve o físico teórico Lawrence Krauss,

> [...] os líderes da ciência acadêmica adotaram por atacado a linguagem de dominação e opressão, anteriormente restrita a periódicos de 'estudos culturais', de forma a orientar suas disciplinas, censurar pontos de vista divergentes e remover professores de

---

[235] PLUCKROSE, Helen; LINDSAY, James. *Cynical Theories*. Durham, NC: Pitchstone Publishing, 2020. p. 37.

posições de liderança caso sua pesquisa seja acusada por oponentes de apoiar a opressão sistêmica[236].

Essa teologia de esquerda dita que todos os grupos devem alcançar resultados iguais, em todas as áreas da vida humana; se a ciência sugere de forma diferente, ela deve ser silenciada. Assim, conversas sobre QI e diferenças de grupo serão recebidas com indignação exorbitante, como descobriu Sam Harris, mesmo quando os participantes denunciam explicitamente o racismo, em todas as suas formas[237]; conversas sobre diferenças entre homens e mulheres, em termos de aptidões e interesses, devem ser punidas, como descobriu Lawrence Summers[238]; estudos questionando se as mulheres se saem melhor com mentores do sexo masculino na academia, ao invés de mentores do sexo feminino são recolhidos com base não em pesquisas falhas, mas na "dimensão do dano potencial". Na verdade, a *Nature* – talvez a publicação científica de maior prestígio do planeta – rapidamente emitiu uma política, afirmando que os editores estariam buscando opiniões externas sobre as "implicações sociais mais amplas da publicação de um artigo", um convite aberto para interferência política no processo científico[239]. Isso significa a morte da investigação científica, nas mãos dos *woke*.

A politização aberta da ciência é mais óbvia na questão da disforia de gênero. Ela é uma condição caracterizada pela crença

---

[236] KRAUSS, Lawrence. The Ideological Corruption of Science. *The Wall Street Journal*, [S. l.], p. 1-5, 12 jul. 2020. Disponível em: https://www.wsj.com/articles/the-ideological-corruption-of-science-11594572501?mod=article_inline. Acesso em: 26 jan. 2022.

[237] HAIER, Richard. No Voice at VOX: Sense and Nonsense about Discussing IQ and Race. *Quillete*, [S. l.], p. 1-6, 11 jun. 2017. Disponível em: https://quillette.com/2017/06/11/no-voice-vox-sense-nonsense-discussing-iq-race/. Acesso em: 26 jan. 2022.

[238] SUMMERS, Lawrence H. Remarks at NBER Conference on Diversifying the Science & Engineering Workforce. *The Office of the President of Harvard University*, [S. l.], p. 1-10, 14 jan. 2005. Disponível em: https://web.archive.org/web/20080130023006/http://www.president.harvard.edu/speeches/2005/nber.html. Acesso em: 26 jan. 2022.

[239] CONSELHO EDITORIAL. Science Eats Its Own. *The Wall Street Journal*, [S. l.], p. 1-4, 23 dez. 2020. Disponível em: https://www.wsj.com/articles/science-eats-its-own-11608765409. Acesso em: 26 jan. 2022.

COMO A CIÊNCIA™ DERROTOU A VERDADEIRA CIÊNCIA

persistente de que uma pessoa é do sexo oposto. É um fenômeno extremamente raro. Ou, pelo menos, era – as taxas de disforia de gênero relatadas têm aumentado radicalmente nos últimos anos, especialmente entre meninas, um fenômeno chocante, visto que a grande maioria das pessoas diagnosticadas com disforia de gênero são, historicamente, biologicamente masculinos. Esse fenômeno inexplicável se tornou o assunto da pesquisa de Lisa Littman, professora assistente da Brown University, que divulgou um estudo sobre "disforia de gênero de início rápido", documentando o fato de adolescentes estarem se tornando transgênero, em coordenação com outras pessoas do seu círculo pessoal. A Brown retirou o estudo, com a reitora da Escola de Saúde Pública da Brown, Bess Marcus, publicando uma carta pública, denunciando o trabalho por não "ouvir perspectivas múltiplas e reconhecer e articular as limitações de seu trabalho"[240]. Algo semelhante aconteceu com a jornalista Abigail Shrier: quando ela escreveu um livro sobre disforia de gênero de início rápido, a Amazon recusou-se a permitir que ela o anunciasse[241], e a Target retirou temporariamente o livro de sua loja online. Chase Strangio, vice-diretor da ACLU para a justiça transgênero, sugeriu "interromper a circulação deste livro" – uma abordagem fascinante, de uma organização literalmente nomeada por sua defesa das liberdades civis[242].

Não há nenhuma evidência da desconexão entre gênero e sexo biológico. Entretanto os cientistas deram lugar aos teóricos de gênero, cuja pseudociência é, inerentemente, autocontraditória. Isso leva diretamente ao absurdo. Os médicos alegaram que

---

[240] SHAPIRO, Ben. A Brown University Researcher Released A Study About Teens Imitating Their Peers By Turning Trans. The Left Went Insane. So Brown Caved. *The Daily Wire*, [S. l.], p. 1-5, 28 ago. 2018. Disponível em: https://www.dailywire.com/news/brown--university-researcher-released-study-about-ben-shapiro. Acesso em: 26 jan. 2022.

[241] SHRIER, Abigail. Amazon Enforces 'Trans' Orthodoxy. *The Wall Street Journal*, [S. l.], p. 1-4, 22 jun. 2020. Disponível em: https://www.wsj.com/articles/amazon-enforces-trans-orthodoxy-11592865818. Acesso em: 26 jan. 2022.

[242] SHRIER, Abigail. Does the ACLU Want to Ban My Book? *The Wall Street Journal*, [S. l.], p. 1-4, 15 nov. 2020. Disponível em: https://www.wsj.com/articles/does-the-aclu-want-to--ban-my-book-11605475898. Acesso em: 26 jan. 2022.

a identidade de gênero é "o único determinante do sexo com suporte médico", apesar da clara existência da biologia[243]. Em 2018, a *American Medical Association* [Associação Médica Americana] anunciou que se oporia a qualquer definição de sexo baseada em "traços biológicos imutáveis, identificáveis por, ou antes do, nascimento", favorecendo, ao invés disso, a linguagem afirmando que os médicos "atribuem" sexo no nascimento – uma afirmação risível[244]. A AMA até mesmo delineou uma legislação, proibindo os terapeutas de sugerirem às crianças que elas deveriam se tornar mais confortáveis com seu sexo biológico, ao invés de agirem em contravenção a ele.[245]

O *New England Journal of Medicine*, provavelmente o jornal científico de maior prestígio na América, publicou um artigo em dezembro de 2020 recomendando que as designações de sexo nas certidões de nascimento fossem movidas abaixo da linha de demarcação, pois "não oferecem utilidade clínica"[246]. Apesar da falta de dados longitudinais sobre cirurgias transgênero e da alta taxa de desistência de disforia de gênero entre jovens ao longo do tempo, grande parte da comunidade científica rejeitou a "espera vigilante", como se fosse algo transfóbico; colocou na lista negra médicos e jornalistas que se recusam a encorajar a transição de gênero para menores de idade; e declarou, sem evidências, que a solução para a disforia de gênero é uma redefinição radical do

---

[243] DOHENY, Kathleen. Boy or Girl? Fetal DNA Tests Often Spot On. *Webmd.com*, [*S. l.*], p. 1-4, 9 ago. 2011. Disponível em: https://www.webmd.com/baby/news/20110809/will-it--be-a-boy-or-girl-fetal-dna-tests-often-spot-on#1. Acesso em: 26 jan. 2022.

[244] AMA Adopts New Policies at 2018 Interim Meeting. *American Medical Association*, [*S. l.*], p. 1-4, 13 nov. 2018. Disponível em: https://www.ama-assn.org/press-center/press-releases/ama-adopts-new-policies-2018-interim-meeting. Acesso em: 26 jan. 2022.

[245] AMA adopts new policies during first day of voting at Interim Meeting. *American Medical Association*, [*S. l.*], p. 1-4, 19 nov. 2019. Disponível em: https://www.ama-assn.org/press-center/press-releases/ama-adopts-new-policies-during-first-day-voting-interim-meeting. Acesso em: 26 jan. 2022.

[246] SHTEYLER, Vadim; CLARKE, Jessica A.; ADASHI, Eli Y. Failed Assignments — Rethinking Sex Designations on Birth Certificates. *The New England Journal of Medicine*, [*S. l.*], p. 1-4, 17 dez. 2020. Disponível em: https://www.nejm.org/doi/full/10.1056/NEJMp2025974. Acesso em: 26 jan. 2022.

COMO A CIÊNCIA™ DERROTOU A VERDADEIRA CIÊNCIA

próprio sexo, na qual as crianças devem ser ensinadas que podem escolher livremente seu próprio gênero e os adultos devem ser socialmente forçados a usarem pronomes biologicamente inadequados. "Sua verdade" agora é mais importante do que a verdade científica objetiva. E aqueles que sabem mais são forçados a denunciar a ciência objetiva, engajando-se na censura de cima para baixo de outros pontos de vista, enquanto proclamam sua adesão ao novo código moral.

A investigação científica é proibida. Agora, o esquerdismo autoritário, citando A Ciência™, é quem manda.

Até onde foi essa insanidade? Em junho de 2020, a *American Physical Society* [Sociedade Americana de Físicos], uma organização de 55 mil físicos, fechou seus escritórios como parte de uma "greve pelas vidas negras", comprometendo-se novamente a "erradicar o racismo sistêmico e a discriminação, especialmente na academia e na ciência". A *Nature* publicou um artigo, intitulado: "Dez regras simples para construir um laboratório antirracista". O corpo docente de Princeton – mais de mil deles – emitiu uma carta ao presidente, propondo que todos os departamentos científicos criassem um prêmio de tese sênior, para uma pesquisa "ativamente antirracista, ou que expanda nossa percepção de como a raça é construída em nossa sociedade"[247].

Em dezembro de 2020, um grupo de professores de ciência da computação achou necessário escrever uma carta aberta à *Association for Computing Machinery* [Associação para Maquinaria da Computação] – a maior sociedade de computação do mundo – condenando a cultura do cancelamento. "Somos um grupo de pesquisadores, especialistas do setor, acadêmicos e educadores, que escrevem com tristeza e alarme sobre o uso crescente de ações repressivas destinadas a limitar a condução livre e irrestrita de pesquisas científicas e debates", o grupo de professores escreveu.

---

[247] KRAUSS, Lawrence. The Ideological Corruption of Science. *The Wall Street Journal*, [*S. l.*], p. 1-5, 12 jul. 2020. Disponível em: https://www.wsj.com/articles/the-ideological-corruption-of-science- 11594572501?mod=article_inline. Acesso em: 26 jan. 2022.

Tais ações incluem apelos para boicotes acadêmicos, tentativas de fazer com que pessoas sejam demitidas, convites a ataques de grupos contra indivíduos "ofensores", e coisas do gênero. [...] Condenamos todas as tentativas de coagir atividades científicas a apoiar ou se opor a crenças, valores e atitudes sócio-políticas específicas, incluindo tentativas de impedir que pesquisadores explorem questões de sua escolha, ou de restringir a livre discussão e debate de questões relacionadas à pesquisa científica[248].

O fato de que tal carta era necessária na *ciência da computação* demonstra a profundidade do problema. Entretanto era necessário: no início de 2020, a NeurIPS, a conferência de IA mais prestigiosa do planeta, exigia que os autores somente apresentassem artigos com uma declaração, explicando como a pesquisa poderia impactar a política – uma questão decididamente fora dos limites da ciência, mas firmemente dentro dos limites da Ciência™ [249].

>> A "DIVERSIFICAÇÃO" DA CIÊNCIA

Se a ciência deve ser sobre a busca da verdade, através da verificação e da falseabilidade, a comunidade científica deve ser uma meritocracia: aqueles que fazem as melhores pesquisas devem receber mais elogios. Entretanto, quando o movimento *woke* se infunde na ciência, a meritocracia cai no esquecimento: a composição da comunidade científica torna-se sujeita à mesma demanda anticientífica de representação demográfica. Para provar isso, em 2020, a *Association of American Universities* (AAMC)[250] rece-

---

[248] AN Open Letter to the Communications of the ACM. [*S. l.*], 29 dez. 2020. Disponível em: https://docs.google.com/document/d/1-KM6yc416Gh1wue92DHReoy ZqheIaIM23f-kz0KwOpkw/edit. Acesso em: 26 jan. 2022.

[249] YANN LeCun Quits Twitter Amid Acrimonious Exchanges on AI Bias. *Synced*, [*S. l.*], p. 1-6, 30 jun. 2020. Disponível em: https://syncedreview.com/2020/06/30/yann-lecun-quit-s-twitter-amid-acrimonious-exchanges-on-ai-bias/. Acesso em: 26 jan. 2022.

[250] Associação Americana de Faculdades de Medicina. (N. E.)

beu os racistas profissionais Ibram X. Kendi e Nikole Hannah-Jones para explicar que os padrões de entrada na comunidade científica deveriam ser mudados a fim de alcançar a paridade demográfica. Durante a reunião anual da AAMC, Hannah-Jones explicou que, quando ela precisa de um médico, tenta "procurar um médico negro"; Kendi explicou que a falta de médicos negros em geral é resultado do "racismo metastático estágio 4". Kendi disse à AAMC – administradora dos Testes de Admissão às Faculdades de Medicina (MCAT, sigla em inglês) – que os testes padronizados são racistas, porque os testes padronizados tendem a eliminar estudantes negros e latinos. "Ou há algo de errado com o teste, ou com os que realizam o teste", disse Kendi. E, claro, sugerir que nem todos os indivíduos têm um desempenho igualmente bom nos testes é sugerir que há algo errado com alguns dos candidatos que realizam os testes – e isso tornaria você um racista. Toda essa suposta "ação antirracista", concordou Hannah-Jones, é parte integrante da escolha "de desfazer as estruturas criadas pelo racismo"[251].

Isso é uma bobagem insultuosa. É um insulto para quem obtém resultados na meritocracia; é ainda mais insultuoso para quem é considerado vítima do sistema. Entretanto, mais do que um insulto, esse pensamento ridículo, baseado em raça, é *perigoso*. Afinal, se a alternativa para a meritocracia é o "despertar", isso não significaria, necessariamente, a admissão de pessoas subqualificadas aos mais altos escalões da ciência?

Sim. Mesmo assim, está acontecendo. De acordo com o professor Frederick Lynch, do *Claremont McKenna College*, entre 2013 e 2016, as escolas médicas "admitiram 57% dos candidatos negros com um nível baixo nos MCAT de 24 a 26, mas apenas 8%

---

[251] BALCH, Bridget. Curing health care of racism: Nikole Hannah-Jones and Ibram X. Kendi, PhD, call on institutions to foster change. *Association of American Medical Colleges*, [*S. l.*], p. 1-3, 17 nov. 2020. Disponível em: https://www.aamc.org/news-insights/curing-health-care-racism-nikole-hannah-jones-and-ibram-x-kendi-phd-call-institutions-foster-change. Acesso em: 26 jan. 2022.

dos brancos, e 6% dos asiáticos, com as mesmas pontuações baixas". Enquanto isso, a *National Science Foundation* [Fundação Nacional da Ciência], uma agência federal de financiamento para a ciência, diz que quer buscar uma "força de trabalho STEM[252] diversificada" – não os melhores cientistas de todas as raças, mas um grupo especificamente diverso[253].

Não há evidências de que um corpo de pesquisa demograficamente mais diversificado deva impactar as descobertas da ciência. Ciência não é literatura; a experiência pessoal deve ter pouca relevância em química. Entretanto apontar isso é enfrentar a raiva da multidão. Em junho de 2020, o químico Tomáš Hudlický, da Universidade Brock, publicou um ensaio na *Angewandte Chemie* da Wiley, um importante jornal de química. Ele argumentou que o impulso para a diversidade, ao invés do mérito em química, danificou os padrões da área, afirmando que o treinamento em diversidade havia "influenciado as práticas de contratação, a ponto da inclusão do candidato em um dos grupos sociais preferidos se sobrepor às suas qualificações". Ele também explicou a verdade patentemente óbvia de que

> práticas de contratação que sugerem, ou mesmo exigem, igualdade em termos de números absolutos de pessoas de subgrupos específicos são contraproducentes caso resultem em discriminação contra os candidatos com mais méritos[254].

Químicos apareceram de todos os lados para condenar o ensaio e seu autor; a *Royal Society of Chemistry*, e a *German Chemical Society*,

---

[252] Sigla em inglês para ciência, tecnologia, engenharia e matemática. (N. T.)

[253] MAC DONALD, Heather. How Identity Politics Is Harming the Sciences. *City Journal*, [*S. l.*], p. 1-10, primavera 2018. Disponível em: https://www.city-journal.org/html/how-identity-politics-harming-sciences-15826.html. Acesso em: 26 jan. 2022.

[254] BALL, Philip. Prejudice persists. *Chemistry World*, [*S. l.*], p. 1-4, 9 jun. 2020. Disponível em: https://www.chemistryworld.com/opinion/viewing-science-as-a-meritocracy-allows-prejudice-to-persist/4011923.article. Acesso em: 26 jan. 2022.

COMO A CIÊNCIA™ DERROTOU A VERDADEIRA CIÊNCIA

escreveram uma declaração, chamando o ensaio de "desatualizado, ofensivo e discriminatório", adicionando:

> Não vamos tolerar isso. Diversidade e igualdade são pontos fortes fantásticos nos locais de trabalho, na cultura e na sociedade em geral. Isso não é apenas demonstrado por evidências esmagadoras de décadas de pesquisa, mas também sustentamos que seja a única posição moralmente aceitável.

Que evidência esmagadora sugere que priorizar a diversidade racial sobre a habilidade científica é uma força fantástica? A declaração não citou tais evidências. Entretanto a declaração moral – uma declaração não científica, com certeza – era clara. O jornal excluiu o artigo e adicionou uma declaração: "Algo deu muito errado aqui e temos o compromisso de fazer melhor". Dois editores foram suspensos. Dezesseis membros do conselho, incluindo três ganhadores do Prêmio Nobel, renunciaram. Eles divulgaram uma declaração conjunta, lamentando as "práticas de publicação do periódico", que disseram ter "suprimido a diversidade étnica e de gênero". Outros cientistas pediram a demissão de Hudlický[255].

>> CONCLUSÃO

Em outubro de 2020, a politização da ciência – e sua substituição por A Ciência™ – tornou-se mais óbvia do que nunca. A *Scientific American*, talvez a publicação científica mais popular na América, emitiu o primeiro endosso presidencial em seus 175 anos de história. Naturalmente, eles endossaram Joe Biden. "Não

---

[255] KRÄMER, Katrina. Angewandte essay calling diversity in chemistry harmful decried as 'abhorrent' and 'egregious'. *Chemistry World*, [*S. l.*], p. 1-5, 9 jun. 2020. Disponível em: https://www.chemistryworld.com/news/angewandte-essay-calling-diversity-in-chemistry-harmful-decried-as-abhorrent-and-egregious/4011926.article. Acesso em: 26 jan. 2022.

fazemos isso levianamente", entoaram os editores. "As evidências e a ciência mostram que Donald Trump prejudicou gravemente os EUA e seu povo – porque ele rejeita as evidências e a ciência". Joe Biden, por outro lado, estava fornecendo "planos baseados em fatos, de forma a proteger nossa saúde, nossa economia e o meio ambiente". Esses planos baseados em fatos eram, é claro, simplesmente prescrições políticas progressistas, abertas ao debate. Entretanto a *Scientific American* falou em nome da Ciência™[256]. Para não ficar para trás, a *Nature* endossou Joe Biden da mesma forma. "Não podemos ficar parados e permitir que a ciência seja prejudicada", explicou o conselho editorial. Entre seus motivos: a rejeição de Trump ao acordo nuclear com o Irã, uma preocupação definitivamente ultracrepidária[257]. O *New England Journal of Medicine*, outro jornal médico proeminente, sugeriu que Trump fosse expulso do cargo por sua resposta à covid. Sim, a retórica de Trump sobre a covid era infundada e inconsistente. Entretanto, mesmo os críticos mais fervorosos de Trump, caso fossem honestos, reconheceriam que Biden não forneceu um plano real próprio para a covid. "Pessoas razoáveis certamente discordarão das muitas posições políticas assumidas pelos candidatos. Porém, a verdade não é progressista, nem conservadora", declarou o *New England Journal of Medicine*[258].

Não, a ciência não é progressista nem conservadora. Entretanto, A Ciência™ – a versão radicalizada da ciência, na qual os cientistas falam suas crenças políticas e na qual os atores políticos definem os limites da ciência – é, certamente, uma ferramenta de

---

[256] OS EDITORES. Scientific American Endorses Joe Biden. *Scientific American*, [S. l.], p. 1-8, 1 out. 2020. Disponível em: https://www.scientificamerican.com/article/scientific-american-endorses-joe-biden1/. Acesso em: 26 jan. 2022.

[257] OS EDITORES. Why Nature supports Joe Biden for US president. *Nature*, [S. l.], p. 1-6, 14 out. 2020. Disponível em: https://www.nature.com/articles/d41586-020-02852-x?utm_source=twitter&utm_medium=social&utm_content=organic&utm_campaign=NGMT_USG_JC01_GL_Nature. Acesso em: 26 jan. 2022.

[258] OS EDITORES. Dying in a Leadership Vacuum. *The New England Journal of Medicine*, [S. l.], p. 1-3, 8 out. 2020. Disponível em: https://www.nejm.org/doi/full/10.1056/NEJMe2029812. Acesso em: 26 jan. 2022.

COMO A CIÊNCIA™ DERROTOU A VERDADEIRA CIÊNCIA

esquerdistas autoritários. E predomina em todo o mundo científico. Os americanos ainda confiam em seus médicos para lhes dizer a verdade; eles ainda confiam em cientistas para falar sobre questões dentro de sua competência. Porém, cada vez mais, eles rejeitam a legitimidade institucional automática, do autodescrito *establishment* científico. E eles deveriam. Só podemos ter a esperança que os cientistas percebam que a credibilidade científica não depende da adesão à Nova Classe Dominante, mas da pura legitimidade do processo científico, antes que todo o campo – o qual transformou o mundo, de maneiras extraordinárias – entre em colapso.

>> CAPÍTULO 5

SEU CHEFE AUTORITÁRIO

>> CAPÍTULO 5 <<

SEU CHEFE AUTORITÁRIO

Em dezembro de 2020, recebi um *e-mail* de uma fã. A fã explicou que trabalhava em uma empresa Fortune 50 – uma empresa que tinha "cotas de quem eles queriam contratar e colocar em posição de liderança, baseando-se apenas na cor da pele". Em uma reunião da empresa, essa fã expressou sua opinião, de que a empresa não deveria apoiar programas baseados na composição racial. "Todos os 5 participantes da reunião imediatamente ligaram para meu gerente e seus gerentes de forma a expressar suas profundas preocupações", relatou ela. "Meu gerente perguntou se eu ainda era adequada à minha função e quase perdi meu emprego". Sua pergunta, escreveu ela, era simples: "Devo começar imediatamente a procurar outra função fora da empresa?".

Eu recebo esse tipo de *e-mail* diariamente. Várias vezes ao dia, na verdade. Nos últimos dois anos, a velocidade desses *e-mails* aumentou a uma taxa aritmética; sempre que abrimos as linhas telefônicas em meu programa de rádio, o quadro enche-se de funcionários preocupados que a mera expressão de dissidência lhes custe o sustento.

E eles estão certos em estarem preocupados.

As corporações da América costumavam ser confiavelmente apolíticas. Na verdade, o mundo dos negócios tendia ao conservadorismo. De 2000 a 2017, os executivos das maiores empresas de capital aberto doaram aos republicanos de maneira esmagadora: de acordo com o *National Bureau of Economic Research* [Departamento Nacional de Pesquisa Econômica], 18,6% dos CEOs doavam rotineiramente aos democratas, enquanto 57,7% doavam aos Republicanos. Entretanto, com o tempo, embora a porcentagem de CEOs republicanos permanecesse muito maior do que a de CEOs democratas, cada vez mais CEOs começaram a preferir a neutralidade política a doações republicanas. E a disparidade entre republicanos e democratas, no Oeste e Nordeste – leia-se Califórnia e Nova York – é muito menor do que em outras regiões do país, com os neutros representando uma grande porcentagem[259].

Hoje, as corporações são bastiões do esquerdismo autoritário. Durante o verão Black Lives Matter, quase todas as grandes corporações na América publicaram uma declaração condenando o racismo sistêmico americano, refletindo as prioridades da esquerda *woke*. Além do mais, quase todas essas corporações divulgam declarações internas alertando os funcionários contra a dissidência. O Walmart, historicamente uma corporação com tendência republicana, publicou uma carta de Doug McMillon, prometendo "ajudar a substituir as estruturas do racismo sistêmico e construir, em seu lugar, estruturas de equidade e justiça, que solidifiquem nosso compromisso com a crença de que, sem dúvida, vidas negras são importantes". McMillon prometeu mais contratação de minorias, "ouvindo, aprendendo e elevando as vozes de nossos associados negros e afro-americanos". e gastar US$ 100 milhões para "fornecer consultoria em todo Walmart, de forma a aumentar o entendimento, melhorar os esforços que promovam a equidade e abordem o racismo estrutural persistente

---

[259] COHEN, Alma *et al*. *The Politics of CâEOs*. [*S. l.*], maio 2019. Disponível em: https://www.nber.org/system/files/working_papers/w25815/w25815.pdf. Acesso em: 26 jan. 2022.

na América"[260]. O fato de o Walmart ter precisado fechar centenas de lojas devido à ameaça de saque do BLM não foi mencionado[261].

Grandes corporações tropeçaram em si mesmas para emitir declarações públicas denunciando o racismo – e, de forma mais ampla, o suposto racismo sistêmico da América. Muitas das empresas se comprometeram a financiar suas próprias indulgências quase religiosas, o que aliviaria sua suposta cumplicidade ao sistema racista. Tim Cook, da Apple, emitiu uma carta, afirmando que o passado racista da América "ainda está presente hoje, não apenas na forma de violência, mas na experiência cotidiana de discriminação, profundamente enraizada", e ofereceu financiamento para a *Equal Justice Initiative* [Iniciativa para a Justiça Igualitária][262], uma organização progressista que culpa o racismo histórico por quase todos os males modernos. Satya Nadella, CEO da Microsoft, publicou uma carta afirmando: "É nossa responsabilidade usar nossas plataformas, nossos recursos, de maneira a impulsionar uma mudança sistêmica"[263]; a empresa declarou que gastaria US$ 150 milhões em "investimento em diversidade e inclusão", com o objetivo de "dobrar o número de gerentes, contribuintes individuais seniores, e líderes seniores negros e afro-americanos, nos Estados Unidos, até 2025"[264]. A Netflix emitiu um comunicado, ordenando: "Ficar em silêncio é ser cúmplice" e

----

[260] MCMILLON, Doug. Advancing Our Work on Racial Equity. *Walmart.com*, [S. l.], p. 1-4, 12 jun. 2020. Disponível em: https://corporate.walmart.com/newsroom/2020/06/12/advancing-our-work-on-racial-equity. Acesso em: 26 jan. 2022.

[261] LERMAN, Rachel; FRENKEL, Todd C. Retailers and restaurants across the US close their doors amid protests. *The Washington Post*, [S. l.], p. 1-5, 1 jun. 2020. Disponível em: https://www.washingtonpost.com/technology/2020/06/01/retailers-restaurants-across-us--close-their-doors-amid-protests/. Acesso em: 26 jan. 2022.

[262] COOK, Tim. Speaking up on racism. *Apple.com*, [S. l.], p. 1-2, *s.d.* Disponível em: https://www.apple.com/speaking-up-on-racism/. Acesso em: 26 jan. 2022.

[263] SCHNURMAN, Mitchell. 'Silence is not an option': What CEOs are saying about racial violence in America. *The Dallas Morning News*, [S. l.], p. 1-6, 7 jun. 2020. Disponível em: https://www.dallasnews.com/business/commentary/2020/06/07/silence-is-not-an-option--what-ceos-are-saying-about-racial-violence-in-america/. Acesso em: 26 jan. 2022.

[264] ADDRESSING racial injustice. *Microsoft.com*, [S. l.], p. 1-6, 23 jun. 2020. Disponível em: https://blogs.microsoft.com/blog/2020/06/23/addressing-racial-injustice/. Acesso em: 26 jan. 2022.

prometeu US$ 100 milhões para construir "oportunidades econômicas para as comunidades negras". Esse compromisso ocorreu após o CEO Reed Hastings anunciar a doação de US$ 120 milhões para faculdades negras[265].

Mesmo as empresas mais tangenciais e irrelevantes entraram na discussão. A empresa de sorvetes Ben & Jerry's emitiu uma declaração:

> Devemos desmantelar a supremacia branca. [...] O que aconteceu com George Floyd não foi o resultado de uma maçã podre; foi a consequência previsível de um sistema racista e preconceituoso e de uma cultura que tratou os corpos negros como inimigos, desde o início[266].

E seria negligente não mencionar a parceira da Gushers com a Fruit by the Foot, para combater o racismo sistêmico, proclamando: "Nós apoiamos aqueles que lutam por justiça"[267].

Essas declarações e ações não eram meramente uma manifestação pública sem sentido. As corporações começaram a tomar medidas internas de forma a forçar, de cima para baixo, o ponto de vista da esquerda radical sobre o racismo sistêmico americano. Corporação após corporação exigia o chamado treinamento de diversidade para os funcionários – treinamento que, frequentemente, incluía advertências sobre os males da brancura, e da prevalência da supremacia branca na sociedade. A dissidência

---

[265] GUZMAN, Joseph. Netflix pledges $100 million to support Black communities in the US. *The Hill*, [*S. l.*], p. 1-4, 30 jun. 2020. Disponível em: https://thehill.com/changing-america/respect/equality/505229-netflix-pledges-100-million-to-support-black-communities-in. Acesso em: 26 jan. 2022.

[266] SCHNURMAN, Mitchell. 'Silence is not an option': What CEOs are saying about racial violence in America. *The Dallas Morning News*, [*S. l.*], p. 1-6, 7 jun. 2020. Disponível em: https://www.dallasnews.com/business/commentary/2020/06/07/silence-is-not-an-option-what-ceos-are-saying-about-racial-violence-in-america/. Acesso em: 26 jan. 2022.

[267] GUSHERS. Gushers wouldn't be Gushers without the Black community and your voices. We're working with @fruitbythefoot on creating space to amplify that. We see you. We stand with you. [*S. l.*], 6 jun. 2020. Twitter: @gushers. Disponível em: https://twitter.com/gushers/status/1269110304086114304. Acesso em 26 jan. 2022. [1 foto anexada]

SEU CHEFE AUTORITÁRIO

dessa ortodoxia poderia resultar em suspensão ou demissão. Funcionários da Cisco perderam seus empregos depois de escreverem que "Todas as Vidas Importam", e que a frase "As Vidas Negras são Importantes" fomenta o racismo[268]; Grant Napear, apresentador do Sacramento Kings, perdeu seu emprego por tuitar que "todas as vidas importam"[269]; Leslie Neal-Boylan, reitora da escola de enfermagem de Lowell, da Universidade de Massachusetts, perdeu o emprego depois de declarar: "VIDAS NEGRAS IMPORTAM, mas também, A VIDA DE TODOS IMPORTA" – o que é, afinal, a marca registrada da enfermagem[270]; um funcionário da B&H Photo perdeu o emprego por escrever:

> Não posso apoiar a organização chamada 'Black Lives Matter' até que ela declare, claramente, que todas as vidas são igualmente importantes, independentemente de raça, etnia, religião ou credo, e então denuncie quaisquer atos de violência acontecendo em seu nome. Nesse ínterim, apoio totalmente a maravilhosa organização chamada 'América', onde TODAS as vidas são importantes. E *pluribus unum!*[271].

Mesmo os chefes corporativos não estavam imunes à pressão: Greg Glassman, CEO da CrossFit, foi forçado a se demitir de

---

[268] CANALES, Katie. A 'handful' of Cisco employees were fired after posting offensive comments objecting to the company's support of the Black Lives Matter movement. *Business Insider*, [S. l.], p. 1-4, 17 jul. 2020. Disponível em: https://www.businessinsider.com/cisco-employees-fired-racist-comments-black-lives-matter-2020-7. Acesso em: 26 jan. 2022.

[269] ASSOCIAÇÃO DE IMPRENSA. Sacramento Kings broadcaster Grant Napear fired after 'all lives matter' tweet. *The Detroit News*, [S. l.], p. 1-2, 3 jun. 2020. Disponível em: https://www.detroitnews.com/story/sports/nba/pistons/2020/06/03/sacramento-kings-broadcaster-grant-napear-out-after-all-lives-matter-tweet/3132629001/. Acesso em: 26 jan. 2022.

[270] RAMBARAN, Vandana. Dean fired after saying 'BLACK LIVES MATTER, but also, EVERYONE'S LIFE MATTERS' in email. *Fox News*, [S. l.], p. 1-4, 2 jul. 2020. Disponível em: https://www.foxnews.com/us/dean-fired-after-saying-black-lives-matter-but-also-everyones-life-matters-in-email. Acesso em: 26 jan. 2022.

[271] DJUDJIC, Dunja. B&H Employee 'removed' after publicly opposing Black Lives Matter movement. *DIYPhotography.net*, [S. l.], p. 1-3, 11 jun. 2020. Disponível em: https://www.diyphotography.net/bh-employee-removed-after-publicly-opposing-black-lives-matter-movement/. Acesso em: 26 jan. 2022.

sua empresa após comentários polêmicos sobre George Floyd; dois funcionários da Poetry Foundation renunciaram depois que sua declaração pró-BLM foi considerada muito falsa; o editor-chefe da *Bon Appétit* foi forçado a sair depois que circulou uma antiga fotografia dele vestido ao estilo porto-riquenho[272].

Para ser claro, nenhuma dessas empresas – todas beneficiárias de um livre mercado de contratação, demissão e base de clientes – realmente acredita que a América seja "sistemicamente racista" da mesma maneira que os esquerdistas autoritários querem dizer. Essas corporações apenas refletem o pensamento da maioria dos americanos quando ouve o termo "racismo sistêmico" – que o racismo ainda existe. E elas dizem que "vidas negras importam" porque, é claro, vidas negras *realmente* importam. Entretanto o próprio termo "vidas negras importam" é semanticamente sobrecarregado: não está claro, quando usado, se significa uma crença no valor da vida negra (inegável), ou os males do sistema americano, que supostamente desvaloriza a vida negra hoje (uma noção extrema, sem evidências sérias), ou apoio à organização Black Lives Matter (que empurra o radicalismo marxista real).

As corporações, então, simplesmente agem como agem para ganhar dinheiro. Como sempre.

E aqui reside o problema.

Como examinamos, a esquerda autoritária acredita que o racismo sistêmico da América seja evidente em *todos os aspectos da sociedade americana* – que todas as desigualdades na vida americana sejam atribuíveis a iniquidades fundamentais no sistema americano. Isso significa que, para os esquerdistas autoritários promotores da mentira do "racismo sistêmico", o mesmo é evidenciado pela *simples presença de corporações de sucesso*. Corporações de sucesso, ao apoiarem a noção de que a América é sistemicamente racista,

---

[272] MCEVOY, Jemini. Every CEO and Leader That Stepped Down Since Black Lives Matter Protests Began. *Forbes*, [*S. l.*], p. 1-6, 1 jul. 2020. Disponível em: https://www.forbes.com/sites/jemimamcevoy/2020/07/01/every-ceo-and-leader-that-stepped-down-since--black-lives-matter-protests-began/?sh=f8233db5593c. Acesso em: 26 jan. 2022.

SEU CHEFE AUTORITÁRIO

estão, gradativamente, destruindo as bases de sua própria existência.

Há algo inegavelmente irônico no fato de as corporações fingirem apoiar uma visão de mundo que vê sua própria presença como um mal. A cofundadora do Black Lives Matter, Patrisse Cullors, proclamou, de forma infame:

> Nós temos uma estrutura ideológica. Eu e Alicia [Garza], em particular, somos organizadoras treinadas; somos marxistas treinadas. Somos superversadas em, tipo, teorias ideológicas. E acho que o que realmente tentamos fazer é construir um movimento possível de ser utilizado por muitos, muitos negros.

O Black Lives Matter de Washington, DC defendeu abertamente "a criação de condições para a Libertação Negra através da abolição dos sistemas e instituições da supremacia branca, do capitalismo, do patriarcado e do colonialismo"[273].

Entretanto os funcionários corporativos temem falar sobre a decência da América, contra as preferências raciais, contra o separatismo racial. Quando as empresas começaram a postar quadrados pretos no Instagram para significar apoio ao BLM, os funcionários muitas vezes faziam o mesmo, buscando segurança na sinalização de uma virtude simbólica. O não cumprimento dos ditames, cada vez mais políticos, dos soberanos corporativos pode colocar seu trabalho em risco.

Além do mais, todo mundo vive com medo do cancelamento retroativo. Não se trata apenas de postar algo que seu empregador veja. É sobre uma cultura de delação, liderada por nossa mídia, que pode expor uma postagem de dez anos atrás no seu Facebook e fazer com que seja despedido de seu emprego. No jargão da internet, isso se tornou conhecido como "ressurgimento" – o

---

[273] POLUMBO, Brad. Is Black Lives Matter Marxist? No and Yes. *Foundation for Economic Education*, [*S. l.*], p. 1-11, 7 jul. 2020. Disponível em: https://fee.org/articles/is-black-lives--matter-marxist-no-and-yes/. Acesso em: 26 jan. 2022.

fenômeno pelo qual uma pessoa que não gosta muito de você encontra um Tuíte Velho e Mau e depois conta a seu empregador, esperando uma demissão. Isso funciona. O ressurgimento tornou-se tão comum que a NBC News publicou um artigo em 2018 orientando os americanos sobre como "excluir tuítes antigos, antes que eles voltem para assombrá-lo"[274].

Tudo isso é uma receita para o silêncio.

A natureza do mundo dos negócios exige a adesão a regras impostas de cima para baixo, a ameaça de expulsão e o medo das consequências externas. Então, de maneira contraintuitiva, o pilar institucional pensado para melhor proteger contra os excessos do esquerdismo autoritário desmoronou, rápida e inexoravelmente, quando as estrelas se alinharam.

E elas se alinharam.

>> A CONFLUÊNCIA DE INTERESSES

Para entender o abraço corporativo ao esquerdismo autoritário, é necessário primeiro entender uma verdade simples: as corporações não são ideologicamente voltadas para o livre mercado. Alguns CEOs são a favor do capitalismo; outros, não. Entretanto todas as corporações são voltadas para a busca de lucro. Isso significa que, historicamente, os chefes corporativos não foram avessos a resgates do governo quando conveniente; eles têm sido amigáveis com a captura regulatória, o processo pelo qual as empresas redigem as regulamentações que as regem; elas abraçaram um relacionamento de mãos dadas com o governo, desde que esse relacionamento valha a pena, em termos de dólares e centavos. O governo, por sua vez, adora esse tipo de coisa: controle é o nome do jogo.

---

[274] NEWCOMB, Alyssa. How to delete old tweets before they come back to haunt you. *NBC News*, [*S. l.*], p. 1-4, 3 ago. 2018. Disponível em: https://www.nbcnews.com/tech/tech-news/how-delete-old-tweets-they-come-back-haunt-you-n896546. Acesso em: 26 jan. 2022.

SEU CHEFE AUTORITÁRIO

Além do mais, as empresas estão dispostas a trabalhar dentro dos limites fornecidos pelo governo – em particular, na limitação de sua própria responsabilidade. Desde a década de 1960, a estrutura dos direitos civis foi gradualmente ampliada e expandida de forma a criar novas categorias de responsabilidade legal para as empresas. A Lei dos Direitos Civis e seu corpo de leis não se limitaram a proibir a discriminação governamental, mas criaram novas classes de grupos de vítimas estabelecidos, com o poder de processar empresas até a extinção, baseando-se em praticamente nenhuma evidência de discriminação. Essas empresas, temerosas de processos judiciais e cada vez mais compostas por membros da Nova Classe Dominante – pessoas de acordo com a ideia de que a sociedade poderia ser projetada de cima para baixo por um eleito especial – estavam todas muito felizes em obedecer às opiniões *de rigueur* do dia. Como escreveu Christopher Caldwell, em *The Age of Entitlement* [A Era dos Direitos]:

> Líderes corporativos, anunciantes, e a grande maioria da imprensa chegaram a uma acomodação pragmática com o que a lei exigia, como funcionava, e os eufemismos com os quais precisava ser honrada. [...] 'Diretores de diversidade' e 'diretores de conformidade de diversidade', trabalhando dentro das empresas, desempenhavam funções semelhantes às dos comissários do século XX. Eles seriam consultados sobre se uma reunião do conselho, ou um piquenique da empresa, eram suficientemente diversos[275].

Em segundo lugar, é importante observar que as empresas atendem à sua base de clientes – particularmente, à sua base de clientes mais apaixonada. Isso fornece um catalisador para a renormalização através das forças de mercado: se clientes suficientes

---

[275] CALDWELL, Christopher. *The Age of Entitlement*. Nova York: Simon & Schuster, 2020. p. 169.

conseguirem formar um núcleo intransigente, dedicado a uma ideologia, eles [os clientes] podem direcionar os recursos corporativos de forma a apaziguá-los. Estudos mostram que, à medida que nos tornamos mais polarizados, mais e mais americanos agora dizem querer que suas marcas assumam posições políticas. Um grupo de pesquisa descobriu que 70% dos consumidores americanos afirmam querer ouvir as posições das marcas sobre questões sociais e políticas – isso apesar do fato da maioria dos consumidores dizer que as marcas só o fazem para fins de *marketing*. Cerca de 55% dos entrevistados afirmaram que parariam de comprar marcas que não refletissem suas preferências políticas; outros 34% disseram que cortariam seus gastos com essas marcas[276].

Esse desejo de política vinda de corporações reside, quase exclusivamente, na esquerda. Um estudo descobriu que os participantes da pesquisa criticaram uma empresa falsa, Jones Corporation, 33% devido à política conservadora, e disseram que tinham 25,9% menos probabilidade de comprar seus produtos, 25,3% mais probabilidade de comprar de um concorrente, e 43,9% menos probabilidade de querer trabalhar lá. Para empresas consideradas progressistas, nenhuma penalidade surgiu. Como observaram James R. Bailey e Hillary Phillips, na *Harvard Business Review*,

> Que uma empresa envolvida em atividades políticas conservadoras ou progressistas não afetou as opiniões dos republicanos sobre essa empresa, mas afetou os democratas [...] a queda de 33% na opinião, com a Jones Corps engajada em uma agenda conservadora, foi inteiramente impulsionada por participantes que se identificaram como democratas.

---

[276] #BRANDSGETREAL: What consumers want from brands in a divided society. *Sproutsocial.com*, [*S. l.*], p. 1-27, nov. 2018. Disponível em: https://sproutsocial.com/insights/data/social-media-connection/. Acesso em: 26 jan. 2022.

SEU CHEFE AUTORITÁRIO

No final, os consumidores pensaram que empresas sendo progressistas eram "negócios meramente normais". Ser conservador? Essa era uma atividade digna de punição[277].

Terceiro, as empresas buscam regularidade em suas operações do dia a dia. Elas procuram evitar controvérsias a quase todo custo – seja devido à responsabilidade legal, consumidores frustrados ou mesmo funcionários. Preocupações com funcionários problemáticos costumavam manifestar-se no que era chamado de "homem corporativo" – o homem de terno de flanela cinza, rígido em sua perspectiva, indistinto em seu tipo. Tanto conservadores quanto progressistas costumavam se preocupar com a conformidade forçada da vida corporativa. Entretanto as empresas agora descobriram a magia de beber do poço do movimento *woke*: seguindo os ditames do politicamente correto na contratação, elas podem escapar da censura pela "cultura corporativa". Afinal, elas têm Diversidade[TM][278] – um amálgama de várias pessoas de diferentes raças, gêneros, alturas, idades e cores de cabelo... todos dos quais pensam precisamente da mesma maneira e criticam agressivamente alguém diferente que seja descoberto entre eles. Chefes corporativos estão agora petrificados com seus próprios funcionários *woke* e atendem a todos os seus caprichos. Onde os chefes à moda antiga costumavam dizer aos funcionários briguentos e exibicionistas para se sentarem em suas mesas, ou se encontrarem na fila dos desempregados, os chefes de hoje procuram atender a todas as demandas *woke*, incluindo dias de folga para saúde mental, durante períodos politicamente difíceis.

Finalmente, todos os três fatores mencionados acima – as estruturas jurídicas, que oferecem responsabilidade pela violação dos princípios do politicamente correto; uma base de clientes motivada e politizada; e funcionários autoritários, que não

---

[277] BAILEY, James R.; PHILLIPS, Hillary. How Do Consumers Feel When Companies Get Political? *Harvard Business Review*, [S. l.], p. 1-7, 17 fev. 2020. Disponível em: https://hbr.org/2020/02/how-do-consumers-feel-when-companies-get-political. Acesso em: 26 jan. 2022.

[278] Ver nota 205. (N. E.)

desejam dialogar com a dissidência – significam que o verdadeiro poder dentro das corporações não está em suas próprias mãos: está com a mídia, que pode manipular todos os elementos acima. Basta uma manchete ruim para destruir a margem de lucro de um trimestre inteiro. Corporações de todos os tipos são reféns de uma mídia dedicada à proposição de que o mundo dos negócios está indo bem apenas quando reflete suas prioridades. Não é difícil para um funcionário vazar um processo para o *The New York Times*, que publicará as alegações sem pensar duas vezes; não é difícil começar uma campanha de boicote em cima de um corte editado fora de contexto e propagado pelos amigos do Media Matters; não é difícil gerar uma ação governamental contra corporações percebidas como violadoras dos padrões da esquerda autoritária.

E assim as corporações vivem com medo.

>> A COVARDIA SECRETA DAS CORPORAÇÕES QUE "FAZEM O BEM"

Esse medo corporativo costumava se manifestar como falta de vontade de cortejar a polêmica. Entretanto, à medida que a esquerda autoritária mudou de "silêncio é necessário" para "silêncio é violência", as corporações seguiram em fila. Elas se declararam sujeitas à estrutura autoritária da esquerda – e foram consolidadas pelos Borg[279]. Isso é mais óbvio na disposição da América corporativa de se envolver em todas as causas esquerdistas, desde a mudança climática até o sistema de saúde nacionalizado, desde a política pró-escolha até o Black Lives Matter, sob demanda.

....

[279] Referência ao grupo alienígena antagonista presente no mundo ficcional de *Star Trek*. Os Borgs são cyborgs conectados em uma "mentalidade de colmeia" chamada de "O Coletivo". Os Borgs fazem uso de tecnologias de outras espécies através da "assimilação", transformando, através da força, membros dessas espécies em seus próprios drones e demais equipamentos. O objetivo final dos Borgs é alcançar a perfeição pessoal e grupal. (N. E.)

SEU CHEFE AUTORITÁRIO

Na verdade, os líderes corporativos determinaram que aplaudirão com mais força, e por mais tempo, pelos autoritários, na esperança de que sejam os últimos a chegarem à guilhotina. Eles sabem que o capitalismo está no cardápio. Eles apenas esperam poder obter lucros, como os vencedores escolhidos do jogo corporativo. Séculos atrás, os governos costumavam dar licenças a empresas e conceder-lhes monopólios. Hoje, as corporações competem para ser licenciadas pela esquerda autoritária de forma a poderem fazer negócios, isentas do habitual anticapitalismo da esquerda. A única condição: refletir prioridades esquerdistas autoritárias.

Assim, em dezembro de 2020, a NASDAQ, uma bolsa de valores cobrindo milhares de empresas de capital aberto, anunciou que buscaria exigir daquelas listadas em sua bolsa o cumprimento de cotas de diversidade em seus conselhos. De acordo com o *Wall Street Journal*, a NASDAQ disse à *Securities and Exchange Commission*[280] que "exigiria das empresas listadas pelo menos uma mulher em seus conselhos, além de um diretor que seja de uma minoria racial, ou alguém que se identifique como lésbica, gay, bissexual, transgênero ou *queer*". Qualquer empresa que não o fizesse seria advertida pela NASDAQ e obrigada a responder por sua falta de diversidade, ou seria sujeita à eliminação da bolsa. As empresas menores seriam as mais atingidas pelos requisitos, é claro, mas a NASDAQ não teve problemas em colocar a bota em seu pescoço. A Bolsa de Valores de Nova York também criou um conselho consultivo, para direcionar candidatos "diversos" ao conselho de empresas de capital aberto. O Goldman Sachs afirmou que não ajudaria a lançar ofertas públicas iniciais para empresas sem um membro "diverso" no conselho. O movimento pelos direitos civis, que antes buscava tratar as pessoas pelo mérito individual, ao invés da identidade de grupo, virou completamente de cabeça para baixo – e as

---

[280] Semelhante à nossa Comissão de Valores Mobiliários. (N. E.)

corporações, supostas defensoras da meritocracia, estão promovendo essa inversão moral[281].

Muitos estão fazendo isso sob o pretexto do chamado capitalismo de *stakeholders*[282]. No final de 2020, Klaus Schwab, fundador e presidente executivo do Fórum Econômico Mundial, manifestou seu apoio ao que chamou de "O Grande Reset". Schwab explicou na *Time* que a pandemia da covid trouxe uma questão-chave: "Será que os governos, empresas e outros *stakeholders* influentes irão verdadeiramente mudar seus métodos para o melhor depois disso, ou voltaremos aos negócios como de costume?". Agora, essa era realmente uma pergunta estranha. Antes da pandemia, a economia mundial estava passando por um período de expansão. As taxas de desemprego nos Estados Unidos haviam caído para níveis recordes; o crescimento econômico era forte. Qual foi, então, o ímpeto para as empresas "mudarem seus caminhos para melhor"? Na verdade, qual era o *significado* de "melhor"?

De acordo com Schwab, o problema eram os livres mercados. "Os livres mercados, o comércio e a competição criam tanta riqueza que, em teoria, poderiam tornar melhor a vida de todos, caso houvesse vontade de fazê-lo", escreveu Schwab. "Porém essa não é a realidade na qual vivemos hoje". Os mercados livres, disse ele, estavam "criando desigualdade e mudança climática"; democracia internacional "agora contribui para a discórdia e o descontentamento da sociedade". Sim, havia chegado a hora de ir além das "crenças dogmáticas" de que "o governo deveria se abster de estabelecer regras claras para o funcionamento dos mercados", que "o mercado sabe o que é melhor".

---

[281] OSIPOVICH, Alexander; OTANI, Akane. Nasdaq Seeks Board-Diversity Rule That Most Listed Firms Don't Meet. *The Wall Street Journal*, [*S. l.*], p. 1-5, 1 dez. 2020. Disponível em: https://www.wsj.com/articles/nasdaq-proposes-board-diversity-rule-for-listed-companies-11606829244. Acesso em: 26 jan. 2022.

[282] *Stakeholders* são pessoas, ou partes, interessadas em determinada empresa. São clientes, colaboradores, comunidades, fornecedores e investidores, todos aqueles que têm algum interesse na empresa. Diferentemente dos *shareholders* (investidores), os *stakeholders* não necessariamente investem dinheiro na empresa. (N. E.)

SEU CHEFE AUTORITÁRIO

Ao invés disso, Schwab recomendou um "sistema econômico melhor", enraizado não em fazer a defesa dos acionistas, mas em agir no interesse dos *stakeholders* – agindo "para o bem público e o bem-estar de todos, ao invés de apenas alguns". Como seriam as métricas de sucesso? Não a lucratividade. Oh, não. O sucesso das empresas giraria em torno de suas "disparidades salariais de gênero", a diversidade de seus funcionários, a redução das emissões de gases de efeito estufa, a quantidade de impostos pagos. As corporações não seriam mais tão mesquinhas a ponto de se concentrarem na produção de bens e serviços com o melhor preço possível para o maior número possível de consumidores. Agora, as corporações estariam no negócio de fazer o bem[283].

Esse compromisso com o "capitalismo de *stakeholder*", *versus* o "capitalismo dos acionistas", tornou-se cada vez mais popular no mundo dos negócios. Isso, porque permite aos líderes empresariais manterem o controle sobre as alavancas do poder – eles são reis-filósofos platônicos, sentados no topo de vastos impérios, mas agindo para o benefício das massas – sem serem responsáveis perante os humildes acionistas, aqueles investidores gananciosos, que de fato colocaram suas próprias economias e fé na empresa. Esse absurdo também agrada aos ouvidos da esquerda autoritária, que agora pode – com a permissão de ninguém menos do que a comunidade empresarial! – despejar regulamentações e compromissos sobre as empresas em nome do chamado bem público. Não admira que Joe Biden tenha pedido pelo "fim da era do capitalismo acionista", sugerindo sua antipatia pela temida bolsa de valores[284]. E a *US Business Roundtable* [Mesa Redonda de Negócios dos Estados Unidos] concorda – em uma declaração de agosto de

---

[283] SCHWAB, Klaus. A Better Economy Is Possible. But We Need to Reimagine Capitalism to Do It. *Time*, [*S. l.*], p. 1-5, 21 out. 2020. Disponível em: https://time.com/collection/great-reset/5900748/klaus-schwab-capitalism/. Acesso em: 26 jan. 2022.

[284] POUND, Jesse. Biden says investors 'don't need me,' calls for end of 'era of shareholder capitalism'. *CNBC*, [*S. l.*], p. 1-4, 9 jul. 2020. Disponível em: https://www.cnbc.com/2020/07/09/biden-says-investors-dont-need-me-calls-for-end-of-era-of-shareholder-capitalism.html. Acesso em: 26 jan. 2022.

189

2019, eles explicaram: "Embora cada uma de nossas empresas sirva ao seu próprio objetivo corporativo, compartilhamos um compromisso fundamental com todos os nossos *stakeholders*".

Colocar os acionistas em segundo plano parece gentil e agradável. Não é. É sinistro. É colocar interesses não nomeados e não investidos no comando das corporações e colocar chefes corporativos em posições de poder irrestrito – contanto que agradem aos *verdadeiros* poderes estabelecidos: membros do governo, membros da imprensa e seus pares politicamente afins. O capitalismo cria riqueza e prosperidade para todos porque está enraizado em uma verdade fundamental: seu trabalho pertence a você, e você não tem o direito de exigir os produtos do meu trabalho sem me dar em troca algo que eu quero. O capitalismo de *stakeholders* não cria riqueza ou prosperidade. Ele apenas trafica em uma superioridade moral imerecida, transformando o motor de crescimento em um segundo quase-governo, sem prestar contas àqueles que deveria representar em primeiro lugar – e defende, simultaneamente, a mentira de que as empresas que *realmente* procuram fazer negócios sozinhas são, de alguma forma, moralmente suspeitas.

>> DESTRUINDO DISSIDENTES

Em outubro de 2020, David Barrett, CEO da Expensify, uma empresa especializada em gestão de despesas, enviou uma carta a todos os usuários da empresa. Essa carta os encorajava a votar em Joe Biden. "Eu sei que você não quer ouvir isso de mim", escreveu Barrett, muito corretamente.

> E garanto que não quero dizer isso. Porém estamos enfrentando um ataque sem precedentes aos fundamentos da própria democracia. Se você é um cidadão americano, qualquer coisa menos do que um voto em Biden é um voto contra a democracia. Isso

SEU CHEFE AUTORITÁRIO

mesmo. Estou dizendo que um voto em Trump, um voto em um candidato de outro partido, ou simplesmente não votar – eles são todos iguais, e todos significam: "Preocupo-me mais com a minha questão favorita do que com a democracia. Acredito que a vitória de Trump seja mais importante do que a democracia. Sinto-me confortável em ficar de lado e permitir que a democracia seja metodicamente desmantelada à vista de todos"[285].

O que os funcionários da Expensify deveriam pensar da carta? Caso sinalizassem seu apoio a Trump, certamente poderiam esperar perder seus empregos. Porém, Barrett, obviamente, não se importou. Sua política era a política certa. Seus oponentes estavam errados.

Entretanto poucas preocupações sobre o desequilíbrio de poder entre Barrett e seus funcionários se materializaram. Ao invés disso, o elogio veio dos assentos mais baratos.

Na realidade, Barrett não estava assumindo um risco comercial ao publicar essa carta. Ele estava fazendo o oposto. Ele estava sinalizando que ele e sua empresa eram membros do círculo justo de corporações que pensam corretamente.

Essa sinalização não é feita apenas através de relações públicas externas. É aplicada internamente de forma rigorosa. Os funcionários são submetidos a episódios de "treinamento de diversidade", com "especialistas" como Robin DiAngelo. Estes afirmam que a supremacia branca permeia toda a vida americana; que é impossível para membros de grupos vitimizados serem racistas; que as meritocracias são, elas próprias, representativas do pensamento hierárquico racista; que acreditar que você não é racista é uma excelente evidência de você ser racista; que as lágrimas das mulheres brancas são uma forma de racismo; que a

---

[285] CARSON, Biz. Expensify's CEO emailed users to encourage them to 'vote for Biden'. *Protocol.com*, [*S. l.*], p. 1-2, 22 out. 2020. Disponível em: https://www.protocol.com/bulletins/ expensifys-ceo-emailed-all-of-his-users-to-encourage-them-to-protect-democracy-vote- -for-biden. Acesso em: 26 jan. 2022.

intenção racista é absolutamente desnecessária para rotular a ação de racista, pois apenas o impacto e o dano importam[286]. Tudo o que lhes custa são US$ 20.000 por sessão, tanto para doutrinar seus trabalhadores na política necessária quanto para evitar a possibilidade de um processo por discriminação[287]!

Esse lixo é extremamente ineficaz. Um estudo controlado, de um curso de treinamento em diversidade, descobriu que havia "muito pouca evidência de que o treinamento em diversidade tenha afetado o comportamento de homens ou de funcionários brancos em geral – os dois grupos que normalmente detêm mais poder nas organizações e que muitas vezes são os alvos principais dessas intervenções"[288]. Na verdade, o treinamento em diversidade tende a gerar *mais* raiva e discriminação, porque as pessoas não gostam de ouvir que são racistas, ou que devem seguir um conjunto de regras prescritas de maneira a aliviarem seu suposto racismo[289].

Entretanto a eficácia não é o ponto. O objetivo é evitar uma reação adversa – e criar um ambiente de conformidade em questões controversas. E as corporações despejam bilhões para fazer ambas as coisas. Em 2003, as empresas estavam gastando US$ 8 bilhões por ano em esforços de diversidade. E, nas maiores empresas da América, o número de "profissionais de diversidade" aumentou dramaticamente nos últimos anos – segundo uma pesquisa, 63% entre 2016 e 2019. Quase todo mundo agora precisa passar por alguma forma de doutrinação projetada pela esquerda autoritária – doutrinação que requer sessões de luta,

---

[286] DIANGELO, Robin. *White Fragility*. Boston: Beacon Press, 2018.

[287] ZEISLOFT, Benjamin. UConn agrees to pay 'White Fragility' author $20k for 3.5 hour anti-racism lecture. *CampusReform.org*, [*S. l.*], p. 1-5, 12 ago. 2020. Disponível em: https://www.campusreform.org/?ID=15430. Acesso em: 26 jan. 2022.

[288] CHANG, Edward H. *et al*. Does Diversity Training Work the Way It's Supposed To? *Harvard Business Review*, [*S. l.*], p. 1-6, 9 jul. 2019. Disponível em: https://hbr.org/2019/07/does-diversity-training-work-the-way-its-supposed-to. Acesso em: 26 jan. 2022.

[289] DOBBIN, Frank. Why Diversity Programs Fail. *Harvard Business Review*, [*S. l.*], p. 1-18, jul./ago. 2016. Disponível em: https://hbr.org/2016/07/why-diversity-programs-fail. Acesso em: 26 jan. 2022.

SEU CHEFE AUTORITÁRIO

conformidade pública com o novo código moral e reverência a falsas noções de essencialismo racial. Tudo isso é projetado para impor de cima para baixo falsas noções de privilégio sistêmico e hierarquia[290].

Enquanto isso, para as empresas que se recusam a obedecer, o porrete está disponível.

Quando Robert Unanue, CEO da Goya, apareceu em um evento de Trump na Casa Branca, de forma a divulgar seu trabalho durante a pandemia, os esquerdistas começaram um boicote nacional. Algo semelhante aconteceu quando ativistas LGBT atacaram a Chick-fil-A por causa do apoio do fundador, Dan Cathy, ao casamento tradicional, encorajando políticos democratas locais a tentarem impedir a expansão da rede em suas cidades[291]. Quando o investidor bilionário Stephen Ross realizou uma arrecadação de fundos para Trump, em 2019, os esquerdistas lançaram um boicote contra a Equinox e a SoulCycle, ambas empresas nas quais Ross havia investido. Chrissy Teigen tuitou, "todos que cancelarem suas associações à Equinox e à SoulCycle, me encontrem na biblioteca. Tragam pesos"[292].

Ninguém gostaria de ser a Goya ou a Equinox. Então, quando organizações de esquerda, incluindo Color of Change, NAACP, ADL, Sleeping Giants, Free Press e Common Sense Media pediram, em junho de 2020, para os anunciantes do Facebook pausarem seus gastos de modo a pressionar a plataforma a restringir seu conteúdo, mais de mil empresas cumpriram. Essas empresas

---

[290] NEWKIRK, Pamela. Diversity Has Become a Booming Business. So Where Are the Results? *Time*, [*S. l.*], p. 1-6, 10 out. 2019. Disponível em: https://time.com/5696943/diversity-business/. Acesso em: 26 jan. 2022.

[291] HEIL, Emily. The Goya boycott could impact the brand, experts say—just not the way you think. *The Washington Post*, [*S. l.*], p. 1-6, 28 jul. 2020. Disponível em: https://www.washingtonpost.com/news/voraciously/wp/2020/07/28/the-goya-boycott-could-impact-the-brand-experts-say-just-not-the-way-you-think/. Acesso em: 26 jan. 2022.

[292] JAGANNATHAN, Meera. Equinox could experience lasting damage from the anti-Trump boycott, despite other companies escaping unscathed. *MarketWatch.com*, [*S. l.*], p. 1-5, 14 ago. 2019. Disponível em: https://www.marketwatch.com/story/equinox-could-experience-lasting-damage-from-the-anti-trump-boycott-while-other-companies-have-escaped-unscathed-2019-08-13. Acesso em: 26 jan. 2022.

incluíam as marcas REI, Verizon, Ford, Honda, Levi Strauss e Walgreens[293].

E esse é o objetivo para a esquerda autoritária: obrigar a todos ao silêncio, exceto quem concorda com eles. As corporações geralmente sobrevivem a boicotes – as estatísticas demonstram que a maioria dos boicotes é totalmente malsucedida na remoção de receitas. Entretanto os boicotes podem afetar a saúde geral de uma marca e certamente podem gerar noites sem dormir para as empresas visadas. Como argumenta Braydon King, professor do Instituto Northwestern de Pesquisa Política, "O preditor número 1 do que torna um boicote eficaz é quanta atenção ele cria na mídia, não quantas pessoas assinam uma petição, ou quantos consumidores ele mobiliza"[294]. As empresas *odeiam* atenção da mídia que não podem controlar. Por isso se desculpam tantas vezes, recuam e imploram por misericórdia.

O que, é claro, só começa o ciclo de novo.

O expurgo da praça pública agora atingiu proporções epidêmicas. Basta uma história ruim sobre o seu negócio para colocá-lo diretamente na mira cultural autoritária da esquerda. E agora é mais fácil do que nunca fabricar e destacar essas histórias. Em outubro de 2020, o Yelp – um site que permite ao público avaliar negócios – anunciou que colocaria um alerta sobre um negócio caso "alguém associado ao negócio fosse acusado, ou alvo, de comportamento racista". Isso significa que, se alguém fizer ressurgir uma postagem de apoio a Trump de um zelador, você pode se ver no lado errado de um alerta do Yelp. E, caso houvesse "evidência retumbante de ações flagrantemente racistas, de um empresário ou funcionário, como o uso de calúnias, ou símbolos abertamente racistas", tal evidência sendo "um artigo de uma

---

[293] OVERLY, Steven. The moment of reckoning for the Facebook advertiser boycott. *Politico*, [*S. l.*], p. 1-8, 29 jul. 2020. Disponível em: https://www.politico.com/news/2020/07/29/facebook-advertiser-boycott-zuckerberg-385622. Acesso em: 26 jan. 2022.

[294] DO BOYCOTTS Work? Northwestern Institute for Policy Research, [*S. l.*], p. 1-2, 29 mar. 2017. Disponível em: https://www.ipr.northwestern.edu/news/2017/king-corporate-boycotts.html. Acesso em: 27 jan. 2022.

mídia com credibilidade", a empresa seria atingida com um "Alerta de Negócio Acusado de Comportamento Racista". O Yelp agora tinha criado um sistema stalinista de delação *"woke"*, no qual tudo o que seria necessário para destruir uma empresa para sempre seria um relato de racismo sobre um funcionário, um repórter de vinte e dois anos em busca de cliques e um endereço de *e-mail*. Entre 26 de maio e 30 de setembro, mais de 450 alertas foram colocados em páginas de negócios acusados de comportamento racista, relacionado apenas ao Black Lives Matter[295].

>> A MORTE DA NEUTRALIDADE DOS NEGÓCIOS

A consequência final do despertar da América corporativa não é, meramente, os expurgos internos – é a disposição da América corporativa de direcionar seus próprios recursos contra clientes em potencial culpados de tal heresia. À medida que a esquerda autoritária flexiona seu poder, usando corporações covardes como sua ferramenta, essas corporações se recusarão, cada vez mais, a fazer negócios com aqueles dos quais discordam politicamente. O resultado será uma bifurcação política completa dos mercados.

Na verdade, isso já está acontecendo. Em 2016, a Carolina do Norte aprovou um projeto de lei garantindo banheiros separados para homens e mulheres em todo o estado, em violação de uma lei local de Charlotte, que permitiria a pessoas transgênero acessarem o banheiro de sua escolha. O mundo dos negócios reagiu com indignação universal, e grandes empresas juraram não fazer negócios *algum* no estado: o PayPal abandonou os planos para uma instalação, assim como o Deutsche Bank; a Adidas decidiu contratar em Atlanta, ao invés de Charlotte; a NCAA

---

[295] MALIK, Noorie. New Consumer Alert on Yelp Takes Firm Stance Against Racism. *Yelp. com*, [*S. l.*], p. 1-5, 8 out. 2020. Disponível em: https://blog.yelp.com/news/new-consumer--alert-on-yelp-takes-firm-stance-against-racism/. Acesso em: 27 jan. 2022.

prometeu cancelar os jogos do campeonato; o CEO do Bank of America, Brian Moynihan, declarou: "As empresas estão se mudando para outros lugares, porque elas não enfrentam um problema encontrado aqui". De acordo com a Associated Press, a Carolina do Norte estava programada para perder cerca de US$ 3,75 bilhões, em uma dúzia de anos, se o estado não descartasse o projeto de lei do banheiro[296]. Em março de 2017, o projeto de lei do banheiro foi devidamente revogado.

O mesmo padrão é verdadeiro em vários estados. Em 2010, as empresas começaram a boicotar o Arizona após a aprovação de uma lei permitindo a autoridades locais aplicarem a lei federal de imigração[297]. Depois que a Geórgia aprovou uma lei pró-vida, as produtoras de Hollywood anunciaram que não fariam negócios no estado, mesmo enquanto faziam negócios na China, violadora de direitos humanos[298].

E as corporações também estão começando a visar cidadãos privados com base em convicções políticas. Em agosto de 2017, a Visa e a Discover anunciaram que não permitiriam a "grupos de ódio" processarem seus pagamentos com cartão de crédito. O PayPal também anunciou a proibição do uso de seu aplicativo por parte desses grupos. A MasterCard, por outro lado, disse que não bane os comerciantes, "com base em nosso desacordo com pontos de vista específicos, defendidos ou promovidos"[299]. Em fevereiro de 2018, o First National Bank of Omaha [Primeiro Banco Nacional

---

[296] DALESIO, Emery P.; DREW, Jonathan. AP Exclusive: 'Bathroom bill' to cost North Carolina $3.76B. *Yelp.com*, [*S. l.*], p. 1-6, 30 mar. 2017. Disponível em: https://apnews.com/article/e6c7a15d2e16452c8dcbc2756fd67b44. Acesso em: 27 jan. 2022.

[297] O'DOWD, Peter. Cities, Businesses Boycott Arizona Over New Law. *NPR*, [*S. l.*], p. 1-4, 4 maio 2010. Disponível em: https://www.npr.org/templates/story/story.php?storyId=126486651. Acesso em: 27 jan. 2022.

[298] RICHWINE, Lisa. Disney CEO says it will be 'difficult' to film in Georgia if abortion law takes effect. *Reuters*, [*S. l.*], p. 1-3, 29 maio 2019. Disponível em: https://www.reuters.com/article/us-usa-abortion-walt-disney-exclusive/disney-ceo-says-it-will-be-difficult-to-film-in-georgia-if-abortion-law-takes-effect-idUSKCN1T003X. Acesso em: 27 jan. 2022.

[299] DUGAN, Kevin. Credit cards are clamping down on payments to hate groups. *New York Post*, [*S. l.*], p. 1-4, 16 ago. 2017. Disponível em: https://nypost.com/2017/08/16/credit-cards-are-clamping-down-on-payments-to-hate-groups/. Acesso em: 27 jan. 2022.

de Omaha] retirou seu cartão de crédito da *National Rifle Association* [Associação Nacional de Rifles], declarando, "O *feedback* do cliente nos levou a revisar nossa relação com a NRA"[300]. Naquele mesmo mês, a American Airlines e a United Airlines anunciaram a retirada de todos os benefícios de desconto para membros da NRA[301].

Em março de 2018, o Citigroup anunciou uma limitação de vendas de armas de fogo aos clientes do varejo; um mês depois, o Bank of America anunciou que o banco não concederia mais empréstimos a fabricantes de armas para civis. Os grupos de interesse de esquerda começaram, imediatamente, a pressionar outros grandes bancos a fazerem o mesmo: O presidente da Federação Americana de Professores, Randi Weingarten, disse que o sindicato não recomendaria o programa de empréstimos hipotecários da Wells Fargo a seus membros devido aos laços com a indústria de armas[302]. Em maio de 2019, o Chase Bank começou a fechar contas bancárias para clientes considerados radicais, incluindo Enrique Tarrio, dos Proud Boys, e a ativista radical Laura Loomer. Jamie Dimon, CEO do Chase Bank, disse, "Muito diretamente, não removemos, e não removeremos, contas das pessoas por causa de suas opiniões políticas"[303]. Por agora, presumivelmente.

Essa ameaça se estende além do setor de serviços financeiros. Quando a Amazon Web Services, cujo único trabalho é fornecer serviços em nuvem, decide remover o Parler da plataforma,

---

[300] ASSOCIAÇÃO DE IMPRENSA. First National Bank of Omaha drops NRA credit card. *CBS News*, [S. l.], p. 1-4, 22 fev. 2018. Disponível em: https://www.cbsnews.com/news/first-national-bank-of-omaha-drops-nra-credit-card/. Acesso em: 27 jan. 2022.

[301] PURDY, Chase. Even America's worst airline can't stomach the National Rifle Association. *Quartz*, [S. l.], p. 1-2, 24 fev. 2018. Disponível em: https://qz.com/1215137/the-nra-loses-the-support-of-united-americas-most-hated-legacy-airline/. Acesso em: 27 jan. 2022.

[302] WARMBRODT, Zachary. GOP split as banks take on gun industry. *Politico*, [S. l.], p. 1-5, 22 abr. 2018. Disponível em: https://www.politico.com/story/2018/04/22/banks-guns-industry-gop-split-544739. Acesso em: 27 jan. 2022.

[303] BYRNE, John Aidan. JPMorgan Chase accused of purging accounts of conservative activists. *New York Post*, [S. l.], p. 1-4, 25 maio 2019. Disponível em: https://nypost.com/2019/05/25/jpmorgan-chase-accused-of-purging-accounts-of-conservative-activists/. Acesso em: 27 jan. 2022.

isso é polarização. Quando a Mailchimp, um serviço de entrega de *e-mail*, se recusa a fazer negócios com o Tea Party do Norte da Virgínia, isso é polarização.[304] Quando o PayPal anuncia que faz uso de calúnias do Southern Poverty Law Center para determinar quais grupos devem ser banidos, isso é polarização[305]. Quando o Stripe anuncia que não processará fundos para o site da campanha de Trump, após 6 de janeiro, isso é polarização[306].

A questão aqui não é se você gosta de algum desses grupos. A questão é se os prestadores de serviços neutros devem remover o acesso aos seus negócios com base no ponto de vista político. A extrema esquerda exige dos padeiros religiosos a violação de seus escrúpulos religiosos e que assem bolos para casamentos entre pessoas do mesmo sexo... e, em seguida, viram e comemoram quando as empresas de cartão de crédito decidem não fornecer serviços para certos tipos de clientes. Há um argumento sólido de que empresas privadas devem ser capazes de discriminar os clientes com base em seu direito de associação. Entretanto nosso corpo de leis agora decidiu que essa liberdade de associação é amplamente proibida, exceto quando atinge conservadores. A lei contra a discriminação na maioria dos estados proíbe a discriminação com base em sexo, orientação sexual, identidade de gênero, religião, raça, deficiência médica, estado civil, expressão de gênero, idade e uma variedade de outras categorias. Entretanto não há proteção contra a discriminação política. Como a esquerda é particularmente litigiosa, isso significa que as empresas têm medo de evitar negócios com qualquer pessoa da esquerda – mas, quando se trata da direita,

[304] LOESCH, Dana. Mailchimp Deplatforming A Local Tea Party Is A Hallmark Of Fascism. *New York Post*, [*S. l.*], p. 1-8, 16 nov. 2020. Disponível em: https://thefederalist.com/2020/11/16/mailchimp-deplatforming-a-local-tea-party-is-a-hallmark-of-fascism/. Acesso em: 27 jan. 2022.
[305] PARKE, Caleb. Conservatives call for PayPal boycott after CEO says Southern Poverty Law Center helps ban users. *Fox News*, [*S. l.*], p. 1-5, 28 fev. 2019. Disponível em: https://www.foxnews.com/tech/conservatives-call-for-paypal-boycott-after-ceo-admits-splc-helps--ban-users. Acesso em: 27 jan. 2022.
[306] US businesses cut Republican party donations in wake of riot. *DW*, [*S. l.*], p. 1-3, 10 jan. 2021. Disponível em: https://www.dw.com/en/us-businesses-cut-republican-party-donations-in-wake-of-riot/a-56189263. Acesso em: 27 jan. 2022.

SEU CHEFE AUTORITÁRIO

as empresas agiram de modo a se protegerem de ataques de retaguarda por parte dos autoritários *woke*.

O resultado serão dois sistemas separados de comércio nos Estados Unidos. Não comeremos nos mesmos restaurantes. Não iremos aos mesmos hotéis, parques temáticos, ou filmes. Não usaremos os mesmos cartões de crédito.

Tudo isso torna bastante difícil compartilhar um país.

>> O MONÓLITO

Provavelmente você, leitor, já sabe de tudo isso. Há grandes chances de que, caso você trabalhe, esteja em uma empresa gigante, parte do monólito autoritário. Décadas atrás, você provavelmente poderia ter trabalhado para uma empresa com menos de 100 trabalhadores. Hoje, você provavelmente trabalha para uma empresa enorme, com políticas rigorosas impostas de cima para baixo, refletindo as noções políticas predominantes da época. De acordo com o *The Wall Street Journal*, quase 40% dos americanos agora trabalham para uma empresa com mais de 2.500 funcionários, e cerca de 65% trabalham para empresas com mais de 100 funcionários.

E as grandes empresas estão crescendo. As arenas nas quais elas prosperam – setor de serviços, finanças, comércio varejista – também são as áreas de crescimento mais rápido na economia americana[307]. Não surpreende que essas também sejam as áreas nas quais os empregadores tenham mais propensão a se inclinarem para a esquerda ou, pelo menos, a espelhar as prioridades da esquerda.

A pandemia da covid-19 apenas exacerbou a vantagem das grandes empresas. Entre março e setembro de 2020, mais de 400.000 pequenas empresas fecharam. Enquanto isso, as grandes empresas ficaram maiores. Como escreveu o economista Austan

---

[307] FRANCIS, Theo. Why You Probably Work for a Giant Company, in 20 Charts. *The Wall Street Journal*, [*S. l.*], p. 1-14, 6 abr. 2017. Disponível em: https://www.wsj.com/graphics/big-companies-get-bigger/. Acesso em: 27 jan. 2022.

Goolsbee, no *The New York Times*: "As grandes empresas estão começando a engolir o mundo"[308].

As pequenas empresas geralmente estão ligadas às comunidades em que existem – conhecem os habitantes locais, confiam neles e trabalham com eles. As grandes empresas cruzam as fronteiras da localidade – elas são nacionais em escopo e orientação. Isso significa que elas estão muito mais preocupadas em impor uma cultura de conformidade do que em preservar a diversidade local, que normalmente caracteriza grupos menores. Grandes empresas têm enormes departamentos de RH, preocupados com a responsabilidade que naturalmente acompanha os que possuem recursos financeiros substanciais; elas têm equipes de extensão legislativa, preocupadas com o impacto da política governamental; elas têm CEOs corporativos que são membros da Nova Classe Dominante.

Também há algo mais. Empreendedores acreditam na liberdade porque precisam de liberdade para iniciarem seus negócios. Entretanto, à medida que esses negócios crescem, os gerentes começam a administrá-los, e tendem a impor uma cultura sufocante, de cima para baixo. Os gerentes preferem ordem ao caos, e rigidez à flexibilidade. E esses gestores estão perfeitamente de acordo com a rígida ordem social exigida pela esquerda autoritária.

Isso significa que nossas corporações não são aliadas dos livres mercados – ou da ideologia que sustenta os livres mercados, o liberalismo clássico. Elas agora se tornaram mais uma ferramenta institucional de uma ideologia que exige obediência. E enquanto suas carteiras engordarem, elas estarão bem com isso. Melhor liderar a turba, acreditam eles, do que ser alvo dela.

Só há um problema: cedo ou tarde, a multidão vai chegar até eles também.

---

[308] GOOLSBEE, Austan. Big Companies Are Starting to Swallow the World. *The New York Times*, [S. l.], p. 1-5, 30 set. 2020. Disponível em: https://www.nytimes.com/2020/09/30/business/big-companies-are-starting-to-swallow-the-world.html. Acesso em: 27 jan. 2022.

>> CAPÍTULO 6

A RADICALIZAÇÃO DO ENTRETENIMENTO

>> CAPÍTULO 6 <<

A RADICALIZAÇÃO DO ENTRETENIMENTO

Em setembro de 2020 – em meio ao suposto "acerto de contas" racial que varreu a nação após a morte de George Floyd –, o Oscar anunciou uma mudança nos padrões de suas estatuetas douradas. Os filmes não seriam mais selecionados com base na qualidade. Ao invés disso, os estúdios teriam a opção de cumprir um dos quatro critérios. Em primeiro lugar, o próprio filme pode conter ccrtos pré-requisitos *woke*: um ator principal, ou um ator coadjuvante significativo, de um "grupo racial ou étnico sub- representado"; ou pelo menos 30% de todos os atores, em papéis secundários, precisariam ser de algum grupo de vítimas, ou uma mulher, ou LGBTQ, ou ter uma deficiência; ou a linha principal da história precisaria centrar-se em um grupo sub-representado. Em segundo lugar, o filme pode ter uma equipe de membros desses grupos sub-representados. Terceiro, a produtora de filmes poderia fornecer oportunidades de aprendizagem e estágio re- muneradas para esses grupos vitimizados. Finalmente, aqueles que participam do *marketing* podem ser de um desses grupos viti- mizados. David Rubin, presidente da academia, e Dawn Hudson,

CEO, explicaram, "Acreditamos que esses padrões de inclusão serão um catalisador para uma mudança essencial e duradoura em nosso setor"[309].

Os padrões eram supérfluos: Hollywood dedica-se, há um bom tempo, à proposição simples de que filmes de prestígio devem atender aos requisitos de mensagens esquerdistas e que filmes rentáveis devem agradar ao público. Às vezes, filmes de prestígio *geram* dinheiro. Geralmente, não o fazem: filmes de super-heróis trazem os dólares, e *Moonlight: Sob a Luz do Luar* traz os aplausos da crítica. Os últimos quatro vencedores de Melhor Filme são, em ordem cronológica reversa, um conto moral sobre os males da desigualdade de renda (*Parasita*); um conto moral sobre racismo e homofobia (*Green Book: o Guia*); um conto moral sobre os males dos militares e a discriminação contra deficientes, negros, homossexuais, comunistas e peixes (*A Forma da Água*); e um conto moral sobre racismo e homofobia (*Moonlight: Sob a Luz do Luar*). Nada disso torna todos esses filmes necessariamente ruins (embora *A Forma da Água* seja, de fato, um dos piores filmes já feitos para o cinema). Significa apenas que os eleitores do Oscar não são representantes típicos do público americano de entretenimento. Não é difícil prejudicar as chances de uma vitória do Oscar através da apuração de pontos-chave *woke* de antemão.

Entretanto os novos padrões da Academia não eram sobre uma mudança no coração. Eles eram sobre se resguardar. Em 2015, devido a uma enorme agitação racial após Michael Brown ser baleado em Ferguson, Missouri, e Freddie Gray ser morto em Baltimore, o contingente *woke* de Hollywood começou a reclamar que Hollywood havia marginalizado criadores negros. Em 2015, a Academia não havia indicado um único ator negro, em nenhuma de suas categorias. Obviamente, isso significava que Hollywood

---

[309] ACADEMY Stablishes Representation and Inclusion Standards for Oscars® Eligibility. *Oscars.org*, [*S. l.*], p. 1-4, 8 set. 2020. Disponível em: https://www.oscars.org/news/academy--establishes-representation-and-inclusion-standards-oscarsr-eligibility. Acesso em: 27 jan. 2022.

precisava "despertar". Assim nasceu a *hashtag* #OscarsSoWhite. Cheryl Boone Isaacs, presidente da Academia, disse que, logo após ter visto as indicações, "meu coração afundou". Spike Lee mais tarde comentou: "Quando o Twitter negro pega no seu traseiro negro [...] oh, não é brincadeira". Ana Duvernay, diretora de *Selma: Uma Luta Pela Igualdade* – que, de fato, foi indicado para Melhor Filme naquele ano –, disse: "Foi um catalisador para uma conversa, sobre o que realmente havia sido uma longa ausência de diversidade e inclusão durante décadas".

Décadas de duração. Não importa que, literalmente no ano anterior, em 2014, *12 Anos de Escravidão* havia ganhado Melhor Filme, Chiwetel Ejiofor havia sido indicado para Melhor Ator, Barkhad Abdi havia sido indicado para Melhor Ator Coadjuvante, e Lupita Nyongo havia ganhado Melhor Atriz Coadjuvante. Não importa que *Selma: Uma Luta Pela Igualdade* seja, na verdade, um filme bastante medíocre. A falta de atenção a *Selma: Uma Luta Pela Igualdade,* por parte dos prêmios, significava que a discriminação havia mostrado sua cara feia.

E nenhuma dissidência seria tolerada. Como disse Duvernay:

> Eu faria tudo de novo. Se você não pode respeitar o nosso alinhamento com aquela causa, com aquele protesto, com aquele grito de guerra, então, de qualquer maneira, não havia nada que eu quisesse de você.

Naturalmente, a Academia respondeu no ano seguinte com uma reunião de emergência e procurou mudar radicalmente os membros da Academia através de ações afirmativas dirigidas às mulheres e às minorias. Quando outros membros da Academia reclamaram que o politicamente correto havia assumido o controle da instituição – quando, por exemplo, Dennis Rice, membro do ramo de relações públicas da Academia, explicou que era "cego de gênero e cor quando se trata de reconhecer nossa arte", e acrescentou: "Você deve olhar, pura e objetivamente, para a realização artística" – Boone Isaacs respondeu: "Você está brincando comigo? Todos nós temos vieses. Você só não vê isso se não te afetar".

Em 2017, *Moonlight: Sob a Luz do Luar*, um filme pouco conhecido entre o público, que gira em torno de um homem negro gay que cresceu em uma Miami infestada de gangues, ganhou o prêmio de melhor filme. Como disse Barry Jenkins, diretor do filme: "Se *Moonlight: Sob a Luz do Luar* tivesse surgido três anos antes, não tenho certeza de quantas pessoas teriam escolhido aquela cópia prévia do filme"[310].

Hollywood havia adotado a política *woke* como condição *sine qua non* para a arte. E Hollywood continuaria a bradar pomposamente seu próprio posicionamento *woke*, apesar da evidência de que Hollywood é, em muitos aspectos, incrivelmente regressiva.

Mais tarde naquele ano, as acusações de abuso sexual contra o megaprodutor Harvey Weinstein começaram a ressurgir. Celebridades de Hollywood começaram a *hashtag* #MeToo, apontando a exploração das mulheres prevalecente na indústria. E eles não estavam errados. O teste do sofá de Hollywood – a prática sexista e nojenta pela qual as mulheres eram submetidas a assédio sexual e abuso por homens poderosos em Hollywood em troca de ascensão profissional – havia sido uma característica da indústria desde o início: a interseção entre a Hollywood Boulevard e a Highland Avenue apresentou, durante anos, uma estrutura de fibra de vidro, amplamente conhecida na cidade como o "sofá dos testes". Entretanto foi a decisão de Hollywood de não olhar internamente, mas pronunciar um julgamento sobre *o restante da América*, que conversou com a nova cultura *woke*. Ao invés de reconhecer sua própria cumplicidade #MeToo, as celebridades de Hollywood começaram a repreender o resto da América, a respeito do sexismo inerente ao país.

---

[310] UGWU, Reggie. The Hashtag That Changed the Oscars: An Oral History. *The New York Times*, [*S. l.*], p. 1-6, 6 fev. 2020. Disponível em: https://www.nytimes.com/2020/02/06/movies/oscarssowhite-history.html. Acesso em: 27 jan. 2022.

A RADICALIZAÇÃO DO ENTRETENIMENTO

A causa rapidamente se transformou de uma tentativa universalmente elogiada de acabar com o assédio e a agressão sexual para pontos de discussão mais amplos da esquerda: críticas à suposta disparidade salarial de gênero, por exemplo, ou tentativas de dar sermões aos americanos sobre heteronormatividade. No Oscar, Jimmy Kimmel – que costumava estrelar um programa de televisão, *The Man Show* [O Show do Homem], com mulheres pulando em um trampolim, e quem usou, de forma infame, um *blackface* no Comedy Central – repreendeu a América:

> a verdade é que, se tivermos sucesso aqui, se pudermos trabalhar juntos para impedir o assédio sexual no local de trabalho, se pudermos fazer isso, as mulheres só precisarão lidar com o assédio o tempo todo, em todos os outros lugares que vão.

Magicamente, Hollywood foi transformada de pária moral em líder moral[311].

Então, foi apenas um choque irônico quando o Oscar acabou cancelando Kevin Hart, um apresentador negro, por violar os princípios *woke*. Depois da nomeação de Hart para anfitrião do Oscar de 2019, a internet *woke* começou a funcionar, desenterrando Tuítes Velhos e Maus™ – neste caso, um tuíte de 2011, sugerindo: "Ei, se meu filho chegar em casa e tentar brincar com a casa de boneca da minha filha, vou quebrá-la em sua cabeça, e dizer na minha voz 'pare, isso é gay'". Descobriu-se que, em 2010, Hart também fez uma sequência de *stand up* sobre como ele preferia que seu filho não fosse gay. Hart respondeu corretamente ao crescente escândalo:

---

[311] NORTH, Anna. #MeToo at the 2018 Oscars: the good, the bad, and the in between. *Vox*, [*S. l.*], p. 1-6, 5 mar. 2018. Disponível em: https://www.vox.com/2018/3/5/17079702/2018-oscars-me-too-times-up-frances-mcdormand-jimmy-kimmel. Acesso em: 27 jan. 2022.

Nosso mundo está ficando muito louco e não vou deixar a loucura me frustrar [...] se você não acredita que as pessoas mudam, crescem, evoluem, à medida que envelhecem, [então] não sei o que lhe dizer[312].

Dentro de alguns dias, Hart anunciou sua saída do show do Oscar. Ele então se curvou perante a multidão: "Lamento ter magoado as pessoas. Estou evoluindo e quero continuar evoluindo. Meu objetivo é unir as pessoas, não as separar". Quando Ellen DeGeneres tentou encorajar Hart a voltar e fazer o show em janeiro, até mesmo ela foi duramente criticada pela esquerda *woke*[313].

Com toda aquela controvérsia, não foi um choque quando a Academia passou a formalizar os padrões *woke*, em grande parte como uma medida preventiva destinada a ganhar tempo e espaço da multidão *woke*. Assim como nas universidades, os progressistas deram espaço aos radicais.

>> A LONGA HISTÓRIA DE AUTOCONGRATULAÇÃO DE HOLLYWOOD

De forma mais ampla, o movimento da Academia para formalizar sua política, até então voluntária, foi meramente o culminar de um movimento duradouro em Hollywood para propagandear em nome do esquerdismo, esbofetear o centro do país[314], minar os valores tradicionais e remover aqueles que discordam. Durante

---

[312] NEWTON, Casey. How Kevin Hart tweeted himself out of a job hosting the Oscars. *The Verge*, [S. l.], p. 1-12, 8 dez. 2018. Disponível em: https://www.theverge.com/2018/12/8/18131221/kevin-hart-oscar-hosting-homophobia-twitter-tweets. Acesso em: 27 jan. 2022.

[313] DAW, Stephen. A Complete Timeline of Kevin Hart's Oscar-Hosting Controversy, From Tweets to Apologies. *Billboard*, [S. l.], p. 1-11, 13 jan. 2020. Disponível em: https://www.billboard.com/music/awards/kevin-hart-oscar-hosting-controversy-timeline-8492982/. Acesso em: 27 jan. 2022.

[314] No original: *flyover country*. (N. E.)

A RADICALIZAÇÃO DO ENTRETENIMENTO

décadas, Hollywood tem sido o reduto de progressistas: a comunidade artística nos Estados Unidos normalmente se inclina para a esquerda, fenômeno que pode ser atribuído ao contraculturalismo característico da própria arte. Expandir os limites costuma ser o nome do jogo na arte e nos Estados Unidos – um país de valores tradicionais, com uma sólida veia religiosa. Historicamente, a comunidade artística tem resistido fortemente aos valores tradicionais. E, quando se trata de cinema e televisão, mídias artísticas predominantemente localizadas nas câmaras de eco de Nova York e Hollywood, tais atitudes são radicalmente amplificadas. Essa câmara de eco reflete, rotineiramente, a noção egocêntrica das elites progressistas de que elas detêm o monopólio da decência. Como me disse, anos atrás, Allan Burns, cocriador de *The Mary Tyler Moore Show*:

> Os escritores sempre tiveram uma consciência social. Isso não é surpresa. Não quero parecer arrogante sobre isso, porque não me considero um intelectual, mas me considero uma pessoa que sente empatia e pensa sobre o que está acontecendo no mundo[315].

Hollywood considera-se melhor do que a ralé comum há muito tempo. Essa desconexão ficou evidente logo no início. Os filmes de Hollywood da década de 1920, por exemplo, eram tão atrevidos que as autoridades locais começaram a aprovar leis de censura aos cinemas. Hollywood respondeu com o chamado Código de Produção, um conjunto de normas destinadas a impedir que os filmes promovessem diversas proibições morais da época. O Código de Produção dizia:

> Nenhum filme deve ser produzido para rebaixar os padrões morais dos espectadores. Consequentemente, a simpatia do público nunca deve ser jogada a favor do lado do crime, da

---

[315] SHAPIRO, Ben. *Primetime Propaganda*. Nova York: Harper Collins, 2011. p. 71.

transgressão, da maldade ou do pecado. [...] A lei, natural ou humana, não deve ser ridicularizada, nem deve ser criada simpatia por sua violação[316].

Na década de 1960, o povo americano havia parado de boicotar filmes com base em violações do Código e a adesão rapidamente entrou em colapso. A televisão fez um movimento semelhante durante a década de 1960, afastando-se de uma programação mais voltada para valores, como *Bonanza*, e em direção a materiais de orientação política, como *Tudo em Família*. Hollywood refletiu e impulsionou o movimento generalizado da América em direção às causas progressistas. E, quando esse progressismo se instalou, Hollywood fechou-se para vozes e criadores externos: como me disse Michael Nankin, produtor de *Chicago Hope* e *Picket Fences*:

> As pessoas geralmente gostam de trabalhar com pessoas com as quais trabalharam antes, ou com as quais se sentem confortáveis. [...] E essa mentalidade, que é totalmente apropriada, torna difícil a entrada de novas pessoas[317].

Fred Silverman, ex-chefe da NBC, ABC e CBS, foi mais direto quando falei com ele há uma década: "No momento, há apenas uma perspectiva. E é uma perspectiva muito progressista"[318].

Hollywood é a terra da renormalização progressista, a principal válvula de escape para uma minoria política que faz apelos emocionais a um país mais amplo. Como Shonda Rhimes, a principal criadora da televisão, declarou em seu livro, *O ano em que disse sim: como dançar, ficar ao sol e ser sua própria pessoa*[319]:

---

[316] THE MOTION Picture Production Code (as Published 31 March, 1930). [*S. l.*], 31 mar. 1930. Disponível em: https://www.asu.edu/courses/fms200s/total-readings/MotionPicture-ProductionCode.pdf. Acesso em: 27 jan. 2022.
[317] SHAPIRO, Ben. *Primetime Propaganda*. Nova York: Harper Collins, 2011. p. 59.
[318] *Ibid.*, p. 62.
[319] No Brasil encontramos a seguinte edição: RHIMES, Shonda. *O ano em que disse sim:* como dançar, ficar ao sol e ser sua própria pessoa. Rio de Janeiro: BestSeller, 2016. (N. E.)

A RADICALIZAÇÃO DO ENTRETENIMENTO

Eu estou NORMALIZANDO a televisão. Você deveria ligar a TV e ver a sua tribo. [...]. Se você nunca viu a abertamente bissexual Callie Torres olhar para o pai de forma hostil e gritar para ele (minha frase favorita): "Você não pode rezar para deixar de ser gay!!!" [...]. Se você nunca viu uma personagem transgênero na TV ter família, entenda, um dr. Bailey para amá-la e apoiá-la [...]. Se você nunca vê nenhuma dessas pessoas na TV [...]. O que você aprende sobre sua importância no tecido social? O que as pessoas heterossexuais aprendem?[320]

Em 2017, ela acrescentou:

Fico realmente ofendida com o conceito de que o resultado da eleição [de 2016] foi – como posso dizer isso? – que pessoas pobres que não são de cor precisam de mais atenção. [...] Não acredito que ninguém [do público de meus programas] seja [apoiador de Trump], porque sou uma feminista progressista negra, amante da Planned Parenthood[321].

Então, talvez Rhimes devesse ter explicado que você deveria ser capaz de ligar a TV e ver sua tribo... a menos que ela discorde de Rhimes. Nesse caso, sua tribo será representada por substitutos de John Lithgow em *Footloose*, olhando furiosamente para a alegria e maravilha da cultura moral progressista.

Essa atitude em relação aos conservadores, tanto no conteúdo do cinema quanto na televisão, não é novidade. Os conservadores existem, em dramas, como contraste para progressistas de mente mais aberta e mais tolerantes; nas comédias, geralmente assumem a forma de incompetentes, que pensam errado. Ocasionalmente, um libertário aleatório pode ser retratado como um guia de vida

---

[320] RHIMES, Shonda. *Year of Yes: How to Dance It Out, Stand in the Sun, and Be Your Own Person*. Nova York: Simon & Schuster, 2015. p. 235–237.
[321] RUTENBERG, Jim. How to Write TV in the Age of Trump: Showrunners Reveal All. *The New York Times*, [S. l.], p. 1-6, 12 abr. 2017. Disponível em: https://www.nytimes.com/2017/04/12/arts/television/political-tv-in-age-of-trump-shonda-rhimes-scandal-veep--madame-secretary-house-of-cards-hbo.html?_r=0]. Acesso em: 27 jan. 2022.

cínico (veja, por exemplo, Ron Swanson em *Parks and Recreation*, ou Jack Donaghy em *30 Rock*), mas é uma certeza absoluta de que nenhum programa de televisão, ou filme convencional, retratará um defensor do casamento tradicional como algo além de um intolerante, ou uma mulher totalmente pró-vida como qualquer coisa além de uma traidora.

Por que isso importa? Porque, como meu antigo mentor Andrew Breitbart costumava dizer, a cultura está acima da política. Os americanos envolvem-se *muito mais* com a cultura do que com a política: o sentimento político é apenas a manifestação de sentimentos subjacentes das pessoas, sobre compaixão e justiça, sobre certo e errado. E *esses* sentimentos são moldados pelo mar cultural no qual todos nós nadamos.

A Netflix tem 195 milhões de assinantes globais; a Disney+, mais de 70 milhões; a Hulu, outros 32 milhões. A HBO Max, mais de 30 milhões. A Apple TV, mais de 42 milhões. A Amazon Prime, mais de 140 milhões[322]. De acordo com a Nielsen, os americanos com mais de dezoito anos passam, pelo menos, quatro horas por dia assistindo TV; em média, eles passam mais de doze horas por dia engajados com a TV[323].

E esse mar cultural é dominado pela esquerda, de cima a baixo. Há uma razão para a Netflix dar luz verde a uma lista plurianual de projetos de Barack e Michelle Obama[324]; para Susan Rice, ex-membro do governo Obama e agora funcionária de Biden, estar no conselho da Netflix[325]; para 98% de todas as doações

---

[322] LOW, Elaine. Disney Plus Subscribers Surpass 73 Million as of October. *Variety*, [*S. l.*], p. 1-3, 12 nov. 2020. Disponível em: https://variety.com/2020/tv/news/disney-plus-subscribers-surpass-73-million-subscribers-as-of-october-1234830555/. Acesso em: 27 jan. 2022.
[323] THE NIELSEN Total Audience Report: August 2020. *Nielsen*, [*S. l.*], p. 1-2, 13 ago. 2020. Disponível em: https://www.nielsen.com/us/en/insights/report/2020/the-nielsen-total-audience-report-august-2020/. Acesso em: 27 jan. 2022.
[324] KOBLIN, John. The Obamas and Netflix Just Revealed the Shows and Films They're Working On. *Nielsen*, [*S. l.*], p. 1-6, 30 abr. 2019. Disponível em: https://www.nytimes.com/2019/04/30/business/media/obama-netflix-shows.html. Acesso em: 27 jan. 2022.
[325] SPANGLER, Todd. Susan Rice Will Leave Netflix Board to Join Biden Administration. *Variety*, [*S. l.*], p. 1-3, 10 dez. 2020. Disponível em: https://variety.com/2020/biz/news/susan-rice-exits-netflix-board-biden-administration-1234850756/. Acesso em: 27 jan. 2022.

A RADICALIZAÇÃO DO ENTRETENIMENTO

de funcionários da Netflix irem para os democratas em 2016 e 99,6% em 2018[326]; para a Netflix anunciar que não investiria em fazer filmes ou televisão na Geórgia caso a lei pró-vida do estado fosse mantida[327] (a Netflix não tem problemas em fazer negócios com a China, é claro)[328]. Há uma razão para a Disney dizer que também teria dificuldades em fazer negócios na Geórgia[329] (e sim, *Mulan* foi filmado em Xinjiang, onde o governo chinês tem colocado uigures muçulmanos em campos de concentração)[330]. Há uma razão para, durante os tumultos do Black Lives Matters do verão de 2020, a Amazon Prime recomendar filmes e televisão de esquerda a quem optou por se conectar. Hollywood é totalmente esquerdista e isso se reflete de cima a baixo. Seu viés é inevitável.

O produto é óbvio: mais pessoas pensando em linhas esquerdistas. Um estudo do *Norman Lear Center* descobriu que os conservadores assistem muito menos televisão do que "azuis" [democratas], ou os "roxos" [libertários], e também são "menos propensos a dizer que aprenderam sobre política e questões sociais com filmes de ficção ou TV"; tanto "azuis" quanto "roxos" são mais propensos a discutir política baseando-se no entretenimento e a agir com base nele; 72% de todas as mudanças políticas

---

[326] LEVY, Ari. The most liberal and conservative tech companies, ranked by employees' political donations. *CNBC*, [*S. l.*], p. 1-11, 2 jul. 2020. Disponível em: https://www.cnbc.com/2020/07/02/most-liberal-tech-companies-ranked-by-employee-donations.html. Acesso em: 27 jan. 2022.

[327] GRAHAM, Megan. Netflix says it will rethink its investment in Georgia if 'heartbeat' abortion law goes into effect. *CNBC*, [*S. l.*], p. 1-3, 28 maio 2019. Disponível em: https://www.cnbc.com/2019/05/28/netflix-would-rethink-investment-in-georgia-if-abortion-law-stands.html. Acesso em: 27 jan. 2022.

[328] PHAM, Sherisse. Netflix finally finds a way into China. *CNN*, [*S. l.*], p. 1-2, 3 maio 2017. Disponível em: https://money.cnn.com/2017/04/26/technology/netflix-china-baidu-iqiyi/. Acesso em: 27 jan. 2022.

[329] RICHWINE, Lisa. Disney CEO says it will be 'difficult' to film in Georgia if abortion law takes effect. *Reuters*, [*S. l.*], p. 1-3, 29 maio 2019. Disponível em: https://www.reuters.com/article/us-usa-abortion-walt-disney-exclusive/disney-ceo-says-it-will-be-difficult-to-film-in-georgia-if-abortion-law-takes-effect-idUSKCN1T003X. Acesso em: 27 jan. 2022.

[330] QIN, Amy; WONG, Edward. Why Calls to Boycott 'Mulan' Over Concerns About China Are Growing. *The New York Times*, [*S. l.*], p. 1-6, 8 set. 2020. Disponível em: https://www.nytimes.com/2020/09/08/world/asia/china-mulan-xinjiang.html?searchResultPosition=1. Acesso em: 27 jan. 2022.

medidas desde 2008, não por coincidência, foram em direção às perspectivas progressistas. Naturalmente, o *Lear Center* concluiu que os criadores de televisão deveriam colocar "mais ênfase na conscientização sobre a discriminação e em seu profundo impacto social"[331].

Entretanto o progressismo de Hollywood não é suficiente. Não mais. Não para a esquerda autoritária. A esquerda de Hollywood costumava criticar o macarthismo. Agora eles são seus principais praticantes.

>> A CULTURA DO CANCELAMENTO VIRÁ ATRÁS DE TODOS

A cultura do cancelamento está na ordem do dia em Hollywood. E você não precisa ser um conservador para ser cancelado. A mera passagem do tempo pode sujeitá-lo às predações da multidão autoritária de esquerda. Tornou-se um truísmo afirmar que clássicos do passado simplesmente não seriam feitos hoje – filmes como *Apertem os Cintos...O Piloto Sumiu!* e programas como *Tudo em Família* nunca seriam aprovados. E isso é, obviamente, verdade. Os estúdios de Hollywood exibem regularmente seus programas para grupos de ativistas, como a *Gay and Lesbian Alliance Against Defamation* [Aliança Gay e Lésbica Contra a Difamação]; a GLAAD gaba-se de que sua equipe de mídia "trabalha em estreita colaboração com redes de TV, estúdios de cinema, empresas de produção, *showrunners*, roteiristas, diretores de elenco, agências de publicidade e firmas de relações públicas", de forma a garantir "representação justa e precisa" das pessoas LGBT. "Justa e precisa" provavelmente significa refletir a agenda da GLAAD[332]. É impro-

---

[331] BLAKLEY, Johanna *et al*. Are You *What You Watch?* [*S. l.*]: LearCenter.org, maio 2019. Disponível em: https://learcenter.org/wp-content/uploads/2019/05/are_you_what_you_watch.pdf. Acesso em: 27 jan. 2022.

[332] GLAAD works with Hollywood to shape transgender stories and help cast trans actors. *GLAAD.org*, [*S. l.*], p. 1-4, 12 maio 2020. Disponível em: https://www.glaad.org/blog/glaa-

A RADICALIZAÇÃO DO ENTRETENIMENTO

vável que a GLAAD deixasse passar qualquer piada sobre orientação sexual.

Na verdade, a maioria das piadas agora está fora dos limites. *The Office* reformulou seu próprio conteúdo, removendo uma cena na 9ª temporada, na qual um personagem usava o rosto pintado de negro (não importa que a cena fosse sobre como era insano e inapropriado pintar o rosto de negro). O produtor executivo Greg Daniels entoou: "Hoje cortamos uma cena de um ator com o rosto pintado de negro, a qual foi utilizada de modo a criticar uma prática racista europeia específica. O rosto pintado de negro é inaceitável, e mostrar isso de forma explícita é prejudicial e errado. Sinto muito pela dor que causou". Enquanto isso, *Community* cortou um episódio inteiro da biblioteca da Netflix, porque um personagem asiático pintava o rosto de negro, fazendo com que um personagem negro respondesse, "Então, vamos apenas ignorar esse crime de ódio, hum?". Até mesmo *condenar* o rosto pintado de negro é ofensivo agora. Episódios de *Scrubs* e *30 Rock* também desapareceram[333].

Filmes do passado foram removidos para fornecer "contexto", principalmente quando a HBO Max removeu *E o Vento Levou* de sua biblioteca, explicando que o filme era "um produto de seu tempo", contendo "preconceitos étnicos e raciais" que eram "Errados na época e estão errados hoje"[334]. Não importa que Hattie McDaniel, acusada de personificar esse preconceito ao interpretar Mammy, tornou-se a primeira atriz negra a ganhar um Oscar por seu papel. A Disney+ agora atualizou filmes antigos com um aviso: "Este programa inclui representações negativas e/ou maus-tratos

---

d-works-hollywood-shape-transgender-stories-and-help-cast-trans-actors. Acesso em: 27 jan. 2022.

[333] NEMETZ, Dave. The Office Edits Out Blackface Scene, Community Pulls Entire Episode. *TV Line*, [S. l.], p. 1-2, 26 jun. 2020. Disponível em: https://tvline.com/2020/06/26/the-office-community-blackface-cut-removed-streaming. Acesso em: 27 jan. 2022.

[334] *GONE with the Wind* removed from HBO Max. *BBC News*, [S. l.], p. 1-4, 10 jun. 2020. Disponível em: https://www.bbc.com/news/entertainment-arts-52990714. Acesso em: 27 jan. 2022.

de pessoas ou culturas. Esses estereótipos estavam errados na época e estão errados agora. Ao invés de remover este conteúdo, queremos reconhecer seu impacto prejudicial, aprender com ele e iniciar conversas, para criarmos juntos um futuro mais inclusivo. A Disney está empenhada em criar histórias com temas inspiradores e aspiracionais, que refletem a rica diversidade da experiência humana em todo o mundo". Filmes marcados com esse choramingo patético incluem *Aladdin*, *Fantasia*, *Peter Pan*, *A Dama e o Vagabundo*, *Mogli: o Menino Lobo* e *A Cidadela dos Robinson*[335].

E se o conteúdo for percebido como não *woke* – não importa o quão apolítico seja –, ele também pode ser cancelado. No meio dos protestos e tumultos do Black Lives Matter, em 2020, o *reality show Cops* foi cancelado da Paramount Network depois de trinta e um anos – tudo por causa do temor de que o programa pudesse mostrar os policiais em um contexto positivo. O grupo ativista esquerdista Color of Change aplaudiu a decisão, afirmando:

> A televisão criminal encoraja o público a aceitar as normas do policiamento excessivo e da força excessiva, além de rejeitar a reforma, apoiando, ao mesmo tempo, o exato comportamento que destrói a vida dos negros. *Cops* abriu o caminho. [...] Pedimos à A&E para, na sequência, cancelar o *Live PD*[336].

Dias depois, ele foi cancelado[337].

Não se trata apenas de cancelar programas ou filmes. Artistas que desafiam a multidão *woke* são alvo de destruição. Em

---

[335] GELMAN, Samuel. Disney+ Updates Offensive Content Disclaimer for Aladdin, Peter Pan and More. *CBR.com*, [S. l.], p. 1-3, 15 out. 2020. Disponível em: https://www.cbr.com/disney-plus-update-disclaimer-aladdin-peter-pan/. Acesso em: 27 jan. 2022.

[336] HIBBERD, James. Cops TV series canceled after 31 years in wake of protests. *Entertainment Weekly*, [S. l.], p. 1-4, 9 jun. 2020. Disponível em: https://ew.com/tv/cops-canceled/. Acesso em: 27 jan. 2022.

[337] WHITTEN, Sarah. 'Live P.D.' canceled by A&E following report that the reality show filmed police custody death. *CNBC*, [S. l.], p. 1-4, 11 jun. 2020. Disponível em: https://www.cnbc.com/2020/06/11/live-pd-canceled-over-report-that-show-filmed-police-custody--death.html. Acesso em: 27 jan. 2022.

A RADICALIZAÇÃO DO ENTRETENIMENTO

julho de 2018, Scarlett Johansson abandonou a produção de um filme intitulado *Rub and Tug*, sobre um homem transexual. A esquerda radical sugeriu que *somente* um homem transgênero poderia interpretar um homem transgênero – uma mulher biológica, que não se identificava como homem, não poderia. Agora, esta é uma das disputas mais absurdas da história da humanidade: atores, literalmente, agem como outras pessoas. E a verossimilhança não deveria ser um problema aqui: uma fêmea humana biológica estava interpretando uma fêmea humana biológica, que acredita ser homem. Entretanto a comunidade *woke* achou melhor que o filme, protagonizado por uma das maiores estrelas de Hollywood, fosse cancelado imediatamente, ao invés de estrelado por uma pessoa não transgênero. Johansson cumpriu devidamente sua penitência: "Agradeço que este debate sobre o elenco [...] tenha desencadeado uma conversa mais ampla, sobre a diversidade e a representação no cinema"[338]. Essa proposição ilógica cria alguns momentos embaraçosos: quando Ellen Page anunciou ser um homem transgênero, a série estrelada por ela, *Umbrella Academy*, anunciou que estaria tudo bem para "Elliot Page", um homem trans, continuar a interpretar uma mulher não transgênero.

Esse puritanismo em relação aos padrões *woke* representa uma séria ameaça à carreira dos comediantes, que ganham dinheiro com a disposição de zombar das regras rígidas. De maneira hilariante, isso levou ao espectro dos principais comediantes criticarem violentamente os *woke*. Depois que Sarah Silverman, uma esquerdista radical, revelou que havia perdido um papel no cinema graças a um esquete de 2007 com o rosto pintado de negro (novamente, o esquete era sobre o racismo enfrentado pelos negros americanos), ela criticou fortemente a cultura do cancelamento:

---

[338] SCARLETT Johansson quits trans role after LGBT backlash. *BBC News*, [*S. l.*], p. 1-3, 13 jul. 2018. Disponível em: https://www.bbc.com/news/entertainment-arts-44829766. Acesso em: 27 jan. 2022.

Sem um caminho para a redenção, quando você pega alguém, você encontra um tuíte escrito há sete anos, ou algo que disse, a expõe e diz: "essa pessoa não deveria existir mais, vamos bani-la para sempre". [...] Queremos que as pessoas mudem? Ou queremos que permaneçam iguais, congeladas em um momento que encontramos na internet há 12 anos?[339]

Dave Chappelle criticou a cultura do cancelamento, chamando-a de "temporada de caça às celebridades"[340]. Bill Burr discursou no *Saturday Night Live*: "Sabe o quanto é estúpido esse negócio de 'cancelado'? Eles estão, literalmente, ficando sem gente para cancelar. Eles estão indo atrás de pessoas mortas agora"[341]. Rowan Atkinson, recentemente e corretamente, comparou a cultura do cancelamento ao "equivalente digital da multidão medieval, vagando pelas ruas, procurando alguém para queimar". Ele acrescentou: "Torna-se um caso de você estar conosco ou contra nós. E se você está contra nós, merece ser 'cancelado'"[342].

>> COMO HOLLYWOOD FOI RENORMALIZADA

Tudo isso levanta uma questão séria: se a cultura *woke* anula o entretenimento atraente, destrói a comédia e geralmente torna

---

[339] SIMPSON, Leah. You would say that wouldn't you! Sarah Silverman says progressives should allow cancel-culture victims a 'path to redemption' – after she was fired from film role for blackface. *Daily Mail*, [*S. l.*], p. 1-6, 26 out. 2020. Disponível em: https://www.dailymail.co.uk/news/article-8880547/Sarah-Silverman-slams-non-forgiving-cancel-culture-progressives-warns-digging-mistakes.html. Acesso em: 27 jan. 2022.

[340] VADALA, Nick. Dave Chappelle defends Kevin Hart in controversial new Netflix comedy special 'Sticks & Stones'. *The Philadelphia Inquirer*, [*S. l.*], p. 1-4, 28 ago. 2019. Disponível em: https://www.inquirer.com/entertainment/tv/dave-chappelle-netflix-comedy-kevin-hart-louis-ck-michael-jackson-20190828.html. Acesso em: 27 jan. 2022.

[341] TOTO, Christian. Bill Burr: Cancel Culture Made Me a Better Stand-up Comedian. *HollywoodInToto.com*, [*S. l.*], p. 1-4, s.d. Disponível em: https://www.hollywoodintoto.com/bill-burr-cancel-culture-stand-up-comedian/. Acesso em: 27 jan. 2022.

[342] COST, Ben. 'Mr. Bean' actor Rowan Atkinson equates cancel culture to 'medieval mob'. *New York Post*, [*S. l.*], p. 1-3, 5 jan. 2021. Disponível em: https://nypost.com/2021/01/05/mr-bean-rowan-atkinson-says-cancel-culture-to-medieval-mob/. Acesso em: 27 jan. 2022.

A RADICALIZAÇÃO DO ENTRETENIMENTO

o entretenimento pior, por que ceder a isso? Por que não, simplesmente, fazer entretenimento para o maior número possível de americanos?

A resposta está, mais uma vez, na renormalização. Tudo o que é necessário para renormalizar uma instituição é uma minoria sólida de pessoas intransigentes e inflexíveis: atender a essa base, enquanto se aproveita da obediência inata da maioria, pode levar a uma reorientação completa. Aconteceu exatamente isso em Hollywood. Quando Hollywood costumava transmitir *amplamente*, buscando o maior público possível, eles agora estreitam as transmissões de modo a apaziguar a inflexível coalizão de esquerda. Na prática, isso significa atender aos críticos, que são quase universais em sua reflexão sobre as prioridades *woke*; também significa servir muito bem a subconjuntos intransigentes do público e, em seguida, contar com o resto do público para acompanhar.

Os críticos de Hollywood são monoliticamente adeptos do esquerdismo autoritário. Ele infundiu a crítica cinematográfica de maneira extraordinária: os filmes, caso percebidos como políticos, não são mais julgados amplamente por seus méritos. Ao invés disso, são julgados por aderirem a pautas *woke*. O Rotten Tomatoes – o balcão único para a crítica de cinema – demonstra um claro viés favorável aos filmes de esquerda[343]. Para os críticos, o agregado de opiniões do Rotten Tomatoes também exacerba o viés de confirmação: os críticos não querem se destacar da multidão. Como escreve Owen Gleiberman, da *Variety*: "A picada da pressão para se conformar é onipresente"[344]. Recentemente, quando um crítico da *Variety* sugeriu, de forma temerária, que Carey Mulligan não era apropriada a seu papel, no esquerdista *Bela Vingança*, a

---

[343] CENTER IS SEXY. Graphing Rotten Tomatoes' Political Bias. *Medium.com*, [*S. l.*], p. 1-10, 18 set. 2019. Disponível em: https://medium.com/@centerissexy/graphing-rotten-tomatoes-political-bias-957e43986461. Acesso em: 27 jan. 2022.

[344] GLEIBERMAN, Owen. Healthy Tomatoes? The Danger of Film Critics Speaking as One. *Variety*, [*S. l.*], p. 1-4, 20 ago. 2017. Disponível em: https://variety.com/2017/film/columns/rottentomatoes-the-danger-of-film-critics-speaking-as-one-1202533533/. Acesso em: 27 jan. 2022.

Variety chegou ao ponto de taxar seu próprio crítico de misógino enrustido e oferecer *desculpas* por sua crítica[345]. A censura de cima para baixo da esquerda autoritária está a todo vapor entre os críticos. O objetivo não é apenas silenciar a dissidência, mas forçar a confissão pública e o arrependimento.

Há uma razão pela qual os críticos estão, muitas vezes, totalmente fora de sintonia com o público do cinema. Não é raro que o público rejeite um filme com base em sua falta de qualidade e os críticos o elogiem aos céus por razões políticas. Por exemplo, *Caça-Fantasmas* (2016), a nova versão com elenco feminino do clássico original de Bill Murray, obteve uma resposta morna do público – uma pontuação positiva de 50% entre o público no RottenTomatoes e uma bilheteria brutal, que custou ao estúdio US$ 70 milhões. Isso, porque o filme é uma porcaria medíocre e irritante. Porém, de acordo com os críticos, o filme foi *importante* – e importante porque substituiu os protagonistas masculinos por protagonistas femininas. Megan Garber, da *The Atlantic*, escreveu: "Por um momento, parecia que o futuro das mulheres em Hollywood – e o futuro do próprio feminismo – estaria nos ombros de Paul Feig, Ivan Reitman, Melissa McCarthy e alguns fantasmas gerados por computador". E – surpresa! – Garber achou o filme "muito bom", equilibrando "fantasmas, armas, piadas e poder feminino"[346].

Quando os críticos entram em conflito com o público, só pode haver uma explicação: os americanos são um bando de intolerantes. Então, naturalmente, o fracasso dos *Caça-Fantasmas* tornou-se evidência de que os americanos simplesmente não conseguiam lidar com mulheres poderosas. E o fracasso do

---

[345] BRADSHAW, Peter. Variety's apology to Carey Mulligan shows the film critic's ivory tower is toppling. *The Guardian*, [*S. l.*], p. 1-4, 28 jan. 2021. Disponível em: https://www.theguardian.com/film/2021/jan/28/variety-apology-carey-mulligan-film-critics. Acesso em: 27 jan. 2022.

[346] GARBER, Megan. Hey, Look, the New Ghostbusters Didn't Kill Ghostbusters. *The Atlantic*, [*S. l.*], p. 1-6, 15 jul. 2016. Disponível em: https://www.theatlantic.com/entertainment/archive/2016/07/hey-look-ghostbusters-didnt-kill-feminism/491414/. Acesso em: 27 jan. 2022.

A RADICALIZAÇÃO DO ENTRETENIMENTO

filme foi atribuído a esses fãs, que eram apenas homens frustrados e infantis, incapazes de expressar um pensamento sobre um filme medíocre.

Esse fenômeno foi repetidamente invocado para explicar por que os críticos gostam de filmes dos quais o público geralmente não gosta. Se os fãs pensam que *Star Wars: Os Últimos Jedi* foi uma mistura incoerente de trama ruim, destruição de personagens amados e icônicos, adição de personagens novos e chatos, com um enredo paralelo de tolice dos direitos dos animais, não é porque eles talvez estejam certos – é porque eles são "fãs tóxicos". Se, em particular, os fãs de *Star Wars* achavam que Rose (Kelly Marie Tran) era uma personagem absolutamente supérflua e soporífica (ela era), era por serem racistas e sexistas. Os críticos falaram e amaram *Os Últimos Jedi* (90% de aprovação no Rotten-Tomatoes); o público falou e odiou (42% de aprovação). Obviamente, o público estava errado. Como disse Matt Miller, da *Esquire*, os fãs de Star Wars

> tragicamente se tornaram, em 2018, sinônimos de ódio, intolerância e idiotice generalizada. [...] *Os Últimos Jedi* inspirou os piores impulsos de um movimento de extrema direita que está tomando conta da Internet e estendendo sua influência para o mundo real[347].

Fãs tóxicos podem ser usados como uma desculpa constante para o fato de que os críticos estão fora de sintonia com as massas sujas.

Enquanto isso, os críticos podem ser tão tóxicos quanto quiserem com referência ao trabalho percebido por eles como insuficientemente *woke*. O especial de comédia *Sticks and Stones* [Paus e Pedras], de Dave Chappelle, atacou a cultura do cancelamento e os censuradores *woke* – então os críticos o esfolaram,

---

[347] MILLER, Matt. The Year Star Wars Fans Finally Ruined Star Wars. *Esquire*, [*S. l.*], p. 1-8, 13 dez. 2018. Disponível em: https://www.esquire.com/entertainment/movies/a25560063/how-fans-ruined-star-wars-the-last-jedi-2018/. Acesso em: 27 jan. 2022.

dando-lhe uma pontuação positiva de 35%, reclamando que Chappelle havia se tornado "um homem que quer tudo – dinheiro, fama, influência — sem precisar responder demais a ninguém"[348]. Quando Chappelle voltou a falar sobre a natureza do racismo sistêmico americano, os críticos voltaram a digitar: "Pode um set de comédia ganhar um Pulitzer? [...] teatro em sua forma mais poderosa"[349], "não é engraçado [...] mas o comediante estava em sua melhor forma"[350]. (Deve-se notar que Chappelle sobreviveu, em grande parte, porque toda a sua performance foi construída em torno da oposição à cultura do cancelamento.) Quando *Era uma Vez um Sonho* estreou, os críticos atacaram-no ferozmente (27% de críticas positivas) – não primordialmente por causa de sua qualidade como filme, mas porque, entre 2016 e 2020, tornou-se contrário ao movimento *woke* levar a sério protagonistas brancos empobrecidos, ou defender o poder da tomada de decisão individual. A crítica do filme na *The Atlantic* considerou-o "um dos piores filmes do ano" e achou digno de nota que o livro original, com vários milhões de cópias vendidas, "muitas vezes parece desinteressado em interrogar questões sistêmicas mais profundas"[351]. O público, a propósito, adorou o filme – a avaliação do público foi 86% positiva no Rotten Tomatoes.

Os críticos ajudam a eliminar projetos de entretenimento aos quais se opõem politicamente. Entretanto a maioria dos

---

[348] GIORGIS, Hannah. The Fear in Chappelle's New Special. *The Atlantic*, [*S. l.*], p. 1-6, 28 ago. 2019. Disponível em: https://www.theatlantic.com/entertainment/archive/2019/08/dave-chappelle-doubles-down-sticks-and-stones/596947/. Acesso em: 27 jan. 2022.

[349] HOFFMAN, Jordan. Dave Chappelle Releases a Passionate and Raw Comedy Set, Making George Floyd Protests Personal. *Vanity Fair*, [*S. l.*], p. 1-6, 12 jun. 2020. Disponível em: https://www.vanityfair.com/hollywood/2020/06/dave-chappelle-releases-a-passionate--and-raw-comedy-set-making-george-floyd-protests-personal. Acesso em: 27 jan. 2022.

[350] ALI, Lorraine. Review: Dave Chappelle's new special isn't stand-up. It's an anguished story of violence. *Los Angeles Times*, [*S. l.*], p. 1-5, 12 jun. 2020. Disponível em: https://www.latimes.com/entertainment-arts/tv/story/2020-06-12/dave-chappelle-846-youtube-netflix--george-floyd. Acesso em: 27 jan. 2022.

[351] SIMS, David. Hillybilly Elegy Is One of the Worst Movies of the Year. *The Atlantic*, [*S. l.*], p. 1-5, 23 nov. 2020. Disponível em: https://www.theatlantic.com/culture/archive/2020/11/hillbilly-elegy/617189/. Acesso em: 27 jan. 2022.

A RADICALIZAÇÃO DO ENTRETENIMENTO

americanos não fica parada, esperando as interpretações dos críticos. O fator mais favorável ao "despertar" de Hollywood, ironicamente, é a própria fragmentação do mercado. Durante décadas, a regra em Hollywood era tentar atender ao maior público disponível – transmitir a uma base ampla. Os maiores filmes de sustentação – pense no Universo Marvel – ainda o fazem. Porém, à medida que os mecanismos de distribuição para o entretenimento se fragmentam, torna-se mais plausível estreitar a transmissão para públicos específicos, ou atender aos públicos mais intransigentes. O estreitamento gera, automaticamente, a renormalização.

Hollywood precisa que americanos conservadores ou apolíticos ignorem ser ofendidos, e serve especialmente àqueles que têm mais probabilidade de criar problemas – ou de consumir produtos entusiasticamente baseados em ideologia. Por essa razão, a Netflix tem categorias como "Coleção Black Lives Matter" ao lado de "Drama", e anunciou, pouco antes de lançar o gênero "Black Lives Matter": "Silenciar é ser cúmplice"[352]. A indústria não se preocupa mais em produzir filmes de grande sucesso voltados para atrair públicos enormes. Trata-se de agradar aos mais barulhentos, bater em todos os outros e esperar que ninguém desligue. Na maioria das vezes, essa esperança é justificada. Afinal, não é como se houvesse toneladas de alternativas conservadoras por aí. Mesmo que você fique ofendido com o fato de a Netflix espelhar os ditames *woke* do BLM, você não pode exatamente mudar para o Hulu, ou Amazon: essas empresas criaram suas próprias categorias de filmes propagandísticos, projetadas para responder ao "ajuste de contas" racial da América, e anunciaram sua própria solidariedade com o Black Lives Matter[353]. A renormalização de

---

[352] SPANGLER, Todd. Netflix Launches 'Black Lives Matter' Collection of Movies, TV Shows and Documentaries. *Variety*, [S. l.], p. 1-3, 10 jun. 2020. Disponível em: https://variety.com/2020/digital/news/netflix-black-lives-matter-collection-1234630160/. Acesso em: 27 jan. 2022.
[353] WILLIES, Kiersten. Netflix, Amazon and Hulu spotlight black stories with film collections. *The Atlanta Journal Constitution*, [S. l.], p. 1-4, 11 jun. 2020. Disponível em: https://

Hollywood, combinada ao fechamento da porta à dissidência, criou um monólito de entretenimento.

>> COMO OS ESPORTES "DESPERTARAM", E DEPOIS FALIRAM

A radicalização do entretenimento é mais evidente no contexto esportivo. Esportes são a última palavra em entretenimento transmitido: eles são projetados para atingir todos os subgrupos. É pura competição, mérito contra mérito, vencedores e perdedores. As narrativas são geralmente apolíticas, e os enredos, perfeitamente simples. Esporte é enfrentar a competição, lutar contra as adversidades, trabalhar com os companheiros de equipe. Esportes unificam.

Ou, pelo menos, costumavam unificar. Sim, a política desempenhou um papel crucial nas narrativas esportivas – de Jackie Robinson quebrando a barreira da cor, na Liga Principal de Beisebol, a Muhammad Ali desistindo de sua carreira no boxe por recusar o recrutamento do Vietnã, até a equipe olímpica americana de hóquei derrotando os soviéticos. Porém, uma vez que o jogo começava, todo o conflito exterior era concentrado *no esporte*. Os americanos tinham fortes interesses de torcida, muitas vezes com orientação política, mas a principal preocupação era a exibição de habilidade *no campo*.

As ligas esportivas trabalhavam para manter a política inteiramente fora do campo, ou das quadras. Quando a estrela do Denver Nuggets, Mahmoud Abdul-Rauf, recusou-se a ficar em pé para o hino nacional em 1996, David Stern, comissário da NBA e um progressista comprometido, o suspendeu sem remuneração. Rauf havia violado uma política da liga, exigindo que os jogadores e treinadores

---

www.ajc.com/entertainment/netflix-amazon-and-hulu-spotlight-black-stories-with-film--collections/vMxIsfPV3ksp7x2W7AtlQM/. Acesso em: 27 jan. 2022.

A RADICALIZAÇÃO DO ENTRETENIMENTO

"fiquem em pé e se alinhem em uma postura digna"[354]. Michael Jordan, quando questionado sobre por que ele havia permanecido apolítico em uma disputa acirrada pelo Senado na Carolina do Norte, em 1990, ele explicou: "Os republicanos também compram tênis". Anos depois, ele explicou: "Eu não era um político quando praticava meu esporte. Eu estava focado no meu ofício"[355].

Esse sentimento era considerado relativamente incontroverso. Então, algo mudou.

O que mudou foi a renormalização, em linhas raciais e políticas.

A ESPN, principal canal de esportes do planeta por uma vasta margem, começou a perder dinheiro. A rede obtinha receita de duas maneiras: por meio de publicidade, que dependia do telespectador, e por meio de taxas de veiculação. Um total de 75% do dinheiro da ESPN vêm de assinantes, de cabo e satélite; empresas de cabo e satélite pagam à ESPN para veicularem a rede. A ESPN pega esse dinheiro e paga ligas esportivas, de forma a veicularem o *seu* conteúdo.

Agora, a grande maioria dos assinantes de cabo e satélite não assiste à grande maioria do conteúdo na ESPN. Assim, à medida que as pessoas cortavam sua TV a cabo e as taxas de veiculação caíam, e à medida que outros concorrentes da TV a cabo esportiva entravam no negócio, e aumentavam o preço da programação esportiva, a ESPN viu-se em um mundo de sofrimento. Como descreve o jornalista esportivo Clay Travis:

> Seu modelo de negócios estava sob ataque, em duas frentes. O custo dos esportes que alugava e colocava no ar aumentava, no

---

[354] MOSSMAN, John. Abdul-Rauf Suspended Over National Anthem. *AP News*, [S. l.], p. 1-6, 13 mar. 1996. Disponível em: https://apnews.com/article/0a244b7bf3d7c3882229d-7f0e84587d6. Acesso em: 27 jan. 2022.

[355] BONTEMPS, Tim. Michael Jordan stands firm on 'Republicans buy sneakers, too' quote, says it was made in jest. *ESPN*, [S. l.], p. 3-16, 4 maio 2020. Disponível em: https://www.espn.com/nba/story/_/id/29130478/michael-jordan-stands-firm-republicans-buy-s-neakers-too-quote-says-was-made-jest. Acesso em: 27 jan. 2022.

momento em que sua receita de assinantes entrava em colapso. [...] Em 2011, no auge de seus negócios, a ESPN tinha 100 milhões de assinantes. [Em 2018], eles perderam 14 milhões de assinantes[356].

A ESPN respondeu, colocando no ar mais conversas quentes, baratas de se produzir e com a garantia de criar polêmica. Como aponta Travis, a ESPN

estava elevando os talentos que mais fervorosamente conectavam política esquerdista e esportes. Jemele Hill, Max Kellerman, Sarah Spain, Bomani Jones, Michelle Beadle, Pablo Torre – quanto mais esquerdista sua política, mais você aparece na televisão[357].

Isso era um reflexo tanto da cultura política dos próprios jornalistas esportivos, que votavam esmagadoramente nos democratas, quanto do desejo de servir especialmente uma base de clientes, desproporcionalmente inclinada para a esquerda. A composição demográfica das bases de fãs varia amplamente, dependendo do esporte. Os fãs da NBA, por exemplo, são desproporcionalmente negros; os fãs da NHL são desproporcionalmente brancos. E a ESPN gasta uma quantidade desproporcional de tempo em esportes assistidos por minorias. Em 2012, de acordo com o Deadspin, o *SportsCenter* gastou 23,3% de sua cobertura na NFL, 19,2% de seu tempo na NBA e apenas 2,1% de seu tempo na NASCAR. Entretanto, de acordo com uma pesquisa Harris de 2015, apenas 5% dos americanos disseram que o basquete era seu esporte favorito, em comparação com 6% que disseram automobilismo[358]. Porém a ESPN não está enviesando sua cobertura baseada em um estranho sentido de diversidade – eles

---

[356] TRAVIS, Clay. *Republicans Buy Sneakers Too*. Nova York: Harper Collins, 2018. p. 41–49.
[357] *Ibid.*, p. 55.
[358] PRO Football is Still America's Favorite Sport. *The Harris Poll*, [S. l.], p. 1-9, 26 jan. 2016. Disponível em: https://theharrispoll.com/new-york-n-y-this-is-a-conflicting-time-for-football-fans-on-the-one-hand-with-the-big-game-50-no-less-fast-approaching-its-a-time-of--excitement-especial/. Acesso em: 27 jan. 2022.

A RADICALIZAÇÃO DO ENTRETENIMENTO

estão fazendo isso porque os americanos negros assistem mais TV do que os americanos brancos,[359] e têm gastado, historicamente, mais dinheiro *per capita* em "bens visíveis", como calçados, roupas, carros e joias[360].

E servir especialmente a uma população desproporcionalmente esquerdista significa atender a seu sistema de crenças políticas – o que, por acaso, reflete os valores defendidos pelos chefes da ESPN. Ao atender a uma pequena subseção da população – uma população que preferia seus esportes com uma forte dose de política –, o mundo dos esportes renormalizou-se em torno de proposições *woke*.

As ligas esportivas começaram a atender a seus espectadores políticos, permitindo que a política se propagasse para o campo. Em 2014, um policial branco matou a tiros Michael Brown, de 18 anos; Brown havia agredido o policial, tentado roubar sua arma, disparado contra o carro do policial e, em seguida, atacado o policial. Membros da mídia repetiram a mentira de que Brown havia se rendido ao policial, com as mãos levantadas. O *slogan* "Mãos ao Alto, Não Atire" tornou-se uma abreviatura para a acusação de que Brown havia sido assassinado, e para a proposição mais ampla de que a polícia em toda a América estava atacando, sistematicamente, os negros americanos. E o mundo dos esportes fez o mesmo: cinco jogadores do St. Louis Rams saíram, durante as apresentações antes do jogo, com as mãos levantadas, na pose "Mãos ao Alto, Não Atire"[361]. A NFL rapidamente anunciou que não haveria consequências, com o vice-presidente da NFL, Brian McCarthy, explicando: "Respcitamos e compreendemos as preo-

---

[359] AVERAGE daily time spent watching TV per capita in the United States in 2009 and 2019, by ethnicity. *Statista*, [*S. l.*], p. 1-4, s.d. Disponível em: https://www.statista.com/statistics/411806/average-daily-time-watching-tv-us-ethnicity/. Acesso em: 27 jan. 2022.
[360] CHARLES, Kerwin Kofi; HURST, Erik; ROUSSANOV, Nokolai. Conspicuous Consumption and Race. *Quarterly Journal of Economics*, [*S. l.*], v. 124, n. 2, p. 425-467, 2009. Disponível em: https://repository.upenn.edu/fnce_papers/413/. Acesso em: 27 jan. 2022.
[361] ST. Louis police officers angered by Rams' 'hands up, don't shoot' pose. *SI.com*, [*S. l.*], p. 1-4, 30 nov. 2014. Disponível em: https://www.si.com/nfl/2014/11/30/st-louis-rams-ferguson-protests. Acesso em: 27 jan. 2022.

cupações de todos os indivíduos que expressaram opiniões sobre esta trágica situação"[362]. Entretanto não se tratava de um respeito generalizado pelos valores da liberdade de expressão – tratava-se de atender ao movimento *woke*. Em 2016, depois que um apoiador do Black Lives Matter atirou e matou cinco policiais, a NFL rejeitou o pedido do Dallas Cowboys de usar um decalque em homenagem às vítimas[363].

Ao longo dos anos seguintes, a adesão da mídia esportiva e das ligas ao movimento *woke* em campo só aumentou. Quando Abdul-Rauf protestou contra o hino nacional, foi totalmente incontroverso para David Stern suspendê-lo. Quando Colin Kaepernick, depois de ser substituído como *quarterback* principal do San Francisco 49ers, em favor do imortal Blaine Gabbart, decidiu se ajoelhar para o hino nacional em protesto contra os tiros da polícia contra Mario Woods, o suspeito armado de um esfaqueamento[364], a mídia correu em sua defesa. A ESPN cobriu o milionário Kaepernick como um herói, colocando sua rede em louvores de adoração ao *quarterback* substituído, mesmo quando ele declarou que não "ficaria de pé para demonstrar orgulho de uma bandeira de um país que oprime os negros e pessoas de cor"[365]. A mídia esportiva passou anos o defendendo como um ícone dos direitos civis. Por fim, o *quarterback*, que antes calçava meias retratando os policiais como porcos, recebeu milhões de dólares

---

[362] NFL won't discipline Rams players for 'hands up, don't shoot' gesture. *SI.com*, [*S. l.*], p. 1-3, 1 dez. 2014. Disponível em: https://www.si.com/nfl/2014/12/01/nfl-discipline-st-louis--rams-players-hands-dont-shoot. Acesso em: 27 jan. 2022.

[363] NFL denies Cowboys' request to wear decal honoring fallen Dallas officers. *Fox News*, [*S. l.*], p. 1-2, 12 ago. 2016. Disponível em: https://www.foxnews.com/sports/nfl-denies-cowboys-request-to-wear-decal-honoring-fallen-dallas-officers. Acesso em: 27 jan. 2022.

[364] LI, David K. Colin Kaepernick reveals the specific police shooting that led him to kneel. *NBC News*, [*S. l.*], p. 1-4, 20 ago. 2019. Disponível em: https://www.nbcnews.com/news/us-news/colin-kaepernick-reveals-specific-police-shooting-led-him-kneel-n1044306. Acesso em: 27 jan. 2022.

[365] INGRAHAM, Christopher. What Colin Kaepernick means for America's racial gap in patriotism. *The Washington Post*, [*S. l.*], p. 1-5, 23 set. 2016. Disponível em: https://www.washingtonpost.com/news/wonk/wp/2016/09/23/what-colin-kaepernick-means-for-americas-racial-gap-in-patriotism/. Acesso em: 27 jan. 2022.

da Nike – também tentando servir exageradamente às populações de esquerda – de forma a vender sapatos com o *slogan*: "Acredite em algo. Mesmo que signifique sacrificar tudo". Na realidade, Kaepernick não sacrificou nada – ele já havia sido substituído quando fez seu protesto, mais tarde evitaria até mesmo as pré-condições mais básicas para voltar a um time da NFL, e conseguiu milhões de dólares em publicidade. Entretanto Kaepernick agora é tratado como um herói no mundo dos esportes; em 2020, a própria NFL tentou alavancar uma equipe para contratá-lo. Adicionalmente, a EA Sports nomeou Kaepernick como *quarterback* de "calibre inicial", em seu jogo *Madden NFL 21*, apesar do fato de Kaepernick não jogar há anos, e não ter sido muito bom na última vez[366].

A politização dos esportes teve terríveis ramificações para os números de audiência. Esses números, que já estavam em recessão, entraram em declínio acentuado. A liga mais popular da América, a NFL, viu quedas nas classificações de quase 10% durante a temporada regular de 2017[367]. A ESPN teve uma queda tão dramática que o presidente da rede, John Skipper, quem havia supervisionado sua politização, admitiu, no final de 2016:

> A ESPN está longe de estar imune à febre política que afligiu grande parte do país no ano passado. Internamente, há um sentimento entre muitos funcionários – tanto progressistas quanto conservadores – de que o movimento percebido da empresa para a esquerda teve um efeito sufocante no discurso dentro dela e afetou seu produto voltado para o público. Os consumidores sentiram esse mesmo movimento para a esquerda, alienando alguns.

[366] WEST, Jenna. Colin Kaepernick Returns to 'Madden' for First Time Since 2016. *SI.com*, [*S. l.*], p. 1-2, 8 set. 2020. Disponível em: https://www.si.com/nfl/2020/09/08/colin-kaepernick-returns-madden-nfl-ea-sports-2020. Acesso em: 27 jan. 2022.
[367] ROVELL, Darren. NFL television ratings down 9.7 percent during 2017 regular season. *ESPN*, [*S. l.*], p. 1-3, 4 jan. 2018. Disponível em: https://www.espn.com/nfl/story/_/id/21960086/nfl-television-ratings-97-percent-2017-regular-season. Acesso em: 27 jan. 2022.

Jemele Hill, um esquerdista franco e censor, imediatamente rebateu: "Eu desafiaria aquelas pessoas que dizem se sentirem reprimidas. Você tem medo de reação, ou você teme o certo e o errado?"[368].

Em 2018, Skipper foi substituído por Jimmy Pitaro, presidente de seus produtos de consumo. Rapidamente, ele admitiu que a ESPN havia se desviado de sua missão principal: "unindo as pessoas em torno do esporte". Pitaro declarou: "Precisamos entender que estamos aqui para servir aos fãs de esportes. Todos os fãs de esportes". A pesquisa interna da ESPN mostrou que todos os fãs, tanto progressistas quanto conservadores, não queriam ouvir política na ESPN[369].

Entretanto a rede – e as ligas – já havia sido renormalizada. Era tarde demais para sair da pirueta. Em 2020, após a morte de George Floyd sob custódia policial, resultando em protestos por todo o país, praticamente todas as ligas esportivas *obrigaram* a narrativa *woke*. A NBA enfeitou os espaços laterais ao campo, com a frase "BLACK LIVES MATTER" – uma frase semanticamente sobrecarregada, sugerindo que a América era irremediavelmente preconceituosa contra os negros americanos. Isso foi, por si só, uma controvérsia chocante, vinda de uma liga 80% negra,[370] na qual o salário médio é de US$ 7,7 milhões por temporada[371]. Os jogadores da NBA foram informados de que podiam estampar

---

[368] SHAPIRO, Ben. ESPN Admits They Mistreat Conservatives, And It's Killing Their Ratings. *The Daily Wire*, [*S. l.*], p. 1-3, 18 nov. 2016. Disponível em: https://www.dailywire.com/news/espn-admits-they-mistreat-conservatives-and-its-ben-shapiro. Acesso em: 27 jan. 2022.

[369] STRAUSS, Ben. As ESPN tries to stick to sports, President Jimmy Pitaro must define what that means. *The Washington Post*, [*S. l.*], p. 1-4, 26 jul. 2019. Disponível em: https://www.washingtonpost.com/sports/2019/07/26/jimmy-pitaro-espn-president-politics/. Acesso em: 27 jan. 2022.

[370] TOWER, Nikole. In an ethnic breakdown of sports, NBA takes lead for most diverse. *Global Sport Matters*, [*S. l.*], p. 1-8, 12 dez. 2018. Disponível em: https://globalsportmatters.com/culture/2018/12/12/in-an-ethnic-breakdown-of-sports-nba-takes-lead-for-most-diverse/. Acesso em: 27 jan. 2022.

[371] HUDDLESTON JR., Tom. These are the highest paid players in the NBA right now. *CNBC*, [*S. l.*], p. 1-10, 22 out. 2019. Disponível em: https://www.cnbc.com/2019/10/22/highest-paid-players-in-the-nba-right-now.html. Acesso em: 27 jan. 2022.

A RADICALIZAÇÃO DO ENTRETENIMENTO

slogans woke nas costas de suas camisetas, limitado a: Black Lives Matter [Vidas Negras Importam], Say Their Names [Diga Seus Nomes], Vote, I Can't Breathe [Eu Não Consigo Respirar], Justice [Justiça], Peace [Paz], Equality [Igualdade], Freedom [Liberdade], Enough [Basta], Power to the People [Poder ao Povo], Justice Now [Justiça Agora], Say Her Name [Diga o Nome Dela], Sí Se Puede [Sim, Se Pode], Liberation [Liberação], See Us [Veja-nos], Hear Us [Escute-nos], Respect Us [Respeite-nos], Love Us [Ame-nos], Listen [Escute], Listen to Us [Escute-nos], Stand Up [Levante-se], Ally [Aliado], Anti-Racist [Antirracista], I Am a Man [Eu Sou Um Homem], Speak Up [Fale Abertamente], How Many More [Quantos Mais], Group Economics [Economia de Grupo], Education Reform [Reforma da Educação] e Mentor. Assim, tornou-se uma visão comum ver a Economia de Grupo bloqueando a Justiça, e Eu Não Consigo Respirar lançando uma ponte aérea para o Basta[372]. Como tudo isso tinha a ver com esportes, estava além de uma explicação razoável. (O novo compromisso da NBA com as questões políticas aparentemente vai somente até chamar a América de sistemicamente racista – Daryl Morey, gerente geral do Houston Rockets, foi forçado a se desculpar por tuitar "Libertem Hong Kong", enquanto o governo chinês submetia aquela cidade, anteriormente livre, à subserviência completa. LeBron James, o mais famoso atleta politicamente orientado da América, chamou Morey de "mal-informado". Afinal, LeBron, Nike, e NBA fazem dinheiro no mercado chinês)[373].

A Major League Baseball [Liga Principal de Baseball] abriu sua temporada com "BLM" estampado nos montes dos arremessadores, ajoelhando-se universalmente diante do hino nacional

---

[372] THE UNDEFEATED. Social Justice Messages Each Player Is Wearing on His Jersey. *The Undefeated*, [*S. l.*], p. 1-8, 31 jul. 2020. Disponível em: https://theundefeated.com/features/social-justice-messages-each-nba-player-is-wearing-on-his-jersey/. Acesso em: 27 jan. 2022.

[373] WOLKEN, Dan. Opinion: LeBron James undermines values he's espoused in most disgraceful moment of career. *USA Today*, [*S. l.*], p. 1-6, 15 out. 2019. Disponível em: https://www.usatoday.com/story/sports/columnist/dan-wolken/2019/10/14/lebron-james-daryl-morey-china-hong-kong-tweet/3982436002/. Acesso em: 27 jan. 2022.

e com a narração de Morgan Freeman: "Igualdade não é apenas uma palavra. É nosso direito". O Tampa Bay Rays tuitou: "Hoje é o Dia de Abertura, significando que é um ótimo dia para prender os assassinos de Breonna Taylor"[374] (Taylor foi morta acidentalmente durante fogo cruzado, quando a polícia bateu na porta de seu apartamento para cumprir um mandado de busca sem aviso prévio e foi recebida por tiros de seu namorado, que se encontrava lá dentro). A NFL fez o mesmo, com Roger Goodell admitindo que estava "errado" por não se aliar abertamente a Kaepernick em 2016[375], e com a liga pintando *slogans* de guerreiros de justiça social nas zonas finais, durante os jogos – frases como "It Takes All of Us" [Precisa-se de Todos] e "End Racism" [Acabem com o Racismo][376].

O racismo, ao que parece, não acabou. Entretanto pelo menos as ligas haviam agradado a seus clientes mais fervorosos.

Infelizmente para as ligas não havia mais tantos assim. A audiência da NFL caiu 10% em 2020;[377] as finais da NBA caíram 5%, ano a ano[378]; a World Series da MLB foi a menos assistida de

---

[374] MURPHY, Paul P. Baseball is making Black Lives Matter center stage on Opening Day. *CNN*, [S. l.], p. 1-4, 24 jul. 2020. Disponível em: https://edition.cnn.com/2020/07/23/us/opening-day-baseball-mlb-black-lives-matter-trnd/index.html. Acesso em: 27 jan. 2022.

[375] ASSOCIAÇÃO DE IMPRENSA. Baltimore Ravens' Matthew Judon blasts NFL Commissioner Roger Goodell's 'Black Lives Matter' speech. *USA Today*, [S. l.], p. 1-5, 15 jun. 2020. Disponível em: https://www.usatoday.com/story/sports/nfl/ravens/2020/06/15/roger-goodells-black-lives-matter-speech-blasted-matthew-judon/3196057001/. Acesso em: 27 jan. 2022.

[376] POLACEK, Scott. Baltimore Ravens' Matthew Judon blasts NFL Commissioner Roger Goodell's 'Black Lives Matter' speech. *BleacherReport.com*, [S. l.], p. 1-4, 27 jul. 2020. Disponível em: https://bleacherreport.com/articles/2901950-nfl-plans-to-include-social-justice-messages-in-end-zone-borders-for-week-1. Acesso em: 27 jan. 2022.

[377] PORTER, Rick. NFL Ratings Slip in 2020, Remain Dominant on Broadcast. *The Hollywood Reporter*, [S. l.], p. 1-3, 6 jan. 2021. Disponível em: https://www.hollywoodreporter.com/tv/tv-news/nfl-ratings-slip-in-2020-remain-dominant-on-broadcast-4112429/. Acesso em: 27 jan. 2022.

[378] PALMERI, Christopher. NBA Ratings Decline Points to Broader Trouble in TV Watching. *Bloomberg*, [S. l.], p. 1-4, 13 out. 2020. Disponível em: https://www.bloomberg.com/news/articles/2020-10-13/nba-ratings-decline-points-to-broader-trouble-in-tv-watching. Acesso em: 27 jan. 2022.

A RADICALIZAÇÃO DO ENTRETENIMENTO

todos os tempos[379]. Com certeza, nem todo esse declínio teve a ver com política. A audiência de esportes caiu de maneira generalizada devido à pandemia. Entretanto a longa tendência de queda do esporte, como fator unificador na vida americana, continuou em taxas recordes em 2020.

>> CONCLUSÃO

Quando se trata da política de nosso entretenimento, muitos americanos preferem permanecer no escuro; melhor não pensar que a política está sendo introduzida do que desligar a TV. O resultado: doutrinação emocional em larga escala para o *"woke"*, cortesia dos esquerdistas autoritários e censuradores de nossa Nova Classe Dominante. Os americanos agora flutuam sobre um tsunami de esquerdismo cultural, de filmes a programas de televisão, de plataformas de *streaming* a jogos esportivos. E tudo isso tem um impacto. Ele remove uma área de comunalidade e a transforma em um motivo de divisão. Isso transforma o bebedouro em um local de acusação abrasiva, ao invés de um de construção do tecido social.

Nossa Nova Classe Governante nos diz que a preocupação com a cultura é um sinal de puritanismo. Enquanto isso, eles praticam a queima de bruxas, insistem que deixar de obedecer a certos padrões *woke* equivale à heresia, e usam a cultura como uma ferramenta de propaganda para sua ideologia e filosofia, renormalizando nosso entretenimento, de forma a nos renormalizar. Nosso entretenimento pode refletir nossos valores, mas também pode moldá-los. Aqueles em posições de poder sabem disso. E eles se divertem com isso.

---

[379] HANEY, Chris. TV Ratings: MLB 2020 World Series Least-Watched of All-Time. *Outsider*, [*S. l.*], p. 1-3, 29 out. 2020. Disponível em: https://outsider.com/news/sports/tv-ratings-mlb-2020-world-series-least-watched-all-time/. Acesso em: 27 jan. 2022.

Se o entretenimento é o lugar onde os americanos vão para tomar um fôlego – e se a esquerda autoritária busca sugar todo o oxigênio da sala –, começamos a sufocar. A América está sufocando agora. E, à medida que nosso entretenimento se torna cada vez mais monolítico, cada vez menos tolerante, cada vez mais *exigente*, tornamo-nos um povo menos divertido, menos interessante e menos tolerante.

>> CAPÍTULO 7

AS "FAKE NEWS"

>> CAPÍTULO 7 <<

As "*FAKE NEWS*"

O esquerdismo autoritário impulsiona a agressão revolucionária; exige censura de cima para baixo; estabelece um novo padrão moral, pelo qual a moral tradicional é considerada inerentemente imoral.

Se há uma instituição que, mais do que qualquer outra, se engajou em forçar de cima para baixo temas da esquerda autoritária, é o nosso *establishment* de mídia. Frequentemente, a mídia aclama a agressão revolucionária; participa da censura de pontos de vista divergentes e busca que eles sejam cimentados por instituições poderosas; e promove a noção de que existe apenas um lado moral verdadeiro na política americana.

No verão de 2020, essa verdade se tornou clara como cristal.

Em resposta à morte de George Floyd, enquanto estava sob custódia policial, protestos massivos, envolvendo milhões de americanos, estouraram em cidades por toda a América. Não importa que mesmo as circunstâncias em torno da morte de Floyd eram controversas – a polícia havia sido chamada à cena pelo dono de uma loja, depois que Floyd passou uma nota falsa, estava fortemente drogado com fentanil, resistiu à prisão, pediu para não ser colocado na viatura policial e provavelmente sofria de graves fatores complicadores de saúde[380]. Não importa que não houvesse nenhuma evidência de racismo no próprio incidente do Floyd. O ímpeto dos protestos baseava-se em uma falsa narrativa: de que a América estava enraizada na supremacia branca, suas instituições permeadas pelo racismo sistêmico, que negros americanos correm o risco constante de serem assassinados pela polícia (total de negros americanos desarmados mortos a tiros pela polícia em 2020, de um total de 37 milhões, de acordo com o *The Washington Post*: 15).[381] Essa narrativa foi promovida pela mídia durante anos, em incidentes que vão desde o tiro em Michael Brown (a mídia divulgou a ideia de que Brown havia se rendido, enquanto gritava "mãos ao alto, não atire", uma mentira descarada), até o tiro em Jacob Blake (a mídia retratou Blake como desarmado, embora ele estivesse armado com uma faca).

A narrativa não resultou apenas em protestos. Resultou em violência, tumultos e saques. Em Los Angeles, minha cidade natal, a cidade fechou sua icônica Rodeo Drive às 13h, no rescaldo dos saques[382]. A Melrose Avenue também foi sistematicamente saqueada, e os carros da polícia foram deixados à mercê dos manifestantes, que prontamente os incendiaram e os pintaram com o slogan "ACAB" – *All Cops Are Bastards* [Todos os Policiais São Bastardos][383]. Os saqueadores tentaram invadir a Walgreens, alguns quarteirões

---

[380] READ, Richard. Attorney for Minneapolis police officer says he'll argue George Floyd died of an overdose and a heart condition. *Yahoo!news*, [S. l.], p. 1-3, 20 ago. 2020. Disponível em: https://ca.news.yahoo.com/killed-himself-defense-argument-emerges-100047064.html. Acesso em: 27 jan. 2022.

[381] 988 people have been shot and killed by police in the past year. *The Washington Post*, [S. l.], p. 1-3, 26 jan. 2021. Disponível em: https://www.washingtonpost.com/graphics/investigations/police-shootings-database/?itid=lk_inline_manual_5. Acesso em: 27 jan. 2022.

[382] GROUPS March Into Beverly Hills, Loot Stores On Rodeo Drive. *CBS Local*, [S. l.], p. 1-3, 30 maio 2020. Disponível em: https://losangeles.cbslocal.com/2020/05/30/rodeo-drive-protest-looting-george-floyd/. Acesso em: 27 jan. 2022.

[383] LLOYD, Jonathan. Dozens of Businesses Damaged at Flashpoint of Violence in the Fairfax District. *NBC Los Angeles*, [S. l.], p. 1-5, 31 maio 2020. Disponível em: https://www.

AS "FAKE NEWS"

ao sul de nossa casa; alguns quarteirões ao norte de nós, a Foot Locker foi saqueada. Durante dias a fio, no meio de uma pandemia, as autoridades informaram aos cidadãos cumpridores da lei que se fechassem em suas casas às 18 horas. Santa Monica e Long Beach também sofreram saques. O *Los Angeles Times* classificou os eventos como "geralmente pacíficos"[384]. Cenas semelhantes ocorreram em Washington, D.C., Chicago e Nova York, onde dias de tumulto resultaram em "cenas chocantes de destroços em chamas, debandada e vitrines saqueadas", de acordo com o *The New York Times*. Policiais ficaram feridos e centenas foram presos. O *Times* classificou os eventos como "amplamente pacíficos"[385]. O mesmo fez o *The Washington Post*, que usou a hilária fraseologia "protestos pacíficos em sua maioria, pontuados por brigas com a polícia"[386]. As tentativas desesperadas da mídia de minimizar a violência alcançaram proporções cômicas, com repórter após repórter explicando que os protestos eram "em sua maioria, pacíficos". Ali Velshi, do MSNBC, ficou em frente a um prédio em chamas, enquanto entoava: "Este foi principalmente um protesto, não é em geral indisciplinado, mas incêndios foram começados"[387]. Tudo isso atingiu o seu ponto culminante, tristemente hilariante, du-

---

nbclosangeles.com/news/local/fairfax-district-melrose-damaged-looting-grove-fire-natioal-guard-lapd/2371497/. Acesso em: 27 jan. 2022.

[384] REYES-VELARDE, Alejandra *et al*. Looting hits Long Beach, Santa Monica as countywide curfew goes into effect. *Los Angeles Times*, [S. l.], p. 1-5, 31 maio 2020. Disponível em: https://www.latimes.com/california/story/2020-05-31/looting-vandalism-leaves-downtown-l-a-stunned. Acesso em: 27 jan. 2022.

[385] NYC Protests Turn Violent. *The New York Times*, [S. l.], p. 1-4, 31 maio 2020. Disponível em: https://www.nytimes.com/2020/05/31/nyregion/nyc-protests-george-floyd.html. Acesso em: 27 jan. 2022.

[386] STANLEY-BECKER, Isaac; ITKOWITZ, Colby; KORNFIELD, Meryl. Protests mount and violence flares in cities across US, putting the nation on edge. *The Washington Post*, [S. l.], p. 1-6, 30 maio 2020. Disponível em: https://www.washingtonpost.com/national/protests-gain-force-across-us/2020/05/30/fccf57ea-a2a8-11ea-81bb-c2f70f01034b_story.html. Acesso em: 27 jan. 2022.

[387] HAINS, Tim. MSNBC's Ali Velshi Downplays Riot In Front Of Burning Building: "Mostly A Protest," "Not Generally Speaking Unruly". *Real Clear Politics*, [S. l.], p. 1-4, 28 maio 2020. Disponível em: https://www.realclearpolitics.com/video/2020/05/28/msnbcs_ali_velshi_downplays_riot_in_front_of_burning_building_mostly_a_protest_not_generally_speaking_unruly.html. Acesso em: 27 jan. 2022.

rante os tumultos em Kenosha, Wisconsin, em agosto: um repórter da CNN parou diante de um fundo em chamas, com a legenda, "PROTESTOS INFLAMADOS, MAS GERALMENTE PACÍFICOS APÓS TIROTEIO POLICIAL"[388].

No geral, os protestos foram "principalmente pacíficos" apenas no sentido de que muitos protestos ocorreram e não se transformaram em violência explícita. Entretanto tumultos e saques relacionados ao movimento BLM custaram algo em torno de US$ 2 bilhões, tornando-os os tumultos e distúrbios civis mais caros da história americana[389]. Os motins atingiram cerca de 140 cidades[390]. Pelo menos 14 americanos morreram na violência ligada à agitação BLM[391]; mais de 700 policiais ficaram feridos; pelo menos 150 edifícios federais foram danificados[392].

Muitos na mídia foram além de simplesmente minimizar a violência: eles a desculparam totalmente, aplaudiram-na e justificaram-na. Eles se entregaram ao seu próprio Impulso Revolucionário. Agora era a hora de celebrar a agressão revolucionária, inerente a seu autoritarismo de esquerda.

Nikole Hannah-Jones, do *The New York Times*, explicou: "Destruir propriedade, que pode ser substituída, não é

---

[388] CONCHA, Joe. CNN ridiculed for 'Fiery But Mostly Peaceful' caption with video of burning building in Kenosha. *The Hill*, [*S. l.*], p. 1-6, 27 ago. 2020. Disponível em: https://thehill.com/homenews/media/513902-cnn-ridiculed-for-fiery-but-mostly-peaceful--caption-with-video-of-burning. Acesso em: 27 jan. 2022.

[389] KINGSON, Jennifer A. Exclusive: $1 billion-plus riot damage is most expensive in insurance history. *Axios*, [*S. l.*], p. 1-7, 16 set. 2020. Disponível em: https://www.axios.com/riots-cost-property-damage-276c9bcc-a455-4067-b06a-66f9db4cea9c.html. Acesso em: 27 jan. 2022.

[390] ZILBER, Ariel. REVEALED: Widespread vandalism and looting during BLM protests will cost the insurance $2 BILLION after violence erupted in 140 cities in the wake of George Floyd's death. *Daily Mail*, [*S. l.*], p. 1-7, 16 set. 2020. Disponível em: https://www.dailymail.co.uk/news/article-8740609/Rioting-140-cities-George-Floyds-death-cost-insurance-industry-2-BILLION.html. Acesso em: 28 jan. 2022.

[391] BECKETT, Louis. At least 25 Americans were killed during protests and political unrest in 2020. *The Guardian*, [*S. l.*], p. 1-8, 31 out. 2020. Disponível em: https://www.theguardian.com/world/2020/oct/31/americans-killed-protests-political-unrest-acled. Acesso em: 28 jan. 2022.

[392] BOWDEN, Ebony. More than 700 officers injured in George Floyd protests across US. *New York Post*, [*S. l.*], p. 1-4, 8 jun. 2020. Disponível em: https://nypost.com/2020/06/08/more-than-700-officers-injured-in-george-floyd-protests-across-us/. Acesso em: 28 jan. 2022.

violência"[393]. Ela também aplaudiu o fato de alguns terem denominado os distúrbios de "Motins de 1619", em homenagem a sua pseudo-história dos Estados Unidos, o *Projeto 1612*[394]. "Ninguém deveria estar destruindo propriedade e esse tipo de coisa, mas eu entendo a raiva", explicou Don Lemon, da CNN.

> Nosso país foi iniciado [...] O Boston Tea Party, tumultos. Portanto, não se deixe enganar e pense que "Oh, isso é algo que nunca aconteceu antes, e isso é tão terrível, e esses selvagens", e tudo isso, foi assim que este país começou[395,396].

O outro âncora da CNN, Chris Cuomo, perguntou-se: "Agora, muitos veem os protestos como o problema. Não, o problema é o que forçou seus concidadãos a tomarem as ruas: iniquidades persistentes e venenosas, e injustiças. E, por favor, mostre-me onde diz que os manifestantes devem ser educados e pacíficos. Porque eu posso mostrar a você que cidadãos indignados são o que tornaram o país o que ele [sic] é"[397]. Elizabeth Hinton, professora associada de Harvard, explicou à *Time* que "tumultos" não capturavam realmente a essência dos eventos – ao invés disso, a violência da turba deveria ter sido chamada de "levante", pois

---

[393] CBS NEWS. "Violence is when an agent of the state kneels on a man's neck until all of the life is leached out of his body. Destroying property, which can be replaced, is not violence. To use the same language to describe those two things is not moral" – @nhannahjones on CBSN. [*S. l.*], 2 jun. 2020. Twitter: @CBSNews. Disponível em: https://twitter.com/CBSNews/status/1267877443911778306. Acesso em: 28 jun. 2022. [1 vídeo anexado]

[394] ALLEN, Virginia. New York Times Mum on '1619 Project' Creator Calling '1619 Riots' Moniker an 'Honor'. *The Daily Signal*, [*S. l.*], p. 1-5, 22 jun. 2020. Disponível em: https://www.dailysignal.com/2020/06/22/new-york-times-mum-on-1619-project-creator-calling-1619-riots-moniker-an-honor/. Acesso em: 28 jan. 2022.

[395] MEDIARESEARCHCENTER. WATCH: Media tout "peaceful protesters" amidst rioting and looting. [*S. l.*], 2 jun. 2020. Twitter: @theMRC. Disponível em: https://twitter.com/theMRC/status/1267818603807567872. Acesso em: 28 jan. 2022.

[396] No original: "Our country was started... The Boston Tea Party, rioting. So do not get it twisted and think that 'Oh this is something that has never happened before, and this is so terrible, and these savages', and all of that, that's how this country was started". (N. E.)

[397] ENLOE, Chris. Chris Cuomo demands to know where it says protests must be 'peaceful.' Then he gets a lesson on the Constitution. *Blaze Media*, [*S. l.*], p. 1-3, 3 jun. 2020. Disponível em: https://www.theblaze.com/news/chris-cuomo-protests-peaceful-constitution. Acesso em: 28 jan. 2022.

"realmente captura o fato de que a violência surgida durante esses incidentes não é sem sentido, que é uma expressão política, e está comunicando um certo conjunto de demandas". O *USA Today* publicou um artigo explicando tendenciosamente: "'Motins', 'violência', 'pilhagem': as palavras importam quando se fala sobre raça e agitação, dizem os especialistas"[398]. A National Public Radio publicou o comentário de Marc Lamont Hill, que declarou os motins "atos de rebelião"[399].

E a mídia não parou com meros floreios retóricos. A narrativa geral – de que a América era má e que sua polícia era sistematicamente racista – levou a esforços práticos em todo o país para diminuir os fundos destinados à polícia, apoiados pela mídia. Os policiais, percebendo que mesmo uma prisão adequada, se efetuada por um policial branco contra um suspeito negro, poderia resultar em uma cruzada liderada pela mídia, contra eles e seus departamentos, pararam de policiar proativamente. Como resultado, milhares de americanos que morreram em 2020, simplesmente não teriam morrido em 2019. Como Heather Mac Donald observou no *The Wall Street Journal*:

> O ano de 2020 provavelmente viu o maior aumento percentual de homicídios na história americana. [...] Com base em estimativas preliminares, pelo menos 2.000 americanos foram mortos a mais em 2020 do que em 2019, a maioria deles negros[400].

As tentativas desesperadas da mídia de retratar o movimento Black Lives Matter como legítimo e não violento os levou a

---

[398] KERR, Andrew. Here Are 31 Times the Media Justified or Explained Away Rioting and Looting After George Floyd's Death. *The Daily Signal*, [S. l.], p. 1-7, 4 set. 2020. Disponível em: https://www.dailysignal.com/2020/09/04/here-are-31-times-the-media-justified-or-explained-away-rioting-and-looting-after-george-floyds-death. Acesso em: 28 jan. 2022.
[399] MOSLEY, Tonya. Understand Protests As 'Acts Of Rebellion' Instead Of Riots, Marc Lamont Hill Says. *WBUR.org*, [S. l.], p. 1-7, 2 jun. 2020. Disponível em: https://www.wbur.org/hereandnow/2020/06/02/protests-acts-of-rebellioãn. Acesso em: 28 jan. 2022.
[400] MAC DONALD, Heather. Taking Stock of a Most Violent Year. *The Wall Street Journal*, [S. l.], p. 1-3, 24 jan. 2021. Disponível em: https://www.wsj.com/articles/taking-stock-of-a-most-violent-year-11611525947. Acesso em: 28 jan. 2022.

AS "FAKE NEWS"

legitimar tanto a mentira quanto a violência. Então, quando a mídia – muito apropriadamente – expressou indignação com a insanidade da invasão do Capitólio em 6 de janeiro, os americanos, com uma capacidade de atenção maior que a de um peixe de aquário, puderam ver a hipocrisia e o duplo padrão a uma milha de distância. A mídia, ao que parece, aceita a violência política quando dirigida a um dos lados.

Quando questionados sobre sua mudança [da mídia], perfeitamente óbvia, de líderes de torcida para os tumultos para condenadores de tumultos, membros da mídia reagiram com pura indignação. Até mesmo fazer uma comparação entre a tolerância da mídia para com a violência BLM e a sua fúria sobre o 6 de janeiro significava que você estava se engajando em hipocrisia intelectual. Qualquer um que tenha apontado o duplo padrão foi atingido com a acusação de "e daí?", embora toda a base para a acusação de duplo padrão fosse a condenação da violência *em todos os sentidos* – condenação na qual a mídia se recusou a se engajar.

Lemon, da CNN, por exemplo, balbuciou:

> Estou farto de gente comparando, você não pode comparar o que aconteceu neste verão com o que aconteceu no Capitólio. São duas coisas diferentes. Um foi construído com base nas pessoas, na justiça racial, na justiça criminal, no direito, na reforma, sobre a polícia não bater – ou tratar as pessoas de cor, de maneira diferente dos brancos. O.K.? Isso não era mentira. Esses são fatos. Vá olhar para eles[401].

Lemon não apresentou tais fatos. Porém sua opinião era boa o suficiente. Afinal, Lemon diz que "evoluiu" como jornalista:

---

[401] FLOOD, Brian. CNN's Don Lemon says anti-police violence of 2020 built on 'facts' so 'you can't compare' to Capitol riot. *Fox News*, [*S. l.*], p. 1-4, 13 jan. 2021. Disponível em: https://www.foxnews.com/media/cnns-don-lemon-2020-built-facts-riot. Acesso em: 28 jan. 2022.

Ser uma pessoa, um homem negro – vamos colocar desta forma: sendo um americano, que por acaso é negro, que por acaso é gay, do sul, tenho uma certa lente pela qual vejo o mundo, e isso não é necessariamente um viés. Essa é a minha experiência, [...] se eu não posso dar meu ponto de vista e falar através das experiências que tive, como um homem de cor que viveu nesta terra por mais de 50 anos, que por acaso tem esta plataforma, então quando eu vou fazer isso? Eu estaria abandonando meu dever como jornalista e abandonado em meu dever como americano se não falasse sobre essas questões com honestidade. [...] Acho que, neste momento, os jornalistas percebem que precisamos dar um passo à frente e chamar atenção para as mentiras e as besteiras, e isso não tem nada a ver com objetividade[402].

A declaração de Lemon resume a desonestidade impressionante da mídia. Por um lado, os membros da mídia querem ser livres para expressar sua política em seu jornalismo, o que iria diretamente contra sua pretensa objetividade. Por outro lado, eles querem manter a pátina de objetividade, de modo a manter uma superioridade moral imerecida sobre supostos picaretas partidários do outro lado. Como pode o pseudojornalismo de hoje – ou aqueles que se dedicam ao *Journalisming*[TM403], como costumo chamá-lo – transformar este círculo em um quadrado? Eles simplesmente fazem o que Lemon faz: sugerem que suas opiniões são, na verdade, reflexos de fatos, que quem discorda é desonesto e que a objetividade não exige ouvir outros pontos de vista, ou relatá-los. Os jornalistas fazem deles próprios a história – e, se você duvida deles, você é contra a verdade e contra o jornalismo.

---

[402] ELLEFSON, Lindsey. Don Lemon on His Journalistic Approach: My 'Lens' Is 'Not Necessarily a Bias,' but 'Experience'. *TheWrap.com*, [*S. l.*], p. 1-3, 7 jul. 2020. Disponível em: https://www.thewrap.com/don-lemon-on-his-journalistic-approach-my-lens-is-not-necessarily-a-bias-but-experience/. Acesso em: 28 jan. 2022.
[403] Ver nota 205. (N. E.)

AS "FAKE NEWS"

Essa distorção do jornalismo torna seus fornecedores, literalmente, *"Fake News"*. Eles fingem ser veículos de notícias, mas, na verdade, são ativistas partidários. Seria difícil encontrar um único jornalista, com artigos assinados no *The New York Times*, que tenha votado em Donald Trump. O mesmo se aplica ao *The Washington Post*. Certamente, CNN, MSNBC, ABC News, CBS News, *The Los Angeles Times*, Associated Press – nenhum deles é foco de atividade republicana. De acordo com um relatório de 2020 da *Business Insider*, uma pesquisa de doações políticas de membros da mídia estabeleceu que 90% do dinheiro doado foi para os democratas (a pesquisa incluiu nomes da Fox e do *New York Post*)[404]. Em 2013, uma pesquisa com jornalistas mostrou que apenas 7% se identificavam como republicanos. E, em 2016, de acordo com o *Politico*, "mais da metade dos funcionários do setor editorial trabalhava em condados onde Clinton ganhou por 30 pontos ou mais", com apenas 27% dos funcionários trabalhando em um distrito de maioria republicana. Como reconheceram Jack Shafer e Tucker Doherty: "Em assuntos como aborto, direitos dos homossexuais, controle de armas e regulamentação ambiental, o noticiário do *Times* é um bom reflexo da predisposição dominante de sua região. [...] Algo semelhante ao *ethos* do *Times* prospera na maioria das grandes redações nacionais, localizadas nas costas dos EUA, apoiadoras de Clinton". Nossos superiores do *Journalisming*™ não ocupam apenas uma bolha. Eles ocupam um tanque de isolamento[405].

Os americanos não são cegos. Eles desconfiam da mídia por um motivo. Membros da mídia frequentemente culpam Trump pela desconfiança endêmica americana em relação ao quarto poder. Eles negligenciam o simples fato de que os americanos,

---

[404] BEDARD, Paul. 90% of media political donations to Biden, Sanders, AOC, Democrats: Report. *Washington Examiner*, [S. l.], p. 1-2, 28 out. 2020. Disponível em: https://www.washingtonexaminer.com/washington-secrets/90-of-media-political-donations-to-biden-sanders-aoc-democrats-report. Acesso em: 28 jan. 2022.

[405] SHAFER, Jack; DOHERTY, Tucker. The Media Bubble Is Worse Than You Think. *Politico*, [S. l.], p. 1-8, maio/jun. 2017. Disponível em: https://www.politico.com/magazine/story/2017/04/25/media-bubble-real-journalism-jobs-east-coast-215048/. Acesso em: 28 jan. 2022.

especialmente na direita, tinham questões de confiança justifica-
das muito antes de Trump chegar à proeminência na política. Em
2013, por exemplo, apenas cerca de 52% dos americanos confia-
vam na mídia tradicional. Hoje, esse número é de 46%; apenas
18% dos eleitores de Trump confiam na mídia, em comparação
com 57% dos eleitores de Biden. Seis em cada dez americanos
acreditam que "a maioria das organizações de notícias está mais
preocupada em apoiar uma ideologia, ou posição política, do que
em informar o público"[406].

Eles estão corretos. A única questão real é por que quatro
em cada dez americanos ainda acreditam na veracidade de uma
mídia que desdenha abertamente de – e muitas vezes busca visar
– um lado inteiro da conversa política americana.

>> ASCENSÃO E QUEDA DA OBJETIVIDADE DA MÍDIA

Desde o início, a imprensa americana tem sido muito con-
tenciosa, competindo pela supremacia e discutindo apaixonada-
mente sobre o certo e o errado. A noção de objetividade política
no jornalismo teria parecido bizarra para os Pais Fundadores:
Thomas Jefferson contratou o jornalista James Callendar para
sujar reputações em nome de suas causas favorecidas e para minar
seus inimigos[407]. Durante bem mais de um século, os jornais iden-
tificaram-se abertamente com os partidos políticos. A era do jornalismo amarelo foi marcadamente livre de preocupações com a
objetividade. Somente no rescaldo da Primeira Guerra Mundial,
com a intelectualidade dos Estados Unidos deixando de amar a
própria democracia, a imprensa começou a se conceber como

---

[406] GRIFFITH, Keith. American trust in the mainstream media hits an all-time low with
just 18% of Republicans saying they believe journalists after the 2020 election. *Daily Mail*,
[*S. l.*], p. 1-5, 21 jan. 2021. Disponível em: https://www.dailymail.co.uk/news/arti-
cle-9173711/American-trust-media-hits-time-low.html. Acesso em: 28 jan. 2022.
[407] JAMES Callender. *Monticello.org*, [*S. l.*], p. 1-4, s.d. Disponível em: https://www.monti-
cello.org/site/research-and-collections/james-callender. Acesso em: 28 jan. 2022.

AS "FAKE NEWS"

"objetiva" – como guardiã de um processo único de apuração de fatos, que poderia fornecer ao público informações além do reino do debate político.

Liderando o esforço pela "objetividade" estava o editor da *New Republic*, Walter Lippmann. Ele começou a vida como um ativista progressista, um crítico político do "antigo individualismo, com seu *laissez-faire* anarquista", um defensor dos Grandes Líderes "agindo através da vontade coletiva da nação". Lippmann desdenhou "os brancos pobres da Geórgia, os negros assolados pela pobreza, os sem-teto e desamparados das grandes cidades" e clamou por uma "classe governante". Ele se preocupava com a capacidade daqueles que discordavam de vender ideias divergentes – afinal, eles poderiam desencaminhar o público: "Sem proteção contra a propaganda, sem padrões de evidência, sem critérios de ênfase, a substância viva de toda decisão popular está exposta a todo preconceito e exploração infinita". A solução para tudo isso, Lippmann decidiu, era restringir a liberdade de expressão, em favor da "liberdade contra o erro, a ilusão e a má interpretação". Para tanto, Lippmann propôs a noção de objetividade jornalística, explicando que os editores deveriam atuar como uma casta sacerdotal – os jornais eram, disse Lippmann, "a bíblia da democracia"[408].

Alcançar essa objetividade significava mudar a noção do que *era* um jornalista. Ao invés do sardônico fumante inveterado de chapéu achatado, que trabalhava nas ruas, os jornalistas agora se transformavam em especialistas científicos, inculcados nos métodos mais recentes, protegidos das heresias da plebe. Muitos na imprensa começaram a se ver como uma classe à parte; eles viam a liberdade de imprensa, garantida pela Constituição, não como uma garantia de que o governo se absteria de infringir o direito dos americanos de se engajarem em reportagens e debates

---

[408] WHITEHEAD, Amy Solomon *et al*. *The Unattainable Ideal: Walter Lippmann and the Limits of the Press and Public Opinion*. [*S. l.*]: LSU Digital Commons, 2015. Disponível em: https://digitalcommons.lsu.edu/cgi/viewcontent.cgi?article=3281&context=gradschool_theses. Acesso em: 27 jan. 2022.

públicos em geral, mas como uma proteção *específica*, para um *grupo especial e específico* – pessoas com o título "repórter" ao lado de suas assinaturas, que trabalham para certas publicações de prestígio.

A ideia de Lippmann, de regularizar um processo jornalístico, é claro, não era ruim: fatos existem e devemos usar métodos racionais e científicos para descobri-los. Onde Lippmann errou foi em presumir que os jornalistas não usariam seu recém-descoberto senso de superioridade para *abraçar novamente* seu viés, enquanto se apresentam como "objetivos".

E foi exatamente isso que aconteceu. As instituições estabelecidas declaram-se objetivas e, portanto, confiáveis. Entretanto, na realidade, os picaretas partidários podem, por vezes, publicar a verdade, enquanto os veículos autodenominados "objetivos" podem publicar mentiras; jornalistas "objetivos" podem mentir através da omissão, favorecer aliados através da contextualização, focar em histórias mais lisonjeiras para sua própria visão política. O viés é simplesmente inseparável do jornalismo. Alguns jornalistas fazem um trabalho melhor do que outros ao tentar remover seus próprios vieses das matérias que cobrem. Praticamente todos falham – e, nos últimos anos, eles começaram a falhar cada vez mais dramaticamente. A bajulação servil do *establishment* de mídia a Barack Obama, seguida por sua cobertura raivosamente rancorosa de Donald Trump, seguida novamente por sua absurda adulação a Joe Biden, arrancou a máscara.

Lippmann insistia em pelo menos uma fachada de apartidarismo, apesar de seu próprio elitismo: "Enfaticamente, [o jornalista] não deveria servir a uma causa, por melhor que fosse. Em sua atividade profissional, não lhe compete cuidar de quem é o vencedor ou perdedor. Como observador dos sinais de mudança, seu valor para a sociedade depende da discriminação profética, com a qual ele seleciona esses sinais"[409]. Nossos jornalistas da Nova

---

[409] LIPPMAN, Walter. *Liberty and the News*. Nova York: Harcourt, Brace & Howe, 1920. p. 88-89.

AS "FAKE NEWS"

Classe Dominante não se importam. Eles argumentam que são, na verdade, *melhores* jornalistas do que os antepassados, os quais tentavam fornecer uma variedade de pontos de vista em qualquer controvérsia. Jornalistas *de verdade*, dizem eles, não se envolvem em "falso equilíbrio" – ou seja, em respeito a um lado diferente do seu. Jornalistas *de verdade*, dizem eles, trazem suas próprias experiências para comprovar. Jornalistas *de verdade*, dizem eles, são cruzados e não observadores passivos.

Jornalistas *de verdade* são ativistas. Objetividade *de verdade* é a fidelidade a fatos refratários através do prisma do esquerdismo.

A máscara caiu.

Em 2014, Wesley Lowery, do *The Washington Post*, foi preso em um McDonald's durante os distúrbios de Ferguson, Missouri, ocorridos após o oficial Darren Wilson atirar em Michael Brown, de 18 anos. Ele alegou ter sido vítima de brutalidade policial; a polícia alegou que Lowery havia invadido e recusado ordens da polícia para evacuar uma área[410]. A perspectiva de Lowery sobre o racismo americano endêmico era óbvia. Mais tarde ele escreveria sobre Ferguson, dizendo que relatar os detalhes do tiroteio em si era irrelevante – ao invés disso, a mídia deveria ter se concentrado na narrativa mais ampla, contextualizando os motins e a violência, referindo-se à história de discriminação racial da América[411].

Lowery era um sujeito obstinado e costumava usar o Twitter para desacreditar seus críticos. Na verdade, o hábito de Lowery no Twitter terminou com o editor do *Washington Post*, Marty Baron, ameaçando demiti-lo; Lowery tuitou que o Tea Party era "essencialmente um ataque histérico popular, sobre o fato de um negro ser presidente". Baron sugeriu que Lowery deveria trabalhar para

---

[410] SOMAIYA, Ravi; SOUTHALL, Ashley. Arrested in Ferguson Last Year, 2 Reporters Are Charged. *The New York Times*, [*S. l.*], p. 1-6, 11 ago. 2015. Disponível em: https://www.nytimes.com/2015/08/11/us/arrested-in-ferguson-2014-washington-post-reporter-wesley-lowery-is-charged.html?_r=0https://www.nytimes.com/2015/08/11/us/arrested-in--ferguson-2014-washington-post-reporter-wesley-lowery-is-charged.html?_r=0. Acesso em: 28 jan. 2022.

[411] LOWERY, Wesley. *They Can't Kill Us All*. Nova York: Hachette Book Group, 2016. p. 37.

uma organização de advocacia ou escrever uma coluna de opinião. Lowery acabou se demitindo, reclamando: "Nem é preciso dizer: os repórteres negros não deveriam ter seus empregos ameaçados por falar sobre as falhas da grande mídia em cobrir e contextualizar adequadamente as questões raciais. Qual é o motivo para trazer experiências e vozes diversas para uma sala, apenas para amordaçá-las?"[412]. Lowery acabou na CBS News.

Agora, Lowery é amplamente visto como o futuro do jornalismo de massa. Em junho de 2020, Ben Smith, do *The New York Times*, observou:

> A visão do Sr. Lowery, de que "o valor central das organizações de notícias precisa ser a verdade e não a percepção de objetividade", como ele me disse, tem vencido uma série de batalhas, muitas em torno de como cobrir a questão racial. [...] A mudança na grande mídia americana – impulsionada por um jornalismo mais pessoal e por repórteres mais dispostos a falar sua visão da verdade, sem se preocupar em alienar os conservadores – agora parece irreversível.

> Lowery acredita que o

> jornalismo americano sem ponto de vista, obcecado com "objetividade", que pondera ambos os lados, é um experimento fracassado. Precisamos reconstruir nosso setor, como um que opere de um lugar de clareza moral[413].

Claro, clareza moral geralmente é uma questão de opinião. Quando você afirma que sua opinião é um fato e se declara uma

---

[412] TANI, Maxwell. Washington Post Threatened Another Star Reporter Over His Tweets. *Daily Beast*, [S. l.], p. 1-4, 3 fev. 2020. Disponível em: https://www.thedailybeast.com/washington-post-threatened-another-star-reporter-wesley-lowery-over-his-tweets. Acesso em: 28 jan. 2022.

[413] SMITH, Ben. Inside the Revolts Erupting in America's Big Newsrooms. *The New York Times*, [S. l.], p. 1-5, 7 jun. 2020. Disponível em: https://www.nytimes.com/2020/06/07/business/media/new-york-times-washington-post-protests.html. Acesso em: 28 jan. 2022.

AS "FAKE NEWS"

fonte objetiva de notícias, *enraizando-se nessa opinião*, você é um mentiroso. E nossa mídia é, muitas vezes, mentirosa.

>> A RENORMALIZAÇÃO WOKE DA MÍDIA

A "religiosidade *woke*" que permeia nossas redações é colocada em prática diariamente. Acontece que, muitas vezes, a "clareza moral" se parece muito com a Inquisição Espanhola. Ninguém espera isso. Porém, neste ponto, todos deveriam.

Hoje em dia, as batalhas nas redações da dos EUA não são entre conservadores e progressistas. Como vimos, *não há* conservadores na maioria dos meios de comunicação do *establishment*. A batalha é, verdadeiramente, entre esquerdistas autoritários e progressistas moderados – entre pessoas que podem concordar amplamente sobre preferências políticas, mas que discordam sobre se uma discussão robusta deveria ser permitida. A esquerda autoritária argumenta que não. Os progressistas argumentam que sim. Cada vez mais, os esquerdistas autoritários estão, com sucesso, desejando o afastamento dos moderados – ou, pelo menos, intimidando-os, de forma que abandonem qualquer pretensão de bipartidarismo. A esquerda autoritária está apenas tangencialmente interessada em cancelar indivíduos conservadores que, ocasionalmente, escrevam para veículos progressistas. Seu verdadeiro objetivo é intimidar os progressistas, para que cancelem *preventivamente* os conservadores, estabelecendo assim um monopólio total, assimilando os progressistas moderados ao Borg *woke*[414], ou os extirpando.

Isso é o que James Bennet, editor de opinião do *New York Times*, descobriu da maneira mais difícil quando teve a temeridade de dar luz verde a uma coluna do senador Tom Cotton

---

[414] Ver nota 278. (N. E.)

(republicano do Arkansas). A coluna de Cotton, escrita em meio aos tumultos BLM, sugeriu que o presidente Trump invocasse o Ato de Insurreição e usasse a Guarda Nacional para reprimir a violência caso as autoridades estaduais e locais não o fizessem. Não só era um argumento plausível – o argumento seria mais tarde usado por aqueles na esquerda para pedir por mais presença federal em Washington, D.C., após os distúrbios de 6 de janeiro – como, na época, os comentários de Cotton foram considerados não apenas temerários, mas *perigosos*. Perigoso, como sabemos, é um dos predicados usados por oponentes políticos para impedir a dissidência: se suas palavras representam um "perigo" para mim, devem ser banidas.

Os funcionários do *New York Times* afirmaram precisamente isto: que, por causa do artigo de Cotton, eles estavam agora sob ameaça existencial. Não fazia sentido, visto que os funcionários do *Times*, presumivelmente, não estavam envolvidos em tumultos. Entretanto a mera ideia de que agentes da lei deveriam reprimir a atividade violenta foi o suficiente para enviar esses funcionários *woke* a espasmos de apoplexia. Os redatores da equipe, incluindo Jenna Wortham, Taffy Brodesser-Akner e Kwame Opam, tuitaram a mesma mensagem: "Publicar isso coloca a equipe negra do @NYTimes em perigo". O repórter Astead Herndon enviou uma mensagem de apoio aos colegas de trabalho, "principalmente os negros". O colunista Charlie Warzel tuitou: "Sinto-me compelido a dizer que discordo de todas as palavras do artigo de opinião de Tom Cotton e que ele não reflete meus valores". O canal Slack da empresa explodiu com funcionários reclamando de seu desconforto.

Inicialmente, Bennet defendeu a publicação. Ele tuitou que, embora muitos redatores de opinião e o conselho editorial tenham defendido os protestos, e "feito uma cruzada, durante anos, contra as crueldades sistêmicas subjacentes, as quais levaram a esses protestos", o jornal "deve mostrar contra-argumentos aos nossos leitores, especialmente aqueles apresentados por pessoas em

AS "FAKE NEWS"

posição de definir políticas"[415]. Em três dias, Bennet renunciou, com o editor A. G. Sulzberger culpando um "colapso significativo em nosso processo de edição", sem observar quaisquer problemas reais com o artigo de Cotton. Bennet não saiu sem uma sessão de luta maoísta – ele se desculpou com a equipe. O jornal acrescentou uma nota editorial ao artigo do Cotton, sugerindo que ele carregava um "tom desnecessariamente áspero"[416] – uma acusação bizarra vinda de um jornal que publica, rotineiramente, o vil, vitriólico, vômito de palavras *"woke"* de colunistas que vão de Paul Krugman a Charles Blow e a Jamelle Bouie. Essa foi uma defenestração esquerdista totalmente autoritária: agressão revolucionária contra os poderes constituídos; censura de cima para baixo; e um senso de superioridade moral.

A expulsão de Bennet foi apenas o último tiro na guerra em curso para expulsar os liberais clássicos de posições de poder – ou para mantê-los em silêncio. Em março de 2018, o *The Atlantic* contratou Kevin Williamson, colunista iconoclasta da *National Review*. Quando Jeffrey Goldberg, editor da *The Atlantic*, contratou Williamson, ele lhe informou que o apoiaria – e até o defendeu publicamente, afirmando que não julgaria as pessoas por seus "piores tuítes ou afirmações, isoladamente". Essa postura durou apenas alguns dias. Goldberg voltou atrás depois dos funcionários dizerem a Goldberg que se sentiam ameaçados pelo ponto de vista pró-vida de Williamson, expresso em um *podcast* de forma jocosa. "[A] linguagem usada no *podcast* era cruel e violenta", disse Goldberg. "Cheguei à conclusão de que a *The Atlantic* não é o melhor lugar para seus talentos, então estamos nos separando"[417]. Goldberg, o suposto liberal, tornou-se mais uma ferramenta da es-

---

[415] DARCY, Oliver. New York Times staffers revolt over publication of Tom Cotton op-ed. *CNN*, [*S. l.*], p. 1-6, 4 jun. 2020. Disponível em: https://edition.cnn.com/2020/06/03/media/new-york-times-tom-cotton-op-ed/index.html. Acesso em: 28 jan. 2022.

[416] TRACY, Marc. James Bennet Resigns as New York Times Opinion Editor. *The New York Times*, [*S. l.*], p. 1-5, 7 jun. 2020. Disponível em: https://www.nytimes.com/2020/06/07/business/media/james-bennet-resigns-nytimes-op-ed.html. Acesso em: 28 jan. 2022.

[417] GRYNBAUM, Michael M. The Atlantic Cuts Ties with Conservative Writer Kevin Williamson. *The New York Times*, [*S. l.*], p. 1-5, 5 abr. 2018. Disponível em: https://www.

querda autoritária, não querendo desafiar seu domínio, mesmo sob o risco de autocastração editorial.

Algo semelhante aconteceu no *Politico*, quando aquela publicação me pediu para ser anfitrião convidado de seu prestigioso *Playbook*, no final de dezembro de 2020. A publicação, explicou um editor, teve uma série de editores convidados, incluindo Chris Hayes, da MSNBC, Yamiche Alcindor, da PBS, e Don Lemon, da CNN, entre outros. Achei que o projeto poderia ser divertido. Porém, como sempre, avisei ao editor que a reação que ele receberia seria imensa.

Meu dia para escrever o *Playbook* caiu um dia após Trump receber um pedido de *impeachment* pela segunda vez na Câmara dos Deputados. Escrevi sobre a relutância republicana generalizada em votar pelo *impeachment* e a expliquei, apontando para a crença da maioria dos conservadores de que o *impeachment* era apenas uma forma de agrupar os apoiadores de Trump, de forma mais ampla, com os desordeiros do Capitólio: corretamente, os conservadores viram o *impeachment* como apenas a arma mais recente para a esquerda usar contra uma tribo política oposta.

A reação foi, previsivelmente, imensa. Em minutos, o *Politico* estava se tornando uma tendência no Twitter. Em poucas horas, a liderança do *Politico* estava realizando uma teleconferência para cerca de 225 funcionários, enfurecidos com o meu nome manchando o sagrado *Playbook*[418]. Alguns desses participantes me compararam a Alex Jones e a David Duke, acrescentando que publicar minhas palavras ia contra sua missão jornalística – que era me calar. "Estou gastando todo esse tempo tentando convencê-los de que estamos aqui para eles e que há uma diferença entre o que Ben Shapiro está fazendo, o que Alex Jones está fazendo e o que o *Politico* está fazendo",

---

nytimes.com/2018/04/05/business/media/kevin-williamson-atlantic.html. Acesso em: 28 jan. 2022.

[418] SMITH, Kyle. *Politico* Staff in Uproar over Ben Shapiro Appearance. *National Review*, [S. l.], p. 1-3, 14 jan. 2021. Disponível em: https://www.nationalreview.com/corner/politico-staff-in-uproar-over-ben-shapiro-appearance/. Acesso em: 28 jan. 2022.

AS "FAKE NEWS"

enfureceu-se um funcionário do *Politico*. "Eu nem sei como dizer a eles agora para não ouvirem Ben Shapiro, porque nós publicamos Ben Shapiro"[419]. Duas semanas depois, a equipe do *Politico* continuava furiosa. Mais de cem funcionários escreveram uma carta ao editor, exigindo uma explicação de por que eu estava na plataforma[420].

A maior parte do *establishment* de mídia concordou: como disse Erik Wemple, do *The Washington Post*, com desprezo: "Sabe, se você quiser ouvir as opiniões de Shapiro, há um lugar para isso"[421]. Karen Attiah escreveu no *The Washington Post* que me apresentar no *Politico* concedeu legitimidade à supremacia branca e chamou isso de "negligência moral intencional", acrescentando:

> Lembro-me de que, neste país, os brancos antes se reuniam para assistir ao linchamento público de negros e até faziam cartões-postais de lembrança dos eventos. Eu sou lembrada de que, na América, o racismo branco contra as minorias é excitante, e não desqualificante – porque é lucrativo[422].

Menos de três meses antes de escrever essas palavras, Attiah estava brincando comigo no Twitter sobre sairmos para beber e encontrarmos um novo terreno comum.

---

[419] WEMPLE. Erik. One staffer in today's meeting @politico over the @benshapiro guest-written Playbook argued that the decision to publish his thoughts complicates frequent conversations with Republicans and conservatives: [1 imagem anexada]. [*S. l.*], 14 jan. 2021. Twitter: @ErikWemple. Disponível em: https://twitter.com/ErikWemple/status/1349900614470393864. Acesso em: 28 jan. 2022.

[420] TANI, Maxwell. 100+ Politico Staffers Send Letter to Publisher Railing Against Publishing Ben Shapiro. *Daily Beast*, [*S. l.*], p. 1-3, 3 fev. 2021. Disponível em: https://www.thedailybeast.com/more-than-100-politico-staffers-send-letter-to-ceo-railing-against-publishing-ben-shapiro. Acesso em: 28 jan. 2022.

[421] WEMPLE. Erik. Good piece by @maxwelltani on Politico erupting over @benshapiro guest-hosting Playbook. You know, if you want to hear Shapiro's opinions, there's a place to go for that. [*S. l.*], 14 jan. 2021. Twitter: @ErikWemple. Disponível em: https://twitter.com/ErikWemple/status/1349804843439894532. Acesso em: 28 jan. 2022

[422] ATTIAH, Karen. The media had a role to play in the rise of Trump. It's time to hold ourselves accountable. *The Washington Post*, [*S. l.*], p. 1-5, 20 jan. 2021. Disponível em: https://www.washingtonpost.com/opinions/2021/01/20/media-had-role-play-rise-trump-its-time-hold-ourselves-accountable/. Acesso em: 28 jan. 2022.

Ela não poderia ter demonstrado melhor o meu argumento.

Agora, essa pequena confusão não teve nenhum efeito sobre mim. Eu *tenho* um canal com tráfego extraordinariamente alto. Entretanto o objetivo de tais rituais de vergonha pública é impedir que editores aventureiros até mesmo conversem com conservadores. E, como se constatou, foi precisamente o que aconteceu: mais tarde, descobri que Guy Benson e Mary Katherine Ham, ambos conservadores *mainstream*, convidados a escrever o *Playbook* depois de mim, deixaram de receber comunicação dos editores. Na verdade, eles foram preventivamente cancelados.

Os liberais estão sendo expulsos de toda a mídia, ou intimidados à submissão.

Na mesma semana da renúncia de James Bennet, Stan Wischnowski, editor-chefe do *Philadelphia Inquirer*, renunciou ao cargo pelo grande pecado de ter publicado um artigo de opinião, intitulado "Buildings Matter Too" ["Prédios Também Importam"], reclamando de tumultos e saques do BLM. Os editores do *Inquirer* emitiram um pedido de desculpas rastejante, choramingando: "Sentimos muito e lamentamos [que o imprimimos]. Também sabemos que um pedido de desculpas, por si só, não é suficiente". Esse pedido de desculpas foi seguido por membros da equipe faltando ao trabalho, alegando estarem doentes, de forma a protestar contra o editorial, e emitiram uma carta exagerada afirmando:

> Estamos cansados de ouvir sobre o progresso feito pela empresa e de ouvir chavões sobre "diversidade e inclusão" quando levantamos nossas preocupações. [...] Estamos cansados de ouvir que devemos mostrar os dois lados de questões, sobre as quais não existem dois lados[423].

---

[423] TRACY, Marc. Top Editor of Philadelphia Inquirer Resigns After 'Buildings Matter' Headline. *The New York Times*, [*S. l.*], p. 1-5, 6 jun. 2020. Disponível em: https://www.nytimes.com/2020/06/06/business/media/editor-philadephia-inquirer-resigns.html. Acesso em: 28 jan. 2022.

AS "FAKE NEWS"

Um mês depois, enquanto as consequências do expurgo do BLM continuavam, Bari Weiss, escritora de opinião e editora, uma liberal clássica, pediu demissão do *The New York Times*. Sua carta de despedida foi um coquetel molotov jogado no meio da estrutura editorial do *Times*. Weiss afirmou ter sido contratada para apresentar uma variedade de pontos de vista ao *Times*, mas que o jornal de registro havia se rendido aos *woke*. No *Times*, Weiss escreveu, "a verdade não é um processo de descoberta coletiva, mas uma ortodoxia já conhecida por uns poucos esclarecidos, cujo trabalho é informar todos os outros". Chamando o Twitter de "editor final" do jornal, ela atacou seus colegas – que a haviam rotulado de nazista e racista, alguns dos quais a acusaram publicamente de intolerância. "[A] curiosidade intelectual", escreveu Weiss, "agora é um risco no *The Times* [...] hoje em dia, defender princípios no jornal não te rende aplausos. Isso coloca um alvo em suas costas". Weiss concluiu: "O jornal de registro é, cada vez mais, o registro daqueles que vivem em uma galáxia distante, uma galáxia cujas preocupações são profundamente removidas das vidas da maioria das pessoas"[424].

A falta de defesa do jornal em relação a Weiss contrastava fortemente com sua defesa veemente de Nikole Hannah-Jones, líder esquerdista autoritária *woke*, criadora do *Projeto 1612*. Esse esforço se autodenominou uma tentativa jornalística de reformular a história americana – ver o país como tendo sido fundado não em 1776, mas em 1619, o ano da primeira importação de um escravo africano para as costas da América do Norte. Essa ideia era, por si só, flagrantemente falha: a América foi fundada nos princípios da Declaração da Independência. Embora a escravidão fosse uma característica profunda, duradoura e maligna da América, durante aquele tempo e antes – como era, infelizmente, em uma ampla variedade de países ao redor

---

[424] WEISS, Bari. Resignation Letter. *BariWeiss.com*, [*S. l.*], p. 1-5, 14 jul. 2020. Disponível em: https://www.bariweiss.com/resignation-letter. Acesso em: 28 jan. 2022.

do mundo –, ela não forneceu o núcleo da filosofia, ou as instituições fundadoras da América. Entretanto o *Projeto 1612* não apenas insistiu que a escravidão estava no centro da filosofia da América, e que seu legado havia penetrado inextricavelmente em todas as instituições americanas, mas também mentiu abertamente para fazer avançar essa falsidade. O projeto compilou uma série de ensaios culpando a escravidão e a supremacia branca endêmica por tudo, desde padrões de tráfego até o uso corporativo de planilhas do Excel para monitorar o tempo dos funcionários.

Depois, houve os erros flagrantes, ignorados ou defendidos pelo *Times*. Cinco historiadores, incluindo James McPherson, vencedor do Prêmio Pulitzer, e Sean Wilentz, vencedor do Prêmio Bancroft, bem como Gordon S. Wood, famoso historiador da era da fundação, escreveram uma carta ao *Times* criticando a precisão do projeto, incluindo suas caracterizações errôneas da fundação, das opiniões de Abraham Lincoln sobre a igualdade dos negros e da falta de apoio aos direitos dos negros entre os americanos brancos. Os historiadores pediram ao *Times* a correção do projeto, antes de sua distribuição nas escolas[425]. Então, Hannah-Jones se referiu zombeteiramente à raça de McPherson de forma a rejeitar as críticas. Jake Silverstein, editor-chefe da *New York Times Magazine*, reconheceu então que "não somos historiadores", mas acrescentou: Hannah-Jones "estava tentando deixar claro que, em grande parte, a história deste país foi contada por historiadores brancos"[426]. Da mesma forma, a historiadora Leslie Harris, da Universidade Northwestern, escreveu que havia advertido Hannah-Jones a respeito da falsidade de sua alegação de que a Revolução Americana havia

---

[425] BYNUM, Victoria *et al*. RE: The 1619 Project. *The New York Times Magazine*, [*S. l.*], p. 1-5, 29 dez. 2019. Disponível em: https://www.nytimes.com/2019/12/20/magazine/we-respond-to-the-historians-who-critiqued-the-1619-project.html. Acesso em: 28 jan. 2022.

[426] JOHNSON, K. C. History Without Truth. *City Journal*, [*S. l.*], p. 1-4, 31 dez. 2019. Disponível em: https://www.city-journal.org/1619-project-history-without-truth. Acesso em: 28 jan. 2022.

AS "FAKE NEWS"

sido travada, em grande parte, para preservar a escravidão. Hannah-Jones e o *Times* a ignoraram[427].

No final, depois do *Times* gastar milhões de dólares para divulgar o *Projeto 1612*, o comitê do Prêmio Pulitzer deu à pseudo-história sua maior homenagem. Afinal, a narrativa havia sido mantida, e seus críticos, repreendidos. Quando o *Times* publicou um artigo de seu próprio colunista Bret Stephens, crítico do *Projeto 1612*, em outubro de 2020, o editor do jornal ponderou, chamando o projeto de "triunfo jornalístico, que mudou a maneira como milhões de americanos entendem nosso país, sua história e seu presente", e chamou o projeto de "uma das realizações de maior orgulho" do *Times*, em geral. Na verdade, a guilda do *The New York Times* atacou Stephens pessoalmente, afirmando que "o ato, assim como o artigo, cheira mal"[428]. Hannah-Jones está atualmente em um acordo de desenvolvimento com Oprah Winfrey e a LionsGate para desenvolver o *Projeto 1612* em vários filmes, séries de TV e documentários[429].

>> JORNALISTAS CONTRA A LIBERDADE DE EXPRESSÃO

Esquerdistas autoritários muitas vezes afirmam que "a cultura do cancelamento" não é real – que a remoção das plataformas não é um problema, porque conservadores e liberais podem

---

[427] HARRIS, Leslie M. I Helped Fact-Check the 1619 Project. The Times Ignored Me. *Politico*, [S. l.], p. 1-12, 3 jun. 2020. Disponível em: https://www.politico.com/news/magazine/2020/03/06/1619-project-new-york-times-mistake-122248. Acesso em: 28 jan. 2022.

[428] STELTER, Brian; DARCY, Oliver. 1619 Project faces renewed criticism — this time from within The New York Times. *CNN*, [S. l.], p. 1-3, 12 out. 2020. Disponível em: https://edition.cnn.com/2020/10/12/media/new-york-times-1619-project-criticism/index.html. Acesso em: 28 jan. 2022.

[429] STELLER, Brian; DARCY, Oliver. Oprah Winfrey, Nikole Hannah-Jones to Adapt '1619 Project' for Film, TV. *The Hollywood Reporter*, [S. l.], p. 1, 8 jul. 2020. Disponível em: https://www.hollywoodreporter.com/video/oprah-winfrey-nikole-hannah-jones-adapt-1619-project-watch-1302506/. Acesso em: 28 jan. 2022.

simplesmente apresentar suas ideias em outros lugares. Esse argumento é o cúmulo da manipulação. Também é totalmente ilusório: é realmente um cancelamento, ser impedido de participar dos veículos mais lidos graças à dissidência. Entretanto remeter conservadores e liberais tradicionais a canais não estabelecidos tem um efeito colateral bastante infeliz para os esquerdistas autoritários: conservadores e liberais logo começam a consumir mídias não tradicionais em taxas recordes. Nos dias em que a mídia detinha o monopólio da distribuição de informações – três redes de TV, alguns jornais impressos nacionais –, limpar os conservadores teria sido o fim da história. Entretanto, com o surgimento da internet, dos *podcasts* e das notícias a cabo, os conservadores foram capazes de construir sua própria mídia. Sites como o Daily Wire geram enorme tráfego *porque* a mídia silenciou vozes conservadoras.

Assim, os esquerdistas autoritários precisam dar um passo adiante: devem destruir as vozes conservadoras e liberais *fora da grande mídia*. Eles primeiro forçam aqueles que odeiam em guetos ideológicos. Então, quando descobrem que os guetos criam seu próprio ecossistema próspero, eles procuram destruí-los completamente.

Para esse fim, nossa Nova Classe Dominante jornalística tornou-se ativista em tempo integral. Ao invés de relatar as notícias, eles as geram, trabalhando com grupos ativistas de forma a motivar anunciantes, provedores de serviços neutros e plataformas de mídia social a rebaixarem, ou eliminarem, a mídia dissidente. Eles afirmam que a própria presença de ideias conservadoras na praça pública aumenta a possibilidade de violência – então, procuram culpar anunciantes, prestadores de serviços neutros e plataformas de mídia social por subsidiarem os não *woke*, ou lhes permitirem acesso aos seus serviços. Quando isso falha, eles clamam abertamente por uma regulamentação governamental da liberdade de expressão. Os Pais Fundadores ficariam surpresos em saber que os maiores defensores da restrição da liberdade de expressão, nos Estados Unidos de hoje, são membros da imprensa.

AS "FAKE NEWS"

Os jornalistas ativistas autoritários de esquerda escolhem bem seus alvos. Eles começam com anunciantes. Durante quase duas décadas, o Media Matters, um patético grupo de ataque fundado pelo instável vigarista David Brock e apoiado pela equipe de Hillary Clinton, passou cada um de seus minutos monitorando a mídia conservadora, buscando oportunidades para impulsionar boicotes de anunciantes. Isso geralmente envolve editar os conservadores fora do contexto, depois deixar os aliados da mídia saberem sobre essas citações fora do contexto, gerando polêmica, e, em seguida, criando uma falsa onda de indignação, dirigida aos anunciantes, que geralmente desejam ser deixados em paz. A tática tem sido esporadicamente bem-sucedida, quando dirigida a apresentadores como Rush Limbaugh, Sean Hannity e Tucker Carlson e, com o tempo, outros grupos também entraram no jogo. Os principais meios de comunicação usam o Media Matters rotineiramente como fonte de cobertura[430]; um ex-funcionário da Media Matters gabou-se, em fevereiro de 2012, que o grupo ativista estava "praticamente escrevendo" o horário nobre da MSN-BC e coordenando com Greg Sargent, do *The Washington Post,* e repórteres do *Los Angeles Times*, *Huffington Post* e *Politico*, entre outros (a Media Matters também realizou chamadas semanais de estratégia com Jen Psaki, diretora de comunicações da Casa Branca de Obama, atual porta-voz-chefe de Biden)[431].

Os membros da mídia não se limitam a roubar os clipes fora de contexto do Media Matters – eles então atacam os anunciantes, perguntando por que continuam gastando seu dinheiro com conservadores. Naturalmente, essas perguntas não são elaboradas para obter uma resposta. Elas são projetadas para provocar o

---

[430] STEINBERG, Jacques. An All-Out Attack on 'Conservative Misinformation. *The New York Times*, [*S. l.*], p. 1-5, 31 out. 2008. Disponível em: https://www.nytimes.com/2008/11/01/washington/01media.html. Acesso em: 28 jan. 2022.

[431] CARLSON, Tucker; GOGLIANESE, Vince. Inside Media Matters: Sources, memos reveal erratic behavior, close coordination with White House and news organizations. *Daily Caller*, [*S. l.*], p. 1-9, 12 fev. 2012. Disponível em: https://dailycaller.com/2012/02/12/inside-media-matters-sources-memos-reveal-erratic-behavior-close-coordination-with-white--house-and-news-organizations/. Acesso em: 28 jan. 2022.

cancelamento dos dólares de publicidade. E a mídia comemora quando eles iniciam uma cascata de cancelamentos de anunciantes contra um conservador. A alegria deles é totalmente evidente.

Membros da grande mídia aplaudem essa tática. Na verdade, eles vão mais longe: pedem a qualquer um que forneça serviços para os não *woke* que pare de fazê-lo. Pedem à Comcast que pare de veicular Newsmax, One America News e Fox News. Nicholas Kristof, do *The New York Times*, escreveu recentemente que, a fim de conter o extremismo do Partido Republicano, "os anunciantes devem parar de apoiar redes que espalham mentiras e ódio, e as empresas de cabo devem abandonar canais que persistem em fazê-lo. Para começar, não force as pessoas a subsidiar a Fox News ao incluí-la em pacotes básicos". Claro, reconheceu Kristof, isso poderia criar uma ladeira escorregadia. Entretanto a ladeira escorregadia era um risco menor do que os oponentes de Kristof conseguirem ganhar a vida[432]. Margaret Sullivan, do *The Washington Post*, concordou, chamando a Fox News de um "perigo para nossa democracia", e exigiu que "as organizações que anunciam na Fox News deveriam ir embora e os cidadãos que se preocupam com a verdade deveriam exigir que o fizessem"[433]. Max Boot, do *The Washington Post*, acredita que "grandes empresas de cabo [...] precisam intervir e eliminar a Fox News"[434]. Oliver Darcy, da CNN, juntou-se ao coro, afirmando que "empresas de TV que fornecem plataformas para redes" como a Fox News não deveriam

---

[432] KRISTOF, Nicholas. A Letter to My Conservative Friends" ["Uma Carta aos Meus Amigos Conservadores. *The New York Times*, [S. l.], p. 1-6, 27 jan. 2021. Disponível em: https://www.nytimes.com/2021/01/27/opinion/trump-supporters-conspiracy-theories. html. Acesso em: 28 jan. 2022.

[433] SULLIVAN, Margaret. Fox News is a hazard to our democracy. It's time to take the fight to the Murdochs. Here's how. *The Washington Post*, [S. l.], p. 1-6, 24 jan. 2021. Disponível em: https://www.washingtonpost.com/lifestyle/media/fox-news-is-a-hazard-to-our-democracy-its-time-to-take-the-fight-to-the-murdochs-heres-how/2021/01/22/1821f186-5cbe--11eb-b8bd-ee36b1cd18bf_story.html. Acesso em: 28 jan. 2022.

[434] BOOT, Max. Trump couldn't have incited sedition without the help of Fox News. *The Washington Post*, [S. l.], p. 1-3, 18 jan. 2021. Disponível em: https://www.washingtonpost. com/opinions/2021/01/18/trump-couldnt-have-incited-sedition-without-help-fox-news/. Acesso em: 28 jan. 2022.

AS "FAKE NEWS"

escapar do escrutínio: "é hora de as operadoras de TV enfrentarem questionamentos por emprestarem suas plataformas a empresas desonestas, que lucram com a desinformação e com as teorias da conspiração". Darcy até convocou plataformas de TV a cabo de forma a tentar pressioná-las[435].

Isso é totalmente delirante: caso os conservadores fossem privados da Fox News, procurariam canais conservadores semelhantes. Entretanto essa ilusão é consistente com o verdadeiro objetivo da esquerda autoritária: o restabelecimento do monopólio da mídia que eles detinham antes da morte da Doutrina da Justiça e da ascensão de Rush Limbaugh. Muitos na esquerda autoritária comemoraram quando Limbaugh morreu, declarando-o "polarizador". Na realidade, *eles* estavam polarizando, mas tinham o monopólio... e Limbaugh quebrou esse monopólio. Agora, eles querem restabelecê-lo, a todo custo.

Por isso que a mídia se torna particularmente vingativa quando se trata de distribuição de ideias conservadoras através da mídia social. Um número chocante de membros da mídia passa seus dias tentando pressionar as plataformas de mídia social a restringir os padrões de liberdade de expressão, a fim de reinstituir um monopólio da grande mídia. Agora, culpar as plataformas de mídia social pela violência é como culpar a liberdade de expressão pelos nazistas: sim, pessoas más podem tirar vantagem de plataformas neutras para fazer coisas ruins. Isso não significa que as plataformas devam ser restritas. Porém, para falsos jornalistas como Joe Scarborough, da MSNBC, as plataformas são as principais responsáveis pela violência. "Essas revoltas não teriam acontecido se não fosse pelo Twitter e pelo Facebook [...] os algoritmos do Facebook foram criados para causar a explosão desse tipo de radicalismo"[436].

---

[435] DARCY, Oliver. Analysis: TV providers should not escape scrutiny for distributing disinformation. *CNN*, [*S. l.*], p. 1-3, 8 jan. 2021. Disponível em: https://edition.cnn.com/2021/01/08/media/tv-providers-disinfo-reliable-sources/index.html. Acesso em: 28 jan. 2022.
[436] ELLIOTT, Tom. .@JoeNBC: "Those riots would not have happened but for Twitter, but for Facebook ... Facebook's algorithms were set up to cause this sort of radicalism to explode ... Facebook and Twitter set up their business models in a way that would lead to

Ao citar o perigo da liberdade de expressão, nossa grande mídia pode fechar os caminhos da disseminação de informações para aqueles de fora da Nova Classe Dominante. Esses membros da mídia consideram qualquer pessoa fora de sua própria visão de mundo um inimigo, digno de ser banido. Membros da grande mídia simplesmente misturam conservadores tradicionais com radicais violentos – e *voilà*! É hora de a mídia social intervir e se livrar deles. Kara Swisher, do *The New York Times*, gasta seu espaço na coluna, dia após dia, tentando pressionar Mark Zuckerberg, do Facebook, a definir regulamentações restritivas de conteúdo que violem os princípios da liberdade de expressão. "O Sr. Zuckerberg", escreveu Swisher, em junho de 2020, "tornou-se – involuntariamente ou não – o equivalente digital de um facilitador supercarregado por causa de seu enorme poder sobre comunicações digitais que afetam bilhões de pessoas". E, Swisher acrescentou: Zuckerberg não deveria se preocupar com a liberdade de expressão como um valor – afinal, a Primeira Emenda não menciona o "Facebook ou qualquer outra empresa. E não há menção a Mark Zuckerberg, que certamente tem o poder de controlar discursos que violem as regras da empresa". A liberdade de expressão *é o problema*. A censura corporativa é a solução[437].

E que tipo de conteúdo deve ser restrito? Segundo os repórteres de tecnologia, a resposta é óbvia: qualquer coisa à direita do centro. Por isso que, dia após dia, Kevin Roose, do *The New York Times*, tuíta o alcance orgânico de sites conservadores, tentando pressionar o Facebook a mudar seu algoritmo. Por isso que o *New York Times* publicou um artigo de Roose, em junho de 2019, intitulado "The Making of a YouTube Radical" ["A Criação de um Radical do YouTube"], ligando todos, de Jordan Peterson, Joe Rogan e eu a Alex Jones e Jared Taylor. Roose lamentou: "O

---

the insurrection". [1 vídeo anexado]. [*S. l.*], 18 jan. 2021. Twitter: @tomselliott. Disponível em: https://twitter.com/tomselliott/status/1351140855478947844. Acesso em: 28 jan. 2022.
[437] SWISHER, Kara. Zuckerberg's Free Speech Bubble. *The New York Times*, [*S. l.*], p. 1-3, 3 jun. 2020. Disponível em: https://www.nytimes.com/2020/06/03/opinion/facebook-trump-free-speech.html?action=click&module=RelatedLinks&pgtype=Article. Acesso em: 28 jan. 2022.

AS "FAKE NEWS"

YouTube criou, inadvertidamente, um caminho perigoso para o extremismo"[438]. O objetivo é óbvio: deixar todos à direita do centro sem plataforma. E ameaçar as próprias plataformas de forma a realizarem esse objetivo.

Isso não vai parar por aí. Os membros da mídia decidiram agora, na era pós-Trump, que é hora de reescrever completamente o acordo da Primeira Emenda. Jim VandeHei, do *Politico*, reconhece que a América democrata espera, desesperadamente, repensar "a política, a liberdade de expressão, a definição da verdade e o preço das mentiras"[439]. A Primeira Emenda deve ser repensada. Em 2019, Richard Stengel – agora chefe da equipe de transição de Joe Biden para a Agência dos Estados Unidos para Mídia Global – argumentou que a América deveria adotar leis contra discurso de ódio, já que a liberdade de expressão não deveria "proteger discurso de ódio com potencial para causar violência de um grupo contra outro". Anand Giridharadas, professor de jornalismo da Universidade de Nova York e contribuidor da MSNBC, questiona: "A Fox News deveria ter permissão para existir?". Steve Coll, reitor da Escola de Jornalismo da Columbia, agora acredita que quem trabalha no jornalismo "precisa aceitar o fato de que a liberdade de expressão, um princípio que consideramos sagrado, está sendo usada como arma contra os princípios do jornalismo". Bill Adair, fundador do PolitiFact, fonte altamente tendenciosa de checagem de fatos, agora acredita que o governo deve usar "regulamentações e novas leis" de forma a combater o "problema da informação incorreta"[440].

---

[438] ROOSE, Kevin. The Making of a YouTube Radical. *The New York Times*, [*S. l.*], p. 1-5, 8 jun. 2019. Disponível em: https://www.nytimes.com/interactive/2019/06/08/technology/youtube-radical.html?searchResultPosition=1&mtrref=www.nytimes.com&gwh=C65E710022422885DC-5382C48BE245EB&gwt=pay&assetType=PAYWALL. Acesso em: 28 jan. 2022.

[439] VANDEHEI, Jim. Our new reality: Three Americas. *Axios*, [*S. l.*], p. 1-6, 10 jan. 2021. Disponível em: https://www.axios.com/capitol-siege-misinformation-trump-d9c9738b-0852-408d-a24f-81c95938b41b.html?stream=top. Acesso em: 28 jan. 2022.

[440] ROSEN, Armin. Journalists Mobilize Against Free Speech. *Tablet*, [*S. l.*], p. 1-13, 24 jan. 2021. Disponível em: https://www.tabletmag.com/sections/news/articles/jounalists-against-free-speech. Acesso em: 28 jan. 2022.

Restringir a liberdade de expressão tem dois benefícios específicos para a grande mídia: primeiro, ela expulsa seus concorrentes; em segundo lugar, ela expurga a esfera pública de pontos de vista dos quais não gostam. É uma situação onde todos ganham. Tudo o que exigem é um controle ideologicamente autoritário.

>> CONCLUSÃO

Em 18 de janeiro de 2019, durante a Marcha pela Vida, algo assustador aconteceu: um grupo de garotos do ensino médio, usando bonés MAGA[441], cercou um homem nativo americano inocente, zombando dele, rindo e dançando. Os relatórios sugeriram que quatro manifestantes negros também haviam sido assediados pelos cruéis estudantes brancos. O nativo americano disse à mídia que havia confrontado os alunos enquanto eles gritavam: "Construa o muro!". E o mundo jornalístico começou a funcionar, *Journalisming*™ o mais forte que podiam. Kara Swisher tuitou, "[E]ssas crianças horríveis e seu sorriso fétido, assediando aquele homem idoso no *Mall*: Vão se f****". Joe Scarborough tuitou: "Onde estão seus pais, onde estão seus professores, onde estão seus pastores?". O *New York Times* intitulou: "Meninos com Bonés 'Torne a América Grande Novamente' Cercam Idoso Nativo na Marcha do Povo Indígena". A CNN chamou o incidente de "vídeo viral de partir o coração"[442].

Havia apenas um problema. Não era verdade.

Na realidade, como afirmou Nick Sandmann, estudante da Covington Catholic, o garoto com o chapéu do MAGA, os estudantes brancos foram abordados por quatro membros negros dos

---

[441] Bonés utilizados durante a campanha presidencial de Donald Trump, com o seu *slogan* mais famoso: *Make America Great Again* [Torne a América Grande Novamente]. (N. E.)
[442] FLANAGAN, Caitlin. The Media Botched the Covington Catholic Story. *The Atlantic*, [*S. l.*], p. 1-5, 23 jan. 2019. Disponível em: https://www.theatlantic.com/ideas/archive/2019/01/media-must-learn-covington-catholic-story/581035/. Acesso em: 28 jan. 2022.

AS "FAKE NEWS"

Israelitas Hebreus Negros – um grupo radical de malucos, que os havia chamado de "racistas", "intolerantes", "bichas" e "crianças filhas de incesto". Os alunos também foram abordados pelo homem nativo americano, o qual entrou em seu grupo e começou a bater um tambor na sua frente. Sandmann ficou parado, sorrindo sem jeito. Como ele relatou:

> Eu não estava fazendo caretas intencionalmente para o manifestante. Eu sorri em um determinado momento porque queria que ele soubesse que eu não ficaria com raiva, intimidado, nem seria provocado para um confronto maior. Sou um cristão fiel e católico praticante, e sempre tento viver de acordo com os ideais ensinados pela minha fé – permanecer respeitoso com os outros e não tomar nenhuma ação que possa levar a conflito ou violência[443].

Sandmann estava dizendo a verdade. Quase todos os elementos da história, como foram relatados pela grande mídia, eram falsos. "[A] mídia de elite bagunçou a história de forma tão completa que perdeu a autoridade de noticiá-la", escreveu Caitlin Flanagan, da *The Atlantic*. Ela foi mais longe, criticando o *The New York Times*: "Você foi parcialmente responsável pela eleição de Trump porque é o jornal mais influente do país, e não é justo ou imparcial. Milhões de americanos acreditam que você os odeia e que, ocasionalmente, irá prejudicá-los"[444].

Nada mudou.

Na verdade, o problema piorou.

Os meios de comunicação do *establishment* declararam-se os heróis dos últimos quatro anos – os mais bravos, os mais nobres,

---

[443] STATEMENT of Nick Sandmann, Covington Catholic High School junior, regarding incident at the Lincoln Memorial. *CNN*, [S. l.], p. 1-3, 23 jan. 2019. Disponível em: https://edition.cnn.com/2019/01/20/us/covington-kentucky-student-statement/index.html. Acesso em: 28 jan. 2022.
[444] FLANAGAN, Caitlin. The Media Botched the Covington Catholic Story. *The Atlantic*, [S. l.], p. 1-5, 23 jan. 2019. Disponível em: https://www.theatlantic.com/ideas/archive/2019/01/media-must-learn-covington-catholic-story/581035/. Acesso em: 28 jan. 2022.

os guardiões de nossa democracia. Eles não eram, e não são. Eles estão dispostos a atacar a todos, de plebeus a reis, de forma a promover sua agenda. Duvide deles, e irão expulsá-lo. Compita com eles, e trabalharão para silenciá-lo.

Poucos dias após a ascensão de Joe Biden à Casa Branca, nossos especialistas em *Journalisming*™ passaram de cães de guarda a cães de colo. Dana Bash, da CNN, desmaiou de emoção: "Os adultos estão de volta à sala"[445]. Jim Acosta, o repórter da CNN na Casa Branca, tuitou uma foto sua com Peter Alexander, da NBC News: "Apenas dois caras cobrindo a Casa Branca no último dia inteiro da administração Trump. Acho que finalmente teremos tempo para aquela bebida agora, @PeterAlexander?"[446]. Brian Stelter, da CNN, apresentador do ironicamente intitulado *Reliable Sources* [Fontes Confiáveis], escreveu uma legenda entusiasmada sobre a garantia da secretária de imprensa da Casa Branca (e ex-colaboradora da CNN), Jen Psaki, de que só falaria a verdade: "Psaki promete compartilhar 'informações precisas' (quão reconfortante)"[447]. Margaret Sullivan, do *The Washington Post*, elogiou o "retorno à normalidade da Casa Branca de Biden", e alertou contra os membros da mídia serem muito *duros* com a nova administração[448].

Está tudo bem. Confie neles.

---

[445] CNN'S Bash on Biden's Covid Presser: 'Anybody Who Has Any Connection to Reality' Saw that 'the Adults Are Back in the Room'. *Grabien.com*, [S. l.], p. 1-2, s.d. Disponível em: https://grabien.com/story.php?id=321993. Acesso em: 28 jan. 2022.

[446] ACOSTA, Jim. Just a couple of guys covering the WH on the last full day of Trump admin. Think we will finally have time for that drink now @PeterAlexander? [S. l.], 19 jan. 2021. Twitter: @Acosta. Disponível em: https://twitter.com/Acosta/status/1351649797820862465. Acesso em: 28 jan. 2022.

[447] SCHORR, Isaac. Jen Psaki Is Living Her Best Life. *National Review*, [S. l.], p. 1-4, 25 jan. 2021. Disponível em: https://www.nationalreview.com/2021/01/jen-psaki-is-living-her-best-life/. Acesso em: 28 jan. 2022.

[448] SULLIVAN, Margaret. The media can be glad for the Biden White House's return to normalcy. But let's not be lulled. *The Washington Post*, [S. l.], p. 1-6, 21 jan. 2021. Disponível em: https://www.washingtonpost.com/lifestyle/media/the-media-can-be-glad-for-the-biden-white-houses-return-to-normalcy-but-lets-not-be-lulled/2021/01/20/ea444ac6-5b-81-11eb-a976-bad6431e03e2_story.html. Acesso em: 28 jan. 2022.

AS "FAKE NEWS"

Isso é algo perigoso. É perigoso que os guardiães de nossa democracia – a mídia – não sejam guardiães, mas ativistas políticos, dedicados a seu próprio tipo de propaganda. É ainda mais perigoso que agora eles trabalhem continuamente para inibir as vozes das quais discordam e usem o poder de suas plataformas para destruir seus oponentes, em todos os níveis. Um mercado de ideias próspero requer um respeito básico pelo próprio mercado. Entretanto nossa mídia de esquerda, autoritária e ideologicamente orientada, busca destruir esse mercado em favor de um monopólio.

Todos os dias, eles se aproximam de atingir esse objetivo.

>> CAPÍTULO 8

DESFAZENDO AMIZADE COM AMERICANOS

>> CAPÍTULO 8 <<

DESFAZENDO AMIZADE COM AMERICANOS

Um mês antes da eleição de 2020, o *New York Post* divulgou uma reportagem bombástica – que poderia ter mudado a natureza da eleição. Essa reportagem centrou-se em Hunter Biden, filho de Joe Biden, candidato presidencial democrata. De acordo com a reportagem do *Post*,

> Hunter Biden apresentou seu pai, o então vice-presidente Joe Biden, a um alto executivo de uma empresa de energia ucraniana, menos de um ano antes do Biden mais velho pressionar funcionários do governo na Ucrânia a despedir um promotor que estava investigando a empresa, de acordo com e mails obtidos pelo *Post*.

Um membro do conselho da Burisma, empresa de cujo conselho Biden fazia parte, enviou a Hunter Biden uma nota de agradecimento pela apresentação.

A bomba refutou as declarações consistentes de Joe Biden, de que ele não sabia nada sobre as atividades comerciais de seu filho no exterior e que as atividades de Hunter haviam sido todas

273

legítimas. O *Post* até relatou a procedência dos *e-mails*: o *laptop* de Hunter Biden havia sido deixado em uma oficina de conserto de computadores em Delaware em 2019 e Hunter nunca havia voltado para pegar aquela máquina. O *Post* relatou ainda que "tanto o computador quanto o disco rígido foram apreendidos pelo FBI em dezembro, depois de o dono da loja ter alertado os federais sobre sua existência"[449].

Não foi nenhuma surpresa descobrir que Hunter estava traficando influência em nome de seu pai – membros da família de Biden têm feito isso há anos. Em 2019, o *Politico* relatou,

> A imagem de Biden como um homem direto e do povo [...] é obscurecida pelas carreiras de seu filho e irmão, que têm um longo histórico de fazer, ou buscar, negócios que lucram com seu nome[450].

Hunter admitiu publicamente, em outubro de 2019, que certamente não teria sido selecionado para sentar-se no conselho da Burisma caso seu sobrenome fosse diferente – ele tem uma longa história de comportamento autodestrutivo, zero experiência na Ucrânia e zero experiência com gás natural e petróleo. Amy Robach, da ABC News, perguntou a Hunter: "Se seu sobrenome não fosse Biden, você acha que teria sido convidado para fazer parte do conselho da Burisma?". Hunter respondeu:

> Eu não sei. Eu não sei. Provavelmente não, em retrospecto. Mas isso – você sabe – eu não acho que muitas coisas teriam acontecido na minha vida se meu sobrenome não fosse Biden. Porque meu

[449] MORRIS, Emma-Joe; FONROUGE, Gabrielle. Smoking-gun email reveals how Hunter Biden introduced Ukrainian businessman to VP dad. *New York Post*, [S. l.], p. 1-12, 14 out. 2020. Disponível em: https://nypost.com/2020/10/14/email-reveals-how-hunter-biden-intro%20duced-ukrainian-biz-man-to-dad. Acesso em: 28 jan. 2022.

[450] SCHRECKINGER, Ben. Biden Inc. *Politico*, [S. l.], p. 1-20, 2 ago. 2019. Disponível em: https://www.politico.com/magazine/story/2019/08/02/joe-biden-investigation-hunter-brother-hedge-fund-money-2020-campaign-227407/. Acesso em: 28 jan. 2022.

DESFAZENDO AMIZADE COM AMERICANOS

pai era vice-presidente dos Estados Unidos. Não há literalmente nada, quando jovem ou adulto, que meu pai, de alguma forma, não tenha influenciado[451].

De sua parte, Joe Biden sugeriu que era impensável que Hunter não devesse ter assumido a posição e absurdo acreditar que Hunter havia recebido a posição porque a empresa queria acesso a Joe[452].

A disposição de Hunter para usar o nome de seu pai tornou-se um problema de primeira página naquele mesmo ano quando Donald Trump, suspeitando de corrupção na Ucrânia, fez um polêmico telefonema ao presidente ucraniano Volodymyr Zelensky, no qual dizia:

> Fala-se muito sobre o filho de Biden, que Biden parou a acusação, e muitas pessoas querem saber sobre isso, então tudo o que você puder fazer com o procurador-geral, será ótimo. [...] Para mim isso parece horrível.

Os oponentes políticos de Trump o acusaram de chantagear uma potência estrangeira para desenterrar sujeira de Biden ao ameaçar suspender ajuda; o telefonema resultou no primeiro pedido de *impeachment* de Trump na Câmara dos Representantes[453].

Agora, um ano depois, o *Post* informava que os associados ucranianos de Biden haviam recebido a promessa de um encontro com o próprio Biden. Histórias subsequentes no *Post* citavam o ex-sócio comercial de Hunter Biden, Tony Bobulinski, acusando

---

[451] MARCIN, Tim. Hunter Biden Admits His Last Name Has Opened Basically Every Door for Him. *Vice*, [S. l.], p. 1-4, 15 out. 2019. Disponível em: https://www.vice.com/en/article/a35y9k/hunter-biden-admits-his-last-name-has-opened-basically-every-door-for-him. Acesso em: 28 jan. 2022.

[452] MOORE, Mark. Joe Biden's testy response to NBC question about Hunter's dealings in Ukraine. *New York Post*, [S. l.], p. 1-4, 3 fev. 2020. Disponível em: https://nypost.com/2020/02/03/joe-bides-testy-response-to-nbc-question-about-hunters-dealings-in-ukraine. Acesso em: 28 jan. 2022.

[453] READ Trump's phone conversation with Volodymyr Zelensky. *CNN*, [S. l.], p. 1-3, 26 set. 2019. Disponível em: https://edition.cnn.com/2019/09/25/politics/donald-trump-ukraine-transcript-call/index.html. Acesso em: 28 jan. 2022.

o próprio Joe Biden de mentir sobre seu conhecimento das atividades de Hunter: "Ouvi Joe Biden dizer que nunca discutiu seus negócios com Hunter. Isso é falso. Tenho conhecimento de primeira mão sobre isso, porque lidei diretamente com a família Biden, incluindo Joe Biden", alegou Bobulinski[454].

A campanha de Biden e seus aliados da mídia responderam, chamando a história de Hunter Biden de "desinformação russa"[455].

A história, desnecessário dizer, não era desinformação russa; não havia nenhuma evidência de que fosse, em primeiro lugar. Na verdade, cerca de um mês após a eleição, a mídia noticiou que Hunter Biden estava sob investigação federal há *anos* – a CNN relatou que a investigação começou já em 2018, e foi encoberta por medo de afetar a eleição presidencial[456].

A história de Hunter Biden nunca penetrou totalmente na consciência do grande público. De acordo com uma pesquisa da McLaughlin & Associates, 38% dos apoiadores democratas não sabiam da história antes da eleição; em contraste, 83% dos republicanos estavam cientes da história[457].

Havia uma razão para isto: empresas de mídia social, como Twitter e Facebook, simplesmente encerraram a história, friamente.

Quando o *Post* tuitou a história, o próprio Twitter *suspendeu* a conta do *Post*. A empresa chegou a proibir os usuários de postar

---

[454] BOWDEN, Ebony; NELSON, Steven. Hunter's ex-partner Tony Bobulinski: Joe Biden's a liar and here's the proof. *New York Post*, [S. l.], p. 1-5, 22 out. 2020. Disponível em: https://nypost.com/2020/10/22/hunter-ex-partner-tony-bobulinski-calls-joe-biden-a-liar/. Acesso em: 28 jan. 2022.

[455] BERTRAND, Natasha. Hunter Biden story is Russian disinfo, dozens of former intel officials say. *Politico*, [S. l.], p. 1-6, 19 out. 2020. Disponível em: https://www.politico.com/news/2020/10/19/hunter-biden-story-russian-disinfo-430276. Acesso em: 28 jan. 2022.

[456] PEREZ, Evan; BROWN, Pamela. Federal criminal investigation into Hunter Biden focuses on his business dealings in China. *CNN*, [S. l.], p. 1-3, 10 dez. 2020. Disponível em: https://edition.cnn.com/2020/12/09/politics/hunter-biden-tax-investigtation/index.html. Acesso em: 28 jan. 2022.

[457] BEDARD, Paul. Media's hiding of Hunter Biden scandal robbed Trump of clear win: Poll. *Washington Examiner*, [S. l.], p. 1-3, 13 nov. 2020. Disponível em: https://www.washingtonexaminer.com/washington-secrets/medias-hiding-of-hunter-biden-scandal-robbed--trump-of-clear-win-poll. Acesso em: 28 jan. 2022.

um *link* para a própria história. O Twitter tentou explicar que não iria disseminar histórias baseadas em materiais *hackeados* – mesmo que a história do *Post não fosse baseada em materiais hackeados*. Se o Twitter tivesse seguido as mesmas políticas de forma consistente, praticamente todas as grandes histórias das últimas décadas teriam sido banidas da plataforma.

Então, alguns dias depois, o Twitter fez a mesma coisa com a história de acompanhamento do *Post*. Aqueles que tentaram postar os *links* eram recebidos com a mensagem: "Não podemos concluir esta solicitação porque este *link* foi identificado pelo Twitter, ou por nossos parceiros, como potencialmente prejudicial".

Mais tarde, o CEO do Twitter, Jack Dorsey, admitiria que a "comunicação em torno de nossas ações [...] não era ótima". Inverter a percepção sobre censura raramente é[458].

Enquanto isso, Andy Stone, diretor de políticas de comunicação do Facebook – e ex-aluno do Comitê de Ação Política da Maioria Democrata na Câmara, ex-secretário de imprensa da senadora Barbara Boxer (democrata da Califórnia), e ex-secretário de imprensa do Comitê de Campanha do Congresso Democrata[459] –, tuitou:

> Embora eu, intencionalmente, não crie um *link* para o *New York Post*, quero deixar claro que esta história pode ser verificada por parceiros terceirizados de checagem de fatos do Facebook. Enquanto isso, estamos reduzindo sua distribuição em nossa plataforma[460].

---

[458] HART, Benjamin. Twitter Backs Down After Squelching New York Post's Hunter Biden Story. *New York Magazine*, [*S. l.*], p. 1-5, 16 out. 2020. Disponível em: https://nymag.com/intelligencer/2020/10/twitter-facebook-block-ny-post-hunter-biden-article.html. Acesso em: 28 jan. 2022.

[459] CONKLIN, Audrey. Facebook official who said platform is reducing distribution of Hunter Biden story has worked for top Dems. *Fox News*, [*S. l.*], p. 1-5, 14 out. 2020. Disponível em: https://www.foxnews.com/politics/facebook-spokesperson-top-democrats-new-york-post. Acesso em: 28 jan. 2022.

[460] STONE, Andy. While I will intentionally not link to the New York Post, I want be clear that this story is eligible to be fact checked by Facebook's third-party fact checking partners.

Ele acrescentou:

> Isso faz parte do nosso processo padrão para reduzir a disseminação de informações incorretas. Reduzimos temporariamente a distribuição, aguardando a revisão do verificador de fatos[461].

Em outras palavras, o Facebook *admitiu* ter restringido o alcance da história do *Post, antes mesmo de ela ter sido verificada*. Não havia evidências de que a história fosse falsa – no fim das contas, a história do *Post* era verdadeira. Entretanto o Facebook restringiu o alcance do artigo do *Post* de qualquer maneira.

O Facebook, na verdade, teve moderadores que *intervieram manualmente* a fim de encerrar a história do *Post*, como a empresa admitiu:

> [Nós] estamos em alerta elevado por causa da inteligência do FBI sobre o potencial de *hackear* e vazar operações destinadas a espalhar desinformação. Com base nesse risco e de acordo com nossas políticas e procedimentos existentes, tomamos a decisão de limitar temporariamente a distribuição do conteúdo enquanto nossos verificadores de fatos tinham a chance de revisá-lo. Quando isso não aconteceu, suspendemos o rebaixamento[462].

Bem a tempo de Joe Biden chegar à presidência.

In the meantime, we are reducing its distribution on our platform. [*S. l.*], 14 out. 2020. Twitter: @andymstone. Disponível em: https://twitter.com/andymstone/status/1316395902479872000. Acesso em: 28 jan. 2022.

[461] STONE, Andy. This is part of our standard process to reduce the spread of misinformation. We temporarily reduce distribution pending fact-checker review. [1 link anexado]. [*S. l.*], 14 out. 2020. Twitter: @andymcosta. Disponível em: https://twitter.com/andymstone/status/1316423671314026496. Acesso em: 28 jan. 2022.

[462] HERN, Alex. Facebook leak reveals policies on restricting New York Post's Biden story. *The Guardian*, [*S. l.*], p. 1-4, 30 out. 2020. Disponível em: https://www.theguardian.com/technology/2020/oct/30/facebook-leak-reveals-policies-restricting-new-york-post-biden-story. Acesso em: 28 jan. 2022.

DESFAZENDO AMIZADE COM AMERICANOS

>> DE ABERTO E GRATUITO PARA NOVOS GUARDIÕES

A *verdadeira* história da saga de Hunter Biden, como se revelou, não era sobre Hunter Biden *per se*: era sobre o poder e a vontade de um oligopólio, de restringir o acesso à informação de maneiras sem precedentes. As empresas de mídia social foram fundadas com a promessa de um acesso mais amplo ao discurso e à informação; elas deveriam ser um mercado de ideias, um lugar para coordenação e troca. Elas eram, em outras palavras, a nova praça da cidade.

Agora, as mídias sociais estão rapidamente se tornando menos parecidas com locais de encontro abertos e mais semelhantes a praças de cidades puritanas na Nova Inglaterra por volta de 1720: menos livre troca de ideias, mais turbas e mercadorias.

A saga das plataformas de mídia social começa com a implementação da muito difamada e incompreendida Seção 230 do Ato de Decência nas Comunicações, em 1996. A seção foi projetada para distinguir entre material pelo qual as plataformas *online* poderiam ser responsabilizadas e material pelo qual elas não poderiam. A parte mais essencial da lei diz: "Nenhum provedor ou usuário de um serviço interativo de computador deverá ser tratado como editor ou locutor de qualquer informação fornecida por outro provedor de conteúdo de informação". O *New York Times*, por exemplo, pode ser responsabilizado como editor, por informações que aparecem em suas páginas. Entretanto a seção de comentários do *New York Times* não cria responsabilidade – caso um usuário poste material difamatório nos comentários, o *Times* não se torna repentinamente responsável.

Logo, o objetivo da Seção 230 era abrir a conversa, protegendo as plataformas online de responsabilidade legal pela postagem de conteúdo de terceiros. A própria Seção 230 afirma o mesmo: o objetivo da seção é fortalecer a internet como "um fórum para uma verdadeira diversidade de discurso político,

279

oportunidades únicas para o desenvolvimento cultural e uma miríade de caminhos para a atividade intelectual"[463]. Como descreve a *Electronic Freedom Foundation* [Fundação da Liberdade Eletrônica]:

> Esta estrutura legal e política permitiu que os usuários do YouTube e Vimeo carregassem seus próprios vídeos, que a Amazon e o Yelp oferecessem inúmeras avaliações de usuários, que a Craigslist hospedasse anúncios classificados e que Facebook e Twitter oferecessem serviços de *networking* social para centenas de milhões de usuários da Internet[464].

Entretanto há um problema: a divisão total entre as plataformas de conteúdo de terceiros e os editores que selecionam seu conteúdo começa a diminuir quando as plataformas restringem o conteúdo que terceiros podem postar. Assim, por exemplo, um tribunal de Nova York concluiu, em 1995, que a Prodigy, uma empresa de serviços da *web* com um quadro de avisos públicos, tornou-se um editor quando moderou esse quadro por "ofensividade e 'mau gosto'"[465]. Em reação, a Seção 230 criou uma brecha extremamente ampla para plataformas removerem conteúdo ofensivo; legisladores bipartidários queriam proteger as plataformas de responsabilidade apenas pela curadoria de conteúdo, a fim de evitar conteúdo desagradável ou feio. Assim, a Seção 230 prevê que nenhuma plataforma deverá incorrer em responsabilidade com base em "qualquer ação voluntariamente tomada de boa-fé, de forma a restringir o acesso, ou a disponibilidade, de material que o provedor ou usuário considere obsceno, lascivo, vulgar, sujo, excessivamente violento, assediante, ou ques-

---

[463] 47 USC 230: Protection for private blocking and screening of offensive material. *Uscode.house.gov*, [S. l.], p. 1-3, *s. d.* Disponível em: https://uscode.house.gov/view.xhtml?req=(title:47%20section:230%20edition:prelim). Acesso em: 28 jan. 2022.

[464] SECTION 230 of the Communications Decency Act. *EFF*, [S. l.], p. 1-3, s. d. Disponível em: https://www.eff.org/issues/cda230. Acesso em: 28 jan. 2022.

[465] CDA 230: Legislative History. *EFF*, [S. l.], p. 1-3, s. d. Disponível em: https://www.eff.org/issues/cda230/legislative-history. Acesso em: 28 jan. 2022.

DESFAZENDO AMIZADE COM AMERICANOS

tionável de qualquer maneira, seja ou não tal material protegido constitucionalmente"[466].

No início, nossas principais empresas de mídia social entenderam muito bem a intenção por trás da Seção 230. Na verdade, elas a celebraram. A missão do Facebook, em sua primeira década, era "tornar o mundo mais aberto e conectado"[467]. O Twitter disse que seu objetivo era "dar a todos o poder de criar e compartilhar ideias e informações instantaneamente, sem barreiras"[468]. O lema de trabalho do Google era simples: "Não seja mau".

Por um tempo, funcionou.

Os gigantes da mídia social eram, essencialmente, plataformas abertas, com mão leve em termos de censura. Então, aconteceu a eleição de 2016.

O choque que saudou a vitória de Trump em 2016 alterou fundamentalmente a orientação das plataformas de mídia social. Isso, porque, até aquele momento, as preferências políticas pessoais de executivos e funcionários – esmagadoramente progressistas – combinavam com seus resultados políticos desejados. Entretanto, com a vitória de Trump, essa matemática mudou, drasticamente. Membros da mídia e do Partido Democrata começaram a procurar um bode expiatório. Eles o encontraram nas redes sociais. Se, segundo a lógica, os americanos estivessem restritos a ver as notícias que a Nova Classe Dominante queria que vissem, Hillary Clinton teria sido instalada como presidente ao invés de Trump. A disseminação da informação era o problema.

As elites da mídia e os membros do Partido Democrata não podiam apresentar esse argumento explicitamente – era

---

[466] 47 USC 230: Protection for private blocking and screening of offensive material. *Uscode.house.gov*, [*S. l.*], p. 1-3, *s. d.* Disponível em: https://uscode.house.gov/view.xhtml?req=(title:47%20section:230%20edition:prelim). Acesso em: 28 jan. 2022.

[467] CONSTINE, Josh. Facebook changes mission statement to 'bring the world closer together'. *TechCrunch.com*, [*S. l.*], p. 1-3, 22 jun. 2017. Disponível em: https://techcrunch.com/2017/06/22/bring-the-world-closer-together/. Acesso em: 28 jan. 2022.

[468] FOX, Justin. Why Twitter's Mission Statement Matters. *Harvard Business Review*, [*S. l.*], p. 1-3, 13 nov. 2014. Disponível em: https://hbr.org/2014/11/why-twitters-mission-statement-matters. Acesso em: 28 jan. 2022.

simplesmente autoritário demais. Então, ao invés disso, eles criaram o conceito de "*Fake News*" – notícias falsas, que aparentemente haviam enganado os americanos. Após as eleições, o termo ganhou espaço rapidamente, com sites de esquerda, como o PolitiFact, explicando:

> Em 2016, a prevalência de abusos de fatos políticos – promulgados pelas palavras de dois candidatos presidenciais polarizados e seus partidários apaixonados – deu origem a uma divulgação de notícias falsas, com impunidade sem precedentes.

Previsivelmente, o PolitiFact culpou o Facebook e o Google[469]. Após a eleição, o presidente Barack Obama – um homem que certamente não era estranho à disseminação de informações falsas, muitas vezes com a concordância de uma imprensa bajuladora – queixou-se da "capacidade de disseminar informação incorreta, teorias de conspiração infundadas, de forma a pintar a oposição sob uma luz totalmente negativa, sem qualquer refutação – que têm se acelerado de maneiras que polarizam muito mais fortemente o eleitorado e tornam muito difícil ter uma conversa comum"[470]. Em novembro de 2017, a senadora Dianne Feinstein (democrata da Califórnia) ameaçou abertamente as empresas de mídia social, rosnando: '

> Vocês criaram essas plataformas [...] e agora elas estão sendo mal utilizadas. E vocês precisam ser aqueles que fazem algo a respeito, ou nós faremos. [...] Não vamos embora, senhores. [...] Porque vocês carregam essa responsabilidade[471].

---

[469] HOLAN, Angie Drobnic. 2016 Lie of the Year: Fake news. *PolitiFact*, [*S. l.*], p. 2-5, 13 dez. 2016. Disponível em: https://www.politifact.com/article/2016/dec/13/2016-lie-year-fake-news/. Acesso em: 28 jan. 2022.

[470] REMNICK, David. Obama Reckons with a Trump Presidency. *The New Yorker*, [*S. l.*], p. 1-29, 18 nov. 2016. Disponível em: https://www.newyorker.com/magazine/2016/11/28/obama-reckons-with-a-trump-presidency. Acesso em: 28 jan. 2022.

[471] SHACKFORD, Scott. Sen. Feinstein's Threat to 'Do Something' to Social Media Companies Is a Bigger Danger to Democracy Than Russia. *Reason*, [*S. l.*], p. 1-3, 3 nov. 2017. Disponível em: https://reason.com/2017/11/03/sen-feinsteins-threat-to-do-something-to/. Acesso em: 28 jan. 2022.

DESFAZENDO AMIZADE COM AMERICANOS

Inicialmente, o Facebook rejeitou a ideia de que, como plataforma, de alguma forma direcionou a eleição para favorecer Trump – ou que era responsável pelo material em sua plataforma. Essa, é claro, foi a suposição básica da Seção 230: que as plataformas *não assumem responsabilidade pelo material colocado lá por terceiros*. Zuckerberg rebateu as críticas corretamente:

> Acho que há uma profunda falta de empatia em afirmar que a única razão por alguém ter votado da maneira que votou foi por ter visto algumas notícias falsas. Eu acho que, se você acredita nisso, então não acho que internalizou a mensagem que os apoiadores de Trump estão tentando enviar nesta eleição[472].

Entretanto o tsunami de raiva nas redes sociais continuou.

E, diante do poder combinado de inquietação da equipe, manipulação da mídia e ameaças do Partido Democrata, as empresas de mídia social mudaram. Elas começaram a se desfazer de seus papéis de guardiãs do discurso aberto e livre, e a abraçar seus novos papéis de guardiãs de informações.

Em fevereiro de 2017 – poucas semanas após a posse do presidente Trump –, Zuckerberg redefiniu a missão do Facebook. Agora, disse ele, o objetivo da empresa era "desenvolver a infraestrutura social de modo a dar às pessoas o poder de construir uma comunidade global que trabalhe para todos nós". Esta era uma visão muito mais coletivista do que a original. E ela pedia por novos padrões de conteúdo, de forma a ajudar a alcançar esse objetivo utópico, projetado para "mitigar áreas onde a tecnologia e as mídias sociais podem contribuir para a divisão e o isolamento"[473].

---

[472] WAGNER, Kurt. Mark Zuckerberg says it's 'crazy' to think fake news stories got Donald Trump elected. *Vox*, [*S. l.*], p. 1-4, 11 nov. 2016. Disponível em: https://www.vox.com/2016/11/11/13596792/facebook-fake-news-mark-zuckerberg-donald-trump. Acesso em: 28 jan. 2022.

[473] ZUCKERBERG, Mark. *Building Global Community*. [*S. l.*], 16 fev. 2017. Facebook: Mark Zuckerberg. Disponível em: https://www.facebook.com/notes/mark-zuckerberg/buildin-

O Facebook não ficaria mais à margem. O Facebook se envolveria. Em uma audiência no Congresso, em abril de 2018, Zuckerberg chegou a afirmar que "somos responsáveis pelo conteúdo" na plataforma – uma violação direta da Seção 230.

Em um nível pessoal, Zuckerberg continuou a manter sua fidelidade aos princípios da liberdade de expressão. Na audiência de abril de 2018, ele declarou:

> Estou muito empenhado em garantir que o Facebook seja uma plataforma para todas as ideias. [...] Estamos orgulhosos do discurso e das diferentes ideias que as pessoas podem compartilhar em nosso serviço e isso é algo que, enquanto administrar a empresa, estarei comprometido em garantir que seja o caso[474].

Falando na Universidade de Georgetown, em 2019, Zuckerberg sustentou:

> As pessoas não precisam mais depender de guardiões tradicionais na política ou na mídia de forma a fazer com que suas vozes sejam ouvidas e isso tem consequências importantes. Entendo as preocupações sobre como as plataformas de tecnologia centralizaram o poder, mas, na verdade, acredito que a história muito maior é o quanto essas plataformas descentralizaram o poder, colocando-o diretamente nas mãos das pessoas.

Ele então observou corretamente:

> Podemos continuar defendendo a liberdade de expressão, entendendo sua bagunça, mas acreditando que a longa jornada em direção a um progresso maior exige o confronto a ideias que nos

---

g-global-community/10103508221158471/?pnref=story. Acesso em: 28 jan. 2022.

[474] TRANSCRIPT of Mark Zuckerberg's Senate hearing. *The Washington Post*, [*S. l.*], p. 1-4, 10 abr. 2018. Disponível em: https://www.washingtonpost.com/news/the-switch/wp/2018/04/10/transcript-of-mark-zuckerbergs-senate-hearing. Acesso em: 28 jan. 2022.

DESFAZENDO AMIZADE COM AMERICANOS

desafiam. Ou podemos decidir que o custo é simplesmente alto demais. Estou aqui hoje porque acredito que precisamos continuar a defender a liberdade de expressão[475].

Essa fidelidade aos princípios da liberdade de expressão – princípios comumente defendidos pelo pessoal de tecnologia durante o lançamento de suas empresas – não se estendeu a outros líderes de tecnologia. Estes sugeriram que a própria base para as suas empresas – livre acesso a plataformas de fala – precisava ser revertida. Suas empresas não seriam mais sobre a liberdade de expressão, mas sobre a liberdade de expressão para os membros aprovados da Nova Classe Dominante. Jack Dorsey, o novo queridinho do *establishment* de mídia, criticou Zuckerberg por se comprometer com o liberalismo clássico: "Falamos muito sobre fala e expressão, e não falamos suficientemente sobre alcance, e não falamos sobre amplificação", disse Dorsey. As empresas de tecnologia, sugeriu Dorsey, devem decidir quais postagens merecem amplificação[476]. (Dorsey, deve-se notar, não é um crítico da atitude autoritária – na verdade, é um de seus maiores defensores. Em 2020, Dorsey fez uma doação de US$ 10 milhões para o "Centro para Pesquisa Antirracista", de Ibram X. Kendi[477], que até o momento não apresentou nenhuma pesquisa real. O site de Kendi explica: "Nosso trabalho, assim como nosso centro, está em processo de desenvolvimento".)

Este ângulo – liberdade de expressão não é livre alcance – se tornou o novo padrão na grande mídia, é claro: Kara Swisher, a

---

[475] ROMM, Tony. Zuckerberg: Standing for Voice and Expression. *The Washington Post*, [S. l.], p. 1-5, 17 out. 2019. Disponível em: https://www.washingtonpost.com/technology/2019/10/17/zuckerberg-standing-voice-free-expression/. Acesso em: 28 jan. 2022.

[476] DURKEE, Alison. Jack Dorsey Sees a 'Major Gap and Flaw' in Mark Zuckerberg's Free Speech Argument. *Vanity Fair*, [S. l.], p. 1-5, 25 out. 2019. Disponível em: https://www.vanityfair.com/news/2019/10/jack-dorsey-mark-zuckerberg-free-speech-political-ads-facebook. Acesso em: 28 jan. 2022.

[477] RIMER, Sara. Jack Dorsey, Twitter and Square Cofounder, Donates $10 Million to BU Center for Antiracist Research. *BU.edu*, [S. l.], p. 3-16, 20 ago. 2020. Disponível em: https://www.bu.edu/articles/2020/jack-dorsey-bu-center-for-antiracist-research-gift. Acesso em: 28 jan. 2022.

ativista disfarçada de repórter de tecnologia do *The New York Times*, diz: "O Congresso não fará nenhuma lei. Não há menção ao Facebook ou a qualquer outra empresa"[478]. É fácil para ela dizer, considerando que foi paga para escrever lixo repetitivo e crítico por uma empresa da grande mídia que recebeu tratamento favorável das empresas de mídia social.

Essa perspectiva, não por acaso, espelhava a visão predominante no Partido Democrata: as empresas de tecnologia deveriam simplesmente censurar as opiniões dos oponentes políticos. A deputada Alexandria Ocasio-Cortez (democrata de Nova York) intimida Zuckerberg sobre até mesmo se reunir com figuras conservadoras, rotulando-as de "extrema direita", e chamando o Daily Caller de "supremacista branco". A deputada Maxine Waters (dmocrata da Califórnia) criticou o compromisso de Zuckerberg com o discurso aberto, afirmando que ele estava "disposto a passar por cima, ou pisar em qualquer pessoa, incluindo seus concorrentes, mulheres, pessoas de cor, seus próprios usuários e até mesmo nossa democracia, de forma a conseguir o que quer"[479]. Em janeiro de 2020, Joe Biden atacou pessoalmente Zuckerberg, afirmando: "Nunca fui um grande fã de Zuckerberg. Acho que ele é um problema real". Em junho de 2020, a campanha Biden circulou uma petição e uma carta aberta a Mark Zuckerberg, pedindo

> mudanças reais nas políticas do Facebook para sua a plataforma e como essas políticas são aplicadas", a fim de "proteger contra a repetição do papel que a desinformação desempenhou na Eleição de 2016, e que continua a ameaçar nossa democracia hoje[480].

---

[478] SWISHER, Kara. Zuckerberg's Free Speech Bubble. *The New York Times*, [S. l.], p. 1-5, 3 jun. 2020. Disponível em: https://www.nytimes.com/2020/06/03/opinion/facebook-trump-free-speech.html?action=click&module=RelatedLinks&pgtype=Article. Acesso em: 28 jan. 2022.
[479] DURKEE, Alison. 'So You Won't Take Down Lies?' AOC Blasts Mark Zuckerberg in Testy House Hearing. *Vanity Fair*, [S. l.], p. 1-5, 24 out. 2019. Disponível em: https://www.vanityfair.com/news/2019/10/mark-zuckerberg-facebook-house-testimony-aoc. Acesso em: 28 jan. 2022.
[480] KANG, Cecilia. Biden Prepares Attack on Facebook's Speech Policies. *The New York Times*, [S. l.], p. 1-5, 11 jun. 2020. Disponível em: https://www.nytimes.com/2020/06/11/technology/biden-facebook-misinformation.html. Acesso em: 28 jan. 2022.

DESFAZENDO AMIZADE COM AMERICANOS

As empresas de mídia social estão cada vez mais atentas.

E eles seguiram em frente com a inteligente mudança feita ao longo dos últimos anos de "lutar contra a desinformação" para "lutar contra a informação incorreta". Depois de 2016, o argumento era que a "desinformação" russa havia espalhado *spam* nas redes sociais, minando ativamente a verdade em favor de uma narrativa prejudicial à candidata democrata Hillary Clinton.

Havia algumas evidências disso, embora a quantidade de desinformação russa real no Facebook, por exemplo, não fosse esmagadora, considerando-se o quadro completo da situação. Por exemplo, de acordo com um relatório do Senado de 2018, o último mês da campanha de 2016 gerou 1,1 bilhão de curtidas, postagens, comentários e compartilhamentos relacionados a Donald Trump, e outros 934 milhões relacionados a Hillary Clinton[481]. De acordo com um relatório da New Knowledge, do total de postagens criadas pela Rússia entre 2015 e 2017, 61.500 postagens da operação de influência acumularam um total geral de 76,5 milhões de engajamentos. Total. Durante dois anos. Isso é uma média de 1.243 engajamentos por postagem – um total extremamente baixo[482].

Porém ponha de lado o relativo sucesso, ou insucesso, da manipulação russa. Todos podemos concordar que a desinformação russa – normalmente significando informações abertamente falsas divulgadas por uma fonte estrangeira, projetada para enganar o público doméstico – vale a pena censurar. Entretanto os democratas e a mídia mudaram sua objeção da desinformação russa para a "informação incorreta" – um termo da arte que

---

[481] REPORT of the Select Committee on Intelligence United States Senate on Russian Active Measures Campaigns and Interference in the 2016 U.S. Election; Volume 2: Russia's Use of Social Media with Additional Views. [*S. l.*]: Intelligence.senate.gov, 2016 ou 2017. Disponível em: https://www.intelligence.senate.gov/sites/default/files/documents/Report_Volume2.pdf. Acesso em: 28 jan. 2022.

[482] THOMPSON, Nicholas; LAPOWSKY, Issie. How Russian Trolls Used Meme Warfare to Divide America. *Wired*, [*S. l.*], p. 1-6, 17 dez. 2018. Disponível em: https://www.wired.com/story/russia-ira-propaganda-senate-report/. Acesso em: 28 jan. 2022.

abrange tudo, desde a falsidade total e real, a narrativas das quais você não gosta. Declarar algo "informação incorreta" deve exigir, pelo menos, mostrar sua falsidade.

Não mais.

Em dezembro de 2019, de acordo com a *Time*, Zuckerberg se reuniu com nove líderes dos direitos civis em sua casa para discutir como combater a "informação incorreta". Vanita Gupta, CEO da Conferência de Liderança sobre Direitos Civis e Humanos – e hoje procuradora-geral associada dos Estados Unidos, para Joe Biden –, mais tarde se gabou de ter forçado o Facebook a mudar os padrões de informação. "Foi preciso empurrar, insistir, conversar, fazer um *brainstorming*, tudo isso para chegar a um ponto em que terminássemos com regras e fiscalização mais rigorosas", disse ela, mais tarde, à *Time*[483].

Resultado: nossas redes sociais agora fazem exatamente o que o governo não podia – agir em violação da liberdade de expressão, com membros do Partido Democrata e da mídia torcendo por eles. Eles não seguem uma política consistente, mas reagem com pressa, de maneira precipitada e em conluio, banindo em grupo aqueles que entram em conflito com os padrões sempre mutáveis de discurso apropriado. Foi o que aconteceu com o efeito dominó de banir a história de Hunter Biden, por exemplo.

A Seção 230, projetada para proteger o discurso aberto ao permitir às plataformas podar as sebes sem matar a árvore da liberdade de expressão, foi completamente virada de cabeça para baixo: um privilégio do governo, concedido às mídias sociais, agora se tornou um mandato do governo e de seus aliados da mídia para levar um machado à árvore. O triângulo de ferro da restrição de informação instalou-se: uma mídia, desesperada para manter seu monopólio, usa seu poder de forma a forçar a mídia social a cumprir suas ordens; o Partido Democrata, desesperado

---

[483] BALL, Molly. The Secret History of the Shadow Campaign That Saved the 2020 Election. *Time*, [*S. l.*], p. 1-5, 4 fev. 2021. Disponível em: https://time.com/5936036/secret-2020-election-campaign/. Acesso em: 28 jan. 2022.

DESFAZENDO AMIZADE COM AMERICANOS

para manter sua mídia aliada como a única fonte de informações para os americanos, usa ameaças para forçar a mídia social a cumprir suas ordens; e empresas de mídia social, geralmente chefiadas por líderes politicamente alinhados com membros da mídia e do Partido Democrata, aquiescem.

>> DANDO COBERTURA À CENSURA

Então, como o material é removido dessas plataformas – originalmente projetadas para promover a livre troca de ideias? Em geral, os algoritmos são projetados para detectar tipos específicos de conteúdo. Parte do conteúdo a ser removido é indiscutivelmente ruim e deve ser retirado – material que clama explicitamente por violência, ou material pornográfico, ou, digamos, desinformação russa real. Entretanto, cada vez mais, as empresas de mídia social decidem que seu trabalho não é apenas policiar os limites da liberdade de expressão, deixando o núcleo intocado – cada vez mais elas decidem que seu trabalho é promover uma "conversa positiva", encorajar as pessoas a clicar em vídeos nos quais normalmente não clicariam e silenciar a "informação incorreta".

Em primeira instância, isso pode ser feito através de alterações do algoritmo.

Essas mudanças são, em grande parte, destinadas a restabelecer o monopólio da distribuição de informações pela grande mídia. A internet quebrou o modelo da grande mídia; assim como a TV a cabo quebrou a TV aberta, a internet quebrou a TV a cabo e a mídia impressa. Originalmente, os consumidores iam diretamente aos sites para ver as notícias – eles adicionavam Drudge Report ou FoxNews.com aos favoritos e iam direto para lá. Então, conforme a mídia social começou a agregar bilhões de olhos, as pessoas começaram a usar a mídia social como porta de entrada para essas fontes de notícias. Em 2019, de acordo com o Pew

Research Center, 55% dos adultos recebiam notícias das redes sociais "às vezes" ou "frequentemente", incluindo uma pluralidade de jovens[484].

A grande mídia viu uma oportunidade. Atacando os meios de distribuição – indo atrás das empresas de mídia social e levando-as a rebaixar a mídia alternativa – eles poderiam restabelecer o monopólio perdido.

Então, a grande mídia começou a trabalhar. Como já discutimos, é raro encontrar uma voz no *establishment* de mídia dedicada à proposição de que a divulgação de informações nas redes sociais deva ser *mais* aberta.

As empresas de mídia social obedeceram. Então, por exemplo, em 2019, em resposta a relatos da mídia culpando o YouTube por atos violentos, supostamente inspirados em vídeos virais – a mídia, na verdade, foi além, culpando vídeos não violentos e não extremistas por criarem um "canal" para conteúdos mais violentos e extremistas, tudo baseado na mais frágil das conjecturas[485] –, o YouTube mudou seu algoritmo. Como relatou a CBS News: "o YouTube começou a reprogramar seus algoritmos nos EUA de modo a recomendar muito menos vídeos questionáveis e a direcionar os usuários que procuram por esse tipo de material a fontes confiáveis, como clipes de notícias"[486]. O Facebook, de maneira infame, fez o mesmo, rebaixando o "conteúdo limítrofe" que supostamente traficava "conteúdo sensacionalista e provocativo". O

---

[484] SHEARER, Elisa; GRIECO, Elizabeth. Americans Are Wary of the Role Social Media Sites Play in Delivering the News. *Pew Research Center*, [S. l.], p. 1-10, 2 out. 2019. Disponível em: https://www.pewresearch.org/journalism/2019/10/02/americans-are-wary-of-the--role-social-media-sites-play-in-delivering-the-news/. Acesso em: 28 jan. 2022.

[485] ROOSE, Kevin. The Making of a YouTube Radical. *The New York Times*, [S. l.], p. 1-5, 8 jun. 2019. Disponível em: https://www.nytimes.com/interactive/2019/06/08/technology/youtube-radical.html?searchResultPosition=1&mtrref=www.nytimes.com&gwh=-C65E710022422885DC5382C48BE245EB&gwt=pay&assetType=PAYWALL. Acesso em: 28 jan. 2022.

[486] STAHL, Lesley. How does YouTube handle the site's misinformation, conspiracy theories and hate? *CBS News*, [S. l.], p. 1-11, 1 dez. 2019. Disponível em: https://www.cbsnews.com/news/is-youtube-doing-enough-to-fight-hate-speech-and-conspiracy-theories-60-minutes-2019-12-01/. Acesso em: 28 jan. 2022.

objetivo era manipular o que as pessoas podiam clicar, tornando deliberadamente mais *difícil* clicar em histórias clicáveis[487]. No mês seguinte à eleição de 2020, em uma tentativa de conter as especulações sobre fraudes e irregularidades na votação, o Facebook deu mais peso algorítmico a fontes com pontuações mais altas de "qualidade do ecossistema de notícias".

Quem eram essas místicas "fontes autorizadas", com alta classificação em termos de "qualidade do ecossistema de notícias"? Ora, fontes da grande mídia, é claro – os mesmos meios de comunicação que tentam intimidar as plataformas de mídia social para censurarem seus concorrentes. Como relatou o *The New York Times*,

> a mudança fazia parte dos planos de 'quebrar o vidro' que o Facebook passou meses desenvolvendo após uma eleição disputada. Isso resultou em um aumento na visibilidade para grandes veículos tradicionais como CNN, *The New York Times* e NPR, enquanto postagens de páginas hiper partidárias, altamente engajadas […] se tornavam menos visíveis.

E, acrescentou o Muito Confiável *New York Times*, tudo isso era uma "visão de como um Facebook mais calmo, e menos polêmico, poderia ser". O *Times* também relatou que os funcionários "idealistas" do Facebook queriam que a empresa mantivesse o sistema; apenas seus presumidamente corruptos e gananciosos "pragmáticos" queriam manter um padrão aberto em termos de disseminação de informações. E, lamentou o *Times*, caso os pragmáticos continuassem a ganhar, o "moral" dentro da empresa continuaria a cair[488].

---

[487] CONSTINE, Josh. Facebook will change algorithm to demote 'borderline content' that almost violates policies. *TechCrunch.com*, [S. l.], p. 1-4, 15 nov. 2018. Disponível em: https://techcrunch.com/2018/11/15/facebook-borderline-content/?guccounter=1. Acesso em: 28 jan. 2022.

[488] ROOSE, Kevin; ISAAC, Mike; FRANKEL, Sheera. Facebook Struggles to Balance Civility and Growth. *The New York Times*, [S. l.], p. 1-5, 24 nov. 2020. Disponível em: https://www.nytimes.com/2020/11/24/technology/facebook-election-misinformation.html. Acesso em: 28 jan. 2022.

Ao estabelecer quais fontes devem ser "confiáveis", a mídia social terceirizou seu julgamento para "pseudoverificadores de fatos" de esquerda. Em dezembro de 2016, o Facebook anunciou que faria parceria com uma série de verificadores de fatos para determinar quais fontes eram mais confiáveis. De acordo com o BuzzFeed, o Facebook verificaria "parceiros participantes"; então, estes teriam acesso a uma "fila especial online que mostrará *links* determinados pelo Facebook como adequados a uma verificação de fatos". Como os *links* acabam na fila? Os usuários os denunciam como falsos, ou o *link* se torna viral. É fácil ver como tal sistema pode ser manipulado: basta reunir uma equipe de resposta de ação, enviá-los por *e-mail* para o sistema de *spam* do Facebook e, em seguida, indicar *links* conservadores para a checagem de fatos por organizações de esquerda.

E é exatamente assim que funciona o negócio de checagem de fatos. Os "parceiros participantes" originais do Facebook: Associated Press, PolitiFact, FactCheck.org, Snopes, *The Washington Post* e ABC News. O que seriam três veículos da grande mídia e três organizações de checagem de fatos de esquerda. Esses pseudoverificadores de fatos gastam a maior parte do tempo verificando "informações incorretas", o que significa, em muitos casos, classificar alegações como falsas com base na "falta de contexto", mesmo se as alegações forem abertamente verdadeiras. O PolitiFact, por exemplo, classificou as mentiras do presidente Obama sobre manter seu plano de saúde caso você goste dele como "meia-verdade" *duas vezes*, antes de rotulá-lo de "mentira do ano"[489]. O Snopes.com classificou recentemente como "Predominantemente Falsa" a afirmação de que a deputada Alexandria Ocasio-Cortez (democrata de Nova York) exagerou "o perigo que ela corria durante o tumulto no Capitólio, em 6 de janeiro de 2021, pois ela 'nem estava no edifício do Capitólio' quando o tu-

---

[489] SHAPIRO, Ben. Facebook Unveils Plan To Defeat 'Fake News': Rely on Leftist Fact-Checkers. *The Daily Wire*, [*S. l.*], p. 1-3, 15 dez. 2016. Disponível em: https://www.dailywire.com/news/facebook-unveils-plan-defeat-fake-news-rely-ben-shapiro. Acesso em: 28 jan. 2022.

DESFAZENDO AMIZADE COM AMERICANOS

multo ocorreu". Essa verificação de fatos incluiu o surpreendente reconhecimento de que era verdade que Ocasio-Cortez "não estava no edifício principal do Capitólio". Essa, no final das contas, era a base para a afirmação que eles também estavam chamando de "predominantemente falsa"[490].

Os verificadores de fatos certamente não são imparciais. "Quando se trata de verificação de fatos de partidários sobre questões complexas – o que descreve grande parte da verificação de fatos ocorrida no contexto de notícias políticas –, a verdade, conforme declarada, é, muitas vezes, a opinião subjetiva de pessoas com visões políticas compartilhadas", diz Stephen Ceci, professor da Universidade Cornell[491]. E as empresas de mídia social sabem disso. Elas simplesmente concordam com as inclinações políticas dos verificadores de fatos, aos quais terceirizam suas responsabilidades.

A censura algorítmica não para por aí. De acordo com o *The Washington Post*, em dezembro, o Facebook tomou a decisão de começar a policiar o ódio contra os negros de forma diferente do ódio contra os brancos. Práticas não definidas pela raça seriam agora descartadas e, ao invés disso, o algoritmo permitiria que o discurso de ódio dirigido contra usuários brancos permanecesse. Apenas o conteúdo do "pior do pior" seria automaticamente excluído – "Insultos dirigidas a negros, muçulmanos, pessoas de mais de uma raça, à comunidade LGBTQ e aos judeus, de acordo com os documentos". Insultos dirigidos a brancos, homens e americanos seriam "despriorizadas". O objetivo: permitir que as pessoas "combatam o racismo sistêmico" usando linguagem cruel.

O Facebook agora aplicaria seus padrões algorítmicos de forma diferente, "com base em seus danos percebidos". Assim, padrões *woke* de vitimização interseccional seriam utilizados, ao

---

[490] PALMA, Bethania. Did AOC Exaggerate the Danger She Was in During Capitol Riot? *Snopes*, [*S. l.*], p. 1-6, 3 fev. 2021. Disponível em: https://www.snopes.com/fact-check/aoc--capitol-attack/. Acesso em: 28 jan. 2022.
[491] CECI, Stephen J.; WILLIAMS, Wendy M. The Psychology of Fact-Checking. *Scientific American*, [*S. l.*], p. 1-6, 25 out. 2020. Disponível em: https://www.scientificamerican.com/article/the-psychology-of-fact-checking1/. Acesso em: 28 jan. 2022.

invés de um padrão objetivo, enraizado na natureza da linguagem usada. "Sabemos que o discurso de ódio direcionado a grupos sub-representados pode ser o mais prejudicial", explicou Sally Aldous, porta-voz do Facebook, "por isso, focamos nossa tecnologia em encontrar o discurso de ódio que os usuários e especialistas nos dizem ser o mais sério"[492]. Todo discurso de ódio é ruim, exceto o discurso de ódio que, segundo os especialistas, não causa danos.

Os chamados padrões comunitários apresentados pelas empresas de tecnologia seguem o mesmo modelo: originalmente concebidos para proteger mais a fala, eles foram gradativamente reforçados a fim de permitir às empresas mais discrição para proibir material dissidente. Como explicou Susan Wojcicki, chefe do YouTube, em junho de 2019: "Continuamos endurecendo e endurecendo as políticas"[493]. O endurecimento só funciona para um lado.

Essas políticas costumam ser vagas e contraditórias. A política de "discurso de ódio" do Facebook, por exemplo, proíbe qualquer "ataque direto" a pessoas com base em "raça, etnia, nacionalidade, deficiência, afiliação religiosa, casta, orientação sexual, sexo, identidade de gênero e doenças graves". O que, exatamente, constitui um "ataque"? Qualquer "expressão de [...] rejeição", ou quaisquer "estereótipos prejudiciais", por exemplo[494]. Então, será que o Facebook baniria membros pela afirmação, factualmente verdadeira, de que homens biológicos são homens? Que tal a afirmação, factualmente verdadeira, de que as mulheres geralmente não arremessam a bola de beisebol com tanta força quanto os homens? Esses

---

[492] DWOSKIN, Elizabeth; TIKU, Nitasha; KELLY, Heather. Facebook to start policing anti-Black hate speech more aggressively than anti-White comments, documents show. *The Washington Post*, [*S. l.*], p. 1-5, 3 dez. 2020. Disponível em: https://www.washingtonpost.com/technology/2020/12/03/facebook-hate-speech/. Acesso em: 28 jan. 2022.

[493] SANER, Emine. YouTube's Susan Wojcicki: 'Where's the line of free speech – are you removing voices that should be heard?'. *The Guardian*, [*S. l.*], p. 2-15, 10 ago. 2019. Disponível em: https://www.theguardian.com/technology/2019/aug/10/youtube-susan-wojcicki--ceo-where-line-removing-voices-heard. Acesso em: 28 jan. 2022.

[494] HATE Speech. *Transparency.fb.com*, [*S. l.*], p. 1-3, s.d. Disponível em: https://transparency.fb.com/pt-br/policies/community-standards/hate-speech/?from=https%3A%2F%2Fwww.facebook.com%2Fcommunitystandards%2Fhate_speech. Acesso em: 28 jan. 2022.

DESFAZENDO AMIZADE COM AMERICANOS

são "estereótipos" ou verdades biológicas? E as piadas, que muitas vezes trafegam em estereótipos? Que tal citar a Bíblia, que não se cala sobre questões de religião ou sexualidade? O Facebook permanece em silêncio sobre essas questões.

E esse é o ponto. O objetivo desses padrões *não é* fornecer clareza, mas sim conceder cobertura ao banir alguém por *não* violar as regras. Por isso que é tão incrivelmente fácil para os críticos das grandes empresas de tecnologia apontar inconsistências na aplicação dos "padrões da comunidade" – Alex Jones é banido, enquanto Louis Farrakhan é bem-vindo; o presidente Trump é banido, enquanto o aiatolá Khamenei é bem-vindo.

Quando o presidente Trump foi banido do Twitter, Facebook, Instagram e YouTube, no rescaldo de 6 de janeiro, nenhuma das empresas conseguiu explicar exatamente qual política Trump violou para desencadear sua extinção. Zuckerberg simplesmente declarou: "Acreditamos que os riscos de permitir que o presidente continue usando nossos serviços durante este período são simplesmente grandes demais"[495]. O Twitter explicou que havia banido Trump "devido ao risco de mais incitação à violência". Estes são os tuítes que, supostamente, criaram perigo adicional: Os 75 milhões de grandes patriotas americanos, que votaram em mim, AMERICA FIRST [América em Primeiro Lugar] e MAKE AMERICA GREAT AGAIN [Torne a América Grande Novamente], terão uma VOZ GIGANTE por muito tempo no futuro. Eles não serão desrespeitados ou tratados injustamente, de nenhuma maneira!!!" e "A todos os que me perguntaram, não irei à posse no dia 20 de janeiro". O Twitter forneceu uma explicação tensa de como esses dois tuítes, bastante benignos, incitariam mais violência. Ainda não é convincente[496].

---

[495] ROMM, Tony; DWOSKIN, Elizabeth. Trump banned from Facebook indefinitely, CEO Mark Zuckerberg says. *The Washington Post*, [S. l.], p. 1-4, 7 jan. 2021. Disponível em: https://www.washingtonpost.com/technology/2021/01/07/trump-twitter-ban/. Acesso em: 28 jan. 2022.

[496] TWITTER INC. Permanent suspension of @realDonaldTrump. *Twitter.com*, [S. l.], p. 1-3, 8 jan. 2021. Disponível em: https://blog.twitter.com/en_us/topics/company/2020/suspension. Acesso em: 28 jan. 2022.

Para a esquerda autoritária, nada disso vai longe o suficiente. O objetivo é refazer a equipe das próprias empresas, de modo que os autoritários possam refazer completamente os algoritmos, à sua própria imagem. Quando o vencedor do Turing Award e cientista chefe de Inteligência Artificial do Facebook, Yann LeCun, apontou que os sistemas de aprendizado de máquina são racialmente preconceituosos apenas se suas entradas forem tendenciosas e sugeriu que as entradas poderiam ser corrigidas de forma a apresentar um preconceito racial oposto, os críticos autoritários *woke* atacaram: Timnit Gebru, colíder técnico da Equipe de Inteligência Artificial Ética do Google, acusou LeCun de "marginalização" e pediu a resolução de "problemas sociais e estruturais". A resposta, disse Gebru, era contratar membros de grupos marginalizados e não mudar o conjunto de dados usado pelo aprendizado das máquinas[497].

>> TERCEIRIZANDO COLETIVAMENTE A REVOLUÇÃO

Para a maioria dos americanos, os verdadeiros perigos da mídia social nem mesmo residem na censura das notícias em si: o maior perigo está nas turbas itinerantes que as mídias sociais representam. A triste verdade é que a mídia, em sua busca sempre presente por domínio autoritário, usa a mídia social tanto como sua linha de denúncias quanto seu braço de ação. Eles vasculham as histórias das mídias sociais daqueles que desprezam, ou recebem dicas de maus atores sobre "tuítes antigos e ruins" e prosseguem de forma a levar a multidão ao frenesi. Em seguida, eles cobrem o frenesi. A mesma mídia que declara seu ódio por informação incorreta e *bullying* se envolve regularmente neles quando se trata de assediar cidadãos aleatórios com a ajuda das redes sociais.

---

[497] YANN LeCun Quits Twitter Amid Acrimonious Exchanges on AI Bias. *Synced*, [*S. l.*], p. 1-6, 30 jun. 2020. Disponível em: https://syncedreview.com/2020/06/30/yann-lecun-quits-twitter-amid-acrimonious-exchanges-on-ai-bias/. Acesso em: 28 jan. 2022.

DESFAZENDO AMIZADE COM AMERICANOS

Em dezembro de 2020, Mimi Groves, uma recém-formada no ensino médio, foi alvo de uma interminável notícia sensacionalista do *The New York Times*. Groves tinha, em 2016, acabado de receber sua licença de estudante para dirigir. Ela fez um vídeo de si mesma no Snapchat, exclamando jocosamente: "Eu posso dirigir, n***ah". Como noticiou o *Times*, o vídeo "mais tarde circulou entre alguns alunos da Escola Secundária Heritage", mas não enfureceu ninguém – afinal, ela era uma garota de quinze anos, que imitava as gírias do rap.

Porém, um aluno – um idiota totalmente desprezível, chamado Jimmy Galligan – guardou o vídeo. Galligan, que é negro, decidiu postar o vídeo "publicamente, quando fosse a hora certa". Essa época chegou em 2020, quando Groves estava no último ano e foi para a Universidade do Tennessee, em Knoxville, para fazer parte da equipe de torcida. Durante os protestos do Black Lives Matter, Groves cometeu o erro crítico de *apoiar* o BLM; ela postou no Instagram, instando os companheiros a "protestar, doar, assinar uma petição, manifestar-se, fazer algo".

E então, Galligan atacou. Ele postou o antigo vídeo no Snapchat, no TikTok e no Twitter. Groves foi expulsa da equipe de torcida da Universidade do Tennessee e depois se retirou completamente da universidade graças ao frenesi da mídia social. Um oficial de admissões disse que a escola havia recebido "centenas de *e-mails* e telefonemas de ex-alunos indignados, de estudantes e do público".

O *Times* relatou essa história, não como uma tentativa horrível de destruir a vida de uma garota por parte de um exibicionista perverso, mas como um referendo sobre o "poder das mídias sociais de responsabilizar pessoas de todas as idades". Galligan é retratado como um herói, enfrentando a ameaça da supremacia branca endêmica[498].

---

[498] LEVIN, Dan. A Racial Slur, a Viral Video, and a Reckoning. *The New York Times*, [S. l.], p. 1-5, 26 dez. 2020. Disponível em: https://www.nytimes.com/2020/12/26/us/mimi-groves-jimmy-galligan-racial-slurs.html. Acesso em: 28 jan. 2022.

O MOMENTO AUTORITÁRIO | BEN SHAPIRO

Essa história deve levantar duas questões, uma sobre a mídia social, outra sobre a mídia. Primeiro, por que a mídia social se tornou uma lixeira flamejante de ódio visceral? Em segundo lugar, por que a mídia se degradou a ponto de não histórias sobre *alunos individuais do ensino médio* serem dignas de cobertura nacional?

Para as mídias sociais, a resposta está na viralidade. As empresas de mídia social *incentivam* essas atividades, tratando-as como uma fonte de tráfego e notícias. Os tópicos de tendência do Twitter são um exemplo perfeito de como problemas menores podem rapidamente crescer como uma bola de neve; o Twitter destaca as histórias mais polêmicas e as eleva, encorajando pequenos incidentes a se tornarem histórias nacionais; a velocidade da atenção é mais importante do que o escopo dela. Assim, por exemplo, tópicos que acumulam toneladas de tuítes, dia após dia, não são tendências; tópicos que atraem atenção a partir de uma linha de base baixa, sim. Então, se há uma mulher aleatória em um parque da cidade que diz algo racialmente insensível e ganha dois mil tweets por isso, ela tem mais chances de virar tendência do que o presidente Biden em um dia qualquer. E não é difícil para dois mil tuítes tornarem-se 20 mil, uma vez que um tópico começa a se tornar uma tendência: a mídia social recompensa quem se manifesta e desvaloriza o silêncio. Nas redes sociais, a recusa em ponderar sobre um tópico de tendência é geralmente considerada um indicador de apatia, ou até mesmo de aprovação.

Também não é preciso muito para formar uma multidão. Turbas de mídia social se formam diariamente, com a velocidade de uma doença autoimune agressiva. No passado, as pessoas precisavam encontrar coisas em comum para mobilizar uma multidão. Hoje, as redes sociais fornecem uma multidão rondando, esperando para ser mobilizada. A causa não precisa ser justa. Tudo o que se deve fazer é fornecer uma noite de entretenimento para alguns milhares de pessoas e uma história para a mídia imprimir. Justine Sacco, diretora sênior de comunicações corporativas do

DESFAZENDO AMIZADE COM AMERICANOS

IAC, de trinta anos, viu sua vida desmoronar após enviar um tuíte, brincando sobre a AIDS na África, para seus 170 seguidores. O tuíte dizia: "Indo para a África. Espero não pegar AIDS. Estou brincando. Eu sou branca!" Aparentemente, o tuíte era uma piada, sobre a insuficiência da ajuda ocidental à África. Entretanto, quando saiu de seu voo de onze horas, ela havia sido alvo de "dezenas de milhares de tuítes". Ela perdeu o emprego. Teve Transtorno de Stress Pós-Traumático, depressão e insônia.

O que nos leva à segunda questão: por que a mídia cobre isso?

A resposta: eles são, em grande medida, autoritários sociais que usam a mídia social como uma maneira fácil e barata tanto de criar tráfego quanto de encontrar histórias.

O tuíte de Sacco só se tornou uma tendência mundial porque um informante o enviou para Sam Biddle, um escritor da Gawker Media. Ele prontamente retuitou. Biddle, mais tarde, explicou: "É gratificante ser capaz de dizer, 'O.K., vamos fazer um tuíte racista de um funcionário sênior da IAC contar desta vez'"[499]. Membros demais na mídia têm a mesma perspectiva. O Twitter permitiu que nosso *establishment* jornalístico fizesse tanto o papel de cruzado quanto de repórter com um único retuíte. Por isso, qualquer que seja a última tendência do Twitter, é provável que um membro da mídia tenha o melhor tuíte.

Eventos singulares que aparecem nas redes sociais também permitem que membros da mídia manipulem a narrativa. A mídia acredita, de maneira esmagadora, no conto *woke* de que a América é sistematicamente racista – mas dados para suportar tal reivindicação são extremamente difíceis de se encontrar. Na América, a demanda por racismo por parte de autoritários em busca de controle social supera amplamente a oferta de racismo real. Para esse fim, os membros da mídia procuram histórias individuais e não nacionais para, em seguida, sugerir que elas são indicativas

---

[499] RONSON, Jon. How One Stupid Tweet Blew Up Justine Sacco's Life. *The New York Times Magazine*, [*S. l.*], p. 1-5, 12 fev. 2015. Disponível em: https://www.nytimes.com/2015/02/15/magazine/how-one-stupid-tweet-ruined-justine-saccos-life.html. Acesso em: 28 jan. 2022.

de tendências mais amplas, citando a atenção da mídia social como a justificativa para a história em primeiro lugar.

No mundo real, as tendências do Twitter raramente importavam. Entretanto, à medida que a mídia social se torna nosso novo espaço compartilhado, e como nossa mídia trata os acontecimentos nas plataformas de mídia social como o equivalente da vida real, as turbas da mídia social tornam-se turbas reais, com um ímpeto assustador.

>> O NOVO OLIGOPÓLIO INFORMATIVO

Nosso oligopólio de mídia social – agredido, lisonjeado e massageado em direção à conformidade por uma mídia raivosa e um Partido Democrata censor – é, hoje, uma ameaça de verdadeiro autoritarismo social. Em um sistema de livre mercado, a solução seria criar alternativas.

O Parler tentou fazer justamente isso.

Irritado com a natureza caprichosa da gestão do Twitter, o Parler começou como uma alternativa. Em 2020, quando as grandes empresas de tecnologia começaram a liberar seu poder nas eleições, o Parler ganhou adeptos consistentemente: no final de julho, ele viu mais de um milhão de pessoas aderindo em uma semana. Após a eleição de 2020, conforme as grandes empresas de tecnologia se moviam para barrar a mídia alternativa, os conservadores saltaram para o Parler: ele atingiu o primeiro lugar na App Store da Apple, ultrapassando mais de 4,5 milhões de membros em uma semana. O principal argumento de venda do Parler: não proibiria pessoas com base no ponto de vista político. O CEO do Parler, John Matze, disse: "Somos uma praça comunitária, uma praça aberta, sem censura. Se você pode falar nas ruas de Nova York, você pode falar no Parler"[500].

---

[500] LEVY, Ari. Trump fans are flocking to the social media app Parler—its CEO is begging liberals to join them. *CNBC*, [*S. l.*], p. 1-6, 27 jun. 2020. Disponível em: https://www.cnbc.

DESFAZENDO AMIZADE COM AMERICANOS

Até você não poder mais.

Depois dos tumultos de 6 de janeiro, baseado em relatos de fontes vagas de que o Parler havia sido um local de organização para os desordeiros, a Apple, a Amazon e o Google barraram o aplicativo. A App Store da Apple barrou o Parler com base no fato de que os processos do Parler eram "insuficientes" para "prevenir a disseminação de conteúdo perigoso e ilegal". A Amazon Web Services usou seu poder para tirar o Parler totalmente da internet, negando-lhe acesso a seu serviço de hospedagem em nuvem. A desculpa da Amazon: o Parler havia permitido "postagens que claramente encorajam e incitam a violência", e que não tinha "um processo eficaz para cumprir os termos de serviço da AWS"[501].

Nenhuma das grandes empresas de tecnologia conseguiu explicar precisamente o que seria um padrão mínimo. E nenhuma delas podia explicar por que o Parler era supostamente mais perigoso do que Facebook e Twitter, plataformas muito maiores – especialmente porque, como relatou Jason King, quase 100 pessoas envolvidas no motim de 6 de janeiro usaram o Facebook ou o Instagram, 28 usaram o YouTube e apenas 8 usaram o Parler[502].

O monopólio informacional está sendo restabelecido em tempo real. E as alternativas estão sendo ativamente excluídas por empresas de mídia social determinadas a invocar seu padrão como o padrão único, uma mídia que sabe poder cooptar esses padrões, e democratas que se beneficiam desses padrões. Depois de terem matado o Parler, membros da mídia voltaram suas atenções para o Telegram e o Signal, serviços de mensagens criptografadas.

---

com/2020/06/27/parler-ceo-wants-liberal-to-join-the-pro-trump-crowd-on-the-app.html. Acesso em: 28 jan. 2022.

[501] FUNG, Brian. Parler has now been booted by Amazon, Apple and Google. *CNN*, [*S. l.*], p. 1-2, 11 jan. 2021. Disponível em: https://edition.cnn.com/2021/01/09/tech/parler-suspended-apple-app-store/index.html. Acesso em: 28 jan. 2022.

[502] KINT, Jason. Insurrection scorecard*: Facebook: 97 ^ ; Google's YouTube: 28; Parler: 8; ^ Facebook = core FB app 74, Instagram 23; * DOJ's 1/6 charging documents with references [1 retuíte anexado]. [*S. l.*], 7 fev. 2021. Twitter: @jason_kint. Disponível em: https://twitter.com/jason_kint/status/1358467793323257857. Acesso em: 28 jan. 2022.

Todos os fluxos de dissidência – ou fluxos de informação não controlados – precisam ser esmagados[503].

Talvez a única boa notícia seja que a maioria dos americanos sabe que está sendo manipulada pelos guardiões das redes sociais. Um total de 82% dos adultos disse à Pew Research que as mídias sociais "tratam algumas organizações de notícias de maneira diferente de outras", 53% disseram que as notícias unilaterais eram um "problema muito grande" nas redes sociais e 35% estavam preocupados com a "censura das notícias". Cerca de 64% dos republicanos disseram que as notícias que viram nas redes sociais tendiam à esquerda; 37% dos democratas concordaram. Apenas 21% dos democratas disseram que as notícias que viram nas redes sociais tendiam à direita[504].

A má notícia é que as mídias sociais continuarão sendo os maiores atores no palco enquanto contarem com mais olhos – e, com alternativas sendo cada vez mais excluídas, isso significa dentro do futuro previsível. O Facebook tem 2,8 bilhões de usuários ativos por mês[505]; mais de 90% de todas as pesquisas na web acontecem através do Google ou de sua subsidiária, o YouTube[506]; um total de 70% dos gastos com publicidade digital vai para o Google, o Facebook e a Amazon[507]. Construir concorrência em face desse oligopólio não será fácil.

---

[503] CHENG, Brian X.; ROOSE, Kevin. Are Private Messaging Apps the Next Mis- information Hot Spot? *The New York Times*, [*S. l.*], p. 1-6, 3 fev. 2021. Disponível em: https://www.nytimes.com/2021/02/03/technology/personaltech/telegram-signal-misinformation.html?smtyp=cur&smid=tw-nytimes. Acesso em: 28 jan. 2022.

[504] SHEARER, Elisa; GRIECO, Elizabeth. Americans Are Wary of the Role Social Media Sites Play in Delivering the News. *Pew Research Center*, [*S. l.*], p. 1-10, 2 out. 2019. Disponível em: https://www.pewresearch.org/journalism/2019/10/02/americans-are-wary-of-the--role-social-media-sites-play-in-delivering-the-news/. Acesso em: 28 jan. 2022.

[505] TANKOVSKA, H. Facebook: Number of monthly active users worldwide 2008– 2020. *Statista*, [*S. l.*], p. 1-2, s.d. Disponível em: https://www.statista.com/statistics/264810/number-of-monthly-active-facebook-users-worldwide/#:~:text=With%20roughly%202.8%20billion%20monthly,network%20ever%20to%20do%20so. Acesso em: 28 jan. 2022.

[506] DESJARDINS, Jeff. How Google retains more than 90% of market share. *Business Insider*, [*S. l.*], p. 1-5, 23 abr. 2018. Disponível em: https://www.businessinsider.com/how-google-retains-more-than-90-of-market-share-2018-4. Acesso em: 28 jan. 2022.

[507] STERLING, Greg. Almost 70% of digital ad spending going to Google, Facebook, Amazon, says analyst firm. *Martech.org*, [*S. l.*], p. 1-4, 17 jun. 2019. Disponível em: https://martech.org/almost-70-of-digital-ad-spending-going-to-google-facebook-ama-

DESFAZENDO AMIZADE COM AMERICANOS

Além do mais, nossos atores governamentais têm interesse em defender o oligopólio: é fácil controlar um mercado com apenas alguns jogadores-chave. E nossa mídia também tem interesse em defender o oligopólio: essas empresas são administradas por aliados que pensam da mesma forma, todos os quais estão comprometidos com um autoritarismo *woke*, ou podem ser pressionados a apoiá-lo.

E essas empresas, ao que parece, não são as únicas.

---

zon-says-analyst-firm/#:~:text=However%2C%20eMarketer%20revised%20downward%20its,nearly%2050%25%20to%2038%25.&text=Google%2C%20Facebook%20and%20Amazon%20are,dollars%20spent%20according%20to%20eMarketer. Acesso em: 28 jan. 2022.

>> CONCLUSÃO

>> CONCLUSÃO <<

A ESCOLHA DIANTE DE NÓS

No início de fevereiro de 2021, a atriz Gina Carano tomou uma decisão fatídica.

Ela postou um meme no Instagram.

Carano, que interpretou a popular personagem Cara Dune, na série *O Mandaloriano,* sucesso da Disney+, esteve à beira do cancelamento durante meses. Isso, porque Carano é conservadora. Ela havia postado, em tom de brincadeira, que seus pronomes eram *beep/boop/bop* de forma a zombar de autoritários *woke* que pressionavam estranhos para listar seus pronomes de gênero. Após a eleição de 2020, ela postou no Twitter, "Precisamos limpar o processo eleitoral de forma que não saiamos disso do modo que estamos nos sentindo hoje". Ela havia postado um meme desafiando o consenso da elite sobre a covid, sugerindo que os americanos estavam colocando máscaras sobre os olhos[508].

---

[508] NOLAN, Emma. What Did Gina Carano Say? 'The Mandalorian' Star Fired after Instagram Holocaust Post. *Newsweek*, [*S. l.*], p. 1-6, 11 fev. 2021. Disponível em: https://www.newsweek.com/what-gina-carano-said-about-holocaust-mandalorian-fired-1568539. Acesso em: 28 jan. 2022.

Tudo isso já havia tornado Carano *persona non grata* com a Disney+ e a Lucasfilm. De acordo com o *The Hollywood Reporter*, citando uma pessoa de dentro das empresas, os patrões estavam tentando demitir Carano havia dois meses; a Disney+ e a Lucasfilm haviam desfeito os planos de Carano estrelar seu próprio *spin-off* dentro do universo *Star Wars* em dezembro[509].

O erro fatal de Carano foi postar um meme citando o Holocausto. A foto mostrava uma judia fugindo de uma multidão de alemães e trazia a seguinte legenda:

> Os judeus eram espancados nas ruas, não por soldados nazistas, mas por seus vizinhos. [...] até mesmo por crianças. Como a história é editada, a maioria das pessoas de hoje não percebe que, para chegar ao ponto em que os soldados nazistas pudessem facilmente prender milhares de judeus, o governo primeiro fez com que seus próprios vizinhos os odiassem, simplesmente por serem judeus. Como isso é diferente de odiar alguém por suas opiniões políticas?[510]

Agora, as comparações com o Holocausto são geralmente exageradas. Entretanto a postagem de Carano certamente *não* era antissemita (como destinatário de mais memes antissemitas do que talvez qualquer pessoa viva, posso identificar o antissemitismo a um quilômetro de distância). A postagem enfatizava que a opressão de outras pessoas não começa com violência. Começa com a desumanização do outro. Esse é um ponto bastante genérico e verdadeiro, embora Carano – como ela mesma reconheceu – não devesse ter invocado o Holocausto.

A reação foi imediata e definitiva.

---

[509] PARKER, Ryan; COUCH, Aaron. 'The Mandalorian' Star Gina Carano Fired Amid Social Media Controversy. *The Hollywood Reporter*, [S. l.], p. 1-3, 10 fev. 2021. Disponível em: https://www.hollywoodreporter.com/tv/tv-news/the-mandalorian-star-gina-carano-fired-amid-social-media-controversy-4131168/. Acesso em: 28 jan. 2022.

[510] NOLAN, Emma. What Did Gina Carano Say? 'The Mandalorian' Star Fired after Instagram Holocaust Post. *Newsweek*, [S. l.], p. 1-5, 11 fev. 2021. Disponível em: https://www.newsweek.com/what-gina-carano-said-about-holocaust-mandalorian-fired-1568539. Acesso em: 28 jan. 2022.

A Disney+ e Lucasfilm a demitiram, sem rodeios. Eles afirmaram, erroneamente, que ela havia "denegrido pessoas com base em suas identidades culturais e religiosas"[511]. Eles não sabiam explicar com precisão como ela havia denegrido alguém, principalmente judeus. Entretanto o esquerdismo autoritário exige apenas uma desculpa para o cancelamento, não uma justificativa real.

Pode-se pensar que a Disney estivesse apenas estabelecendo um padrão, de que comparações exageradas sobre o Holocausto eram proibidas nas redes sociais. Não era isso. Pedro Pascal, estrela de *O Mandaloriano*, tuitou em 2018 comparando a política de fronteira de Trump, em relação às crianças, aos campos de concentração nazistas. Ao som do silêncio[512].

Normalmente, em nossa cultura autoritária, a história terminaria aqui.

Porém não é aqui que a história termina.

Imediatamente após saber o que havia acontecido com Carano – nunca tínhamos nos encontrado antes – falei com ela pessoalmente; minha parceira de negócios entrou em contato com seu gerente de negócios. E oferecemos um emprego a Gina. Para resistir à absurda cultura de cancelamento de Hollywood, faríamos parceria com ela na produção de um filme, para estrelá-la. A declaração de Gina conta a história:

> O Daily Wire está ajudando a realizar um dos meus sonhos – desenvolver e produzir meu próprio filme. Eu gritei e minha oração foi atendida. Estou enviando uma mensagem direta de esperança a todos que vivem com medo do cancelamento pela multidão totalitária. Acabei de começar a usar minha voz, que agora está mais

---

[511] PARKER, Ryan; COUCH, Aaron. 'The Mandalorian' Star Gina Carano Fired Amid Social Media Controversy. *The Hollywood Reporter*, [*S. l.*], p. 1-3, 10 fev. 2021. Disponível em: https://www.hollywoodreporter.com/tv/tv-news/the-mandalorian-star-gina-carano-fired-amid-social-media-controversy-4131168/. Acesso em: 28 jan. 2022.

[512] SHAPIRO, Ben. Disney+ must immediately fire any actor who has made an overwrought Holocaust comparison [1 imagem anexada]. [*S. l.*], 11 fev. 2021. Twitter: @benshapiro. Disponível em: https://twitter.com/benshapiro/status/1359833571075227648. Acesso em: 28 jan. 2022.

livre do que nunca, e espero que inspire outros a fazerem o mesmo. Eles não podem nos cancelar se não os deixarmos[513].

Eles não podem nos cancelar se não os deixarmos.

Este deveria ser o nosso grito de guerra. Porque, se gritarmos juntos – progressistas, centristas, conservadores –, a esquerda autoritária perde[514].

Nossas instituições foram refeitas nos moldes do esquerdismo autoritário por elites que se consideram dignas de segurar as rédeas do poder. Porém, não precisamos concordar com essa tomada de poder.

Podemos dizer "não".

Depois de anunciar nossa parceria com Gina, dezenas de milhares de americanos se juntaram ao Daily Wire como membros. Eu, pessoalmente, recebi centenas de *e-mails* de pessoas, perguntando como poderiam ajudar – e centenas mais de pessoas

---

[513] WISEMAN, Andreas. Gina Carano Hits Back, Announces New Movie Project With Ben Shapiro's Daily Wire: "They Can't Cancel Us If We Don't Let Them". *Deadline*, [*S. l.*], p. 1-3, 12 fev. 2021. Disponível em: https://deadline.com/2021/02/gina-carano-mandalorian--ben-shapiro-hits-back-cancel-culture-1234692971/. Acesso em: 28 jan. 2022.

[514] Perceba que o autor não coloca, automaticamente, progressistas e esquerdistas no mesmo setor do espectro político; para Ben Shapiro, os progressistas não necessariamente concordam em tudo com as pautas e ideias marxistas e pós-modernistas. Isso parecia ser comum nos EUA, por exemplo, na época da Guerra Fria. Naqueles dias, grande parte dos democratas também se unia ao coro anticomunista dos republicanos.

O editor e escritor Ira Stoll, do *site* futureofcapitalism.com – além de outros jornais na Harvard Kennedy School –, lançou, em 2014, uma biografia intitulada *JFK, Conservative*. Nela, o autor comenta que se o democrata John F. Kennedy, 35º presidente americano, ainda hoje estivesse vivo e atuante na política, provavelmente teria valores mais próximos aos dos conservadores republicanos do que aos de seu partido originário, os democratas. Tal alteração de princípios políticos era relativamente comum nos anos de 1960 a 1980 nos EUA, seguindo a similar tendência britânica. Basta-nos lembrar que, mesmo bem antes disso, o pai do conservadorismo político moderno, Edmund Burke, era filiado ao partido liberal, Whig. Russell Kirk assim definiu essa característica de mudança partidária de Edmund Burke:

> Assim o porta-voz dos antigos whigs revigorara os tories. Entretanto, na generosidade e na coragem do antigo torismo, que John Henry Newman definiu como 'lealdade às pessoas', Edmund Burke sempre foi tão tory quanto Samuel Johnson.

KIRK, Russell. *Edmund Burke: redescobrindo um gênio*, São Paulo: É Realizações, 2016, p. 344. (N. E.)

A ESCOLHA DIANTE DE NÓS

em Hollywood perguntando se poderiam escapar do sistema. Os americanos reconheceram, não apenas que estávamos tentando desafiar Hollywood em seus próprios termos, mas que todos devemos agir em solidariedade – que, embora sejamos individualistas por ideologia, uma ação coesa é necessária se quisermos fazer um contra-ataque consolidado aos autoritários.

Então, como exatamente vamos arrancar o controle de nossas instituições de uma esquerda autoritária, obstinada na renormalização americana? Começamos com uma missão educacional. E então, tornamo-nos práticos.

>> EDUCANDO A AMÉRICA, NOVAMENTE

A esquerda autoritária buscou, com sucesso, um projeto educacional: inculcar americanos ao constrangimento, com a filosofia fundadora da América, com suas instituições e com seu povo. O argumento deles – que a América é sistemicamente racista, que suas instituições estão fundamentalmente quebradas – ganhou o dia em um nível emocional. Até mesmo desafiar este argumento é considerado perverso. Entretanto o argumento está fundamentalmente errado.

A América não é sistemicamente racista. O racismo existe; a escravidão foi um dos maiores males da história; a história tem consequências. É terrível, e triste, que as lacunas entre o sucesso de brancos e negros continuem sendo uma característica da vida americana. Todas essas coisas são inegavelmente verdadeiras. E a solução para todos esses males *não* é a derrubada de todos os sistemas americanos existentes. Na verdade, as políticas "antirracistas", que a esquerda autoritária tanto ama, foram tentadas – e falharam miseravelmente. Isso não impedirá que a esquerda autoritária o chame de racista por apontar isso.

A solução é a mesma de 1776: um governo instituído para proteger os direitos preexistentes de seus cidadãos e um

311

compromisso tanto com a virtude quanto com a razão. A América não foi fundada em 1619; foi fundada em 1776. Os princípios da liberdade americana são eternos e verdadeiros. O fato de que a América nem sempre viveu de acordo com esses princípios não é um referendo sobre os próprios princípios. E a grandeza da América – a grandeza de sua liberdade individual, de sua poderosa economia, de seu povo moral – representa o desenvolvimento único desses princípios.

Os pecados de 1619 – os pecados da brutalidade, da intolerância, da violência, da ganância, da luxúria, da desumanização radical – são pecados que se apegam a quase toda a humanidade ao longo do tempo. Os seres humanos são pecadores e fracos. Porém somos capazes de mais. Não por acaso, os Estados Unidos têm sido a principal força da história em favor da liberdade humana e da prosperidade. A grande mentira do nosso tempo – talvez de todos os tempos – é que essa liberdade e prosperidade são o estado natural das coisas e que os sistemas da América nos impedem de cumprir sua promessa. O exato oposto é a verdade.

Então, como nós – a nova resistência – lutamos contra uma esquerda autoritária que se incrustou no topo de nossas principais instituições? Como podemos parar uma esquerda autoritária dedicada à agressão revolucionária, à censura de cima para baixo e à oposição ao convencionalismo?

Invertemos o processo iniciado pela esquerda autoritária há tanto tempo: recusamo-nos a permitir que a esquerda autoritária nos silencie; acabamos com a renormalização de nossas instituições e as devolvemos à normalidade real; e arrombamos as portas que eles soldaram.

NOSSA RECUSA É UMA ARMA

O primeiro passo para desfazer o domínio autoritário esquerdista de nossas instituições é nossa recusa em cumprir suas regras.

A esquerda autoritária se envolveu em um processo de três etapas, direcionado a persuadir os americanos a apoiarem sua agenda. Em primeiro lugar, eles confiaram no Princípio da Cordialidade – o princípio de que os americanos devem ser cordiais e, portanto, inofensivos – de forma a deixar os americanos desconfortáveis em discordar das visões sociais prevalecentes da Nova Classe Dominante. Em seguida, eles argumentaram que falar contra a Nova Classe Dominante equivalia a uma forma de violência. Finalmente, eles argumentaram que deixar de *ecoar* a Nova Classe Dominante era, por si só, uma forma de dano – "silêncio é violência".

Devemos rejeitar cada uma dessas etapas na ordem inversa.

Primeiro, devemos rejeitar a noção imbecil de que "silêncio é violência". Não é. Muitas vezes, é sanidade. Quando se trata de crianças – com as quais os esquerdistas autoritários radicais muitas vezes se assemelham –, o mau comportamento deve ser recebido com uma resposta simples: ignorá-los. Este é um princípio difícil para os pais aprenderem (eu sei, precisei praticá-lo rotineiramente): a tendência natural, quando confrontado com um comportamento radical, é se *engajar*. Entretanto é precisamente a nossa atenção que muitas vezes dá aos radicais seu poder. Imagine se, ao invés de nos apressarmos em responder às necessidades falsamente urgentes da multidão, dirigida pela mídia mais recente, simplesmente encolhêssemos os ombros. Imagine se, da próxima vez que alguém declarasse ter sido prejudicado por uma mera dissidência, nós ríssemos deles e seguíssemos em frente. Seu poder acabaria. Não precisamos nos envolver. E, certamente, não precisamos ecoar.

Em segundo lugar, devemos rejeitar firmemente a noção de que discurso é violência. Dissidência não é violência; desacordo não é prejudicial. Isso, porque a política *não é uma identidade*; discordar dela não é uma negação da identidade de alguém. Sabemos disso em nossos relacionamentos pessoais diários – discordamos regularmente das pessoas que mais amamos. Elas não sentem que estejamos "negando sua humanidade", ou "causando-lhes

313

violência". Eles entendem que, se desejam ser tratados como adultos, devem submeter seus pontos de vista ao escrutínio de outras pessoas. Qualquer pessoa que profira a frase "discurso é violência" deve ser imediatamente desconsiderada como um ser humano sério.

Finalmente – e com muito cuidado – devemos negar a fusão entre cordialidade e inofensividade, implícita no Princípio da Cordialidade. Ser cordial não significa ser inofensivo. Como gosto de dizer, os fatos não se importam com nossos sentimentos. Isso não significa que devamos ser deliberadamente rudes. Significa, no entanto, que não devemos permitir que as interpretações subjetivas de outros sobre nossos pontos de vista governem nossas mentes. Não podemos conceder aos outros um veto emocional sobre nossas perspectivas. Opor-se ao casamento entre pessoas do mesmo sexo, por exemplo, não deve ser considerado ofensivo *prima facie* – pode-se fazer uma argumentação, perfeitamente plausível, sobre a importância social superior do casamento tradicional sobre o casamento entre pessoas do mesmo sexo sem insultar os homossexuais. Ficar em silêncio diante de importantes questões sociais por medo de ofender é conceder poder interminável àqueles que são mais rápidos em se ofender. E essa é uma receita para a chantagem emocional.

Ao rejeitar o Princípio da Cordialidade, não precisamos dar cobertura àqueles que ofendem deliberadamente. Ser politicamente incorreto significa dizer o que precisa ser dito, não ser um idiota genérico e medíocre. Há uma diferença entre argumentar contra o casamento entre pessoas do mesmo sexo e chamar alguém de um nome feio. Na verdade, a fusão entre os dois concede à esquerda autoritária um enorme poder: permite-lhes argumentar que os pontos de vista não progressistas devem ser reprimidos a fim de evitar comportamentos terríveis. Combater o politicamente correto requer disposição para falar a verdade e a inteligência para falar a verdade em uma linguagem convincente, clara e objetivamente decente.

A ESCOLHA DIANTE DE NÓS

Quando lutamos dessa forma, vencemos. Vencemos porque a bravura atrai seguidores; vencemos porque a honestidade, sem comportamento vil, atrai admiradores. Mais uma vez, este não é um problema de esquerda *versus* direita. É uma questão de defender valores caros a uma democracia pluralista – valores que devem ser compartilhados em todo o espectro político e em direta oposição à esquerda autoritária.

>> RENORMALIZANDO NOSSAS INSTITUIÇÕES

Como argumentei ao longo deste livro, nossas instituições foram constantemente renormalizadas por uma minoria intransigente, fazendo causa comum com outras populações "marginalizadas" em oposição à maioria. Entretanto esse processo pode ser *revertido*. É hora de renormalizar – retornar à normalidade – as nossas instituições.

Para fazer isso, é necessária a criação de uma minoria intransigente. Como muitos americanos permitiram que a esquerda autoritária os obrigasse ao silêncio, ou à concordância, a chave aqui é a *coragem*. Os americanos devem estar dispostos a se levantar, se expressar, e *se recusar a se sujeitar à hierarquia de poder*.

Veja, por exemplo, o caso de Donald McNeil Jr., repórter de ciências do *The New York Times*. Em fevereiro de 2021, McNeil foi forçado a deixar seu emprego. Acontece que, em 2019, dois anos antes, McNeil atuou como guia especializado em uma viagem estudantil do *Times* ao Peru. Durante aquela viagem, um aluno perguntou a McNeil se ele achava que uma criança de 12 anos deveria ser cancelada por usar a palavra *n*. No processo de explicar as diferenças contextuais no uso da palavra *n*, McNeil proferiu a infame calúnia. Alguns dos alunos reclamaram. E alguns funcionários *woke* do *Times* exigiram ação; eles enviaram mais uma carta, em seu fluxo interminável de correspondências chorosas aos editores, exigindo ação. Os editores concordaram rapidamente,

315

agradecendo ao esquadrão autoritário de brutos esquerdistas por sua contribuição. Então, McNeil perdeu o emprego[515]. Dean Baquet, editor executivo, foi mais longe, a ponto de afirmar: "Não toleramos linguagem racista, independentemente da intenção" – um padrão tão incrivelmente autoritário que, mais tarde, Baquet precisou voltar atrás[516].

Entretanto o problema é o seguinte: *muitos* funcionários do *New York Times* achavam que McNeil deveria ter mantido seu emprego. McNeil era membro do NewsGuild, sindicato de 1.200 funcionários do *Times*. Conforme relatado pela *Vanity Fair*: "McNeil tem simpatia, ou apoio, tanto dentro quanto fora do *Times*. Algumas pessoas acham que ele foi a última vítima da cultura do cancelamento enlouquecida, forçado a deixar seu emprego por uma campanha de pressão pública"[517].

Então, aqui está a questão: *onde eles estavam?*

O que teria acontecido se os funcionários do *Times*, ao invés de permitir que intelectuais autoritários como Nikole Hannah-Jones governassem o poleiro, levantassem-se a favor de McNeil? Existem 1.200 funcionários no *Times*. Apenas 150 funcionários assinaram a carta aos editores. E se 400 funcionários tivessem assinado uma carta *pedindo o contrário?* E se, ao invés de ceder a uma minoria intransigente, os funcionários do *Times* que apoiaram McNeil tivessem formado sua própria minoria intransigente – ou mesmo uma maioria intransigente? E se esses funcionários tivessem forçado os editores a uma escolha binária: ficar do lado

---

[515] TRACY, Marc. Two Journalists Exit New York Times After Criticism of Past Behavior. *The New York Times*, [S. l.], p. 1-5, 5 fev. 2021. Disponível em: https://www.nytimes.com/2021/02/05/business/media/donald-mcneil-andy-mills-leave-nyt.html. Acesso em: 28 jan. 2022.

[516] BYERS, Dylan. New York Times editor walks back statement on racial slurs. *NBC News*, [S. l.], p. 1-5, 11 fev. 2021. Disponível em: https://www.nbcnews.com/news/all/new-york-times-editor-walks-back-statement-racial-slurs-n1257482. Acesso em: 28 jan. 2022.

[517] POMPEO, Joe. 'It's Chaos': Behind the Scenes of Donald McNeil's New York Times Exit. *Vanity Fair*, [S. l.], p. 1-5, 11 fev. 2021. Disponível em: https://www.vanityfair.com/news/2021/02/behind-the-scenes-of-donald-mcneils-new-york-times-exit. Acesso em: 28 jan. 2022.

A ESCOLHA DIANTE DE NÓS

da liberdade de expressão e do não autoritarismo, ou do lado de um grupo relativamente pequeno de descontentes?

A mesma lógica é válida em toda a vida americana. E se os funcionários se unissem e simplesmente se recusassem a concordar com os últimos cancelamentos, ou com a última demanda por "treinamento de diversidade", ou com a última sessão de luta maoísta? E se os religiosos, que compreendem uma pluralidade de americanos em quase todas as organizações, dissessem que não aceitariam as tentativas de forçá-los ao silêncio?

A resposta foi mostrada repetidas vezes: esquerdistas autoritários recuam quando enfrentam uma maioria intransigente. Por isso eles são autoritários em primeiro lugar: se eles pudessem convencer os outros de seus argumentos, não precisariam criar estigma social em torno de seus oponentes, ou militarizar armas de poder contra eles.

Em dezembro de 2020, Pedro Domingos, professor emérito de ciência da computação e engenharia da Universidade de Washington, escreveu publicamente sobre as normas para pesquisa científica na Conferência sobre Sistemas de Processamento de Informação Neural (NeurIPS, sigla em inglês). O NeurIPS agora sugere que "independentemente da qualidade científica ou contribuição, uma submissão pode ser rejeitada por considerações éticas, incluindo métodos, aplicações ou dados que criam, ou reforçam, vieses injustos". Isso significa que boas pesquisas não podem ser conduzidas sob os auspícios do NeurIPS enquanto tais pesquisas desafiarem políticas esquerdistas predominantes.

Domingos escreveu que era uma ideia terrível. Naturalmente, isso provocou uma reação, com esquerdistas autoritários rotulando Domingos de racista; quando Domingos escreveu, seu próprio departamento se distanciou dele. Outros professores sugeriram que qualquer pessoa que citasse o trabalho de Domingos era, por definição, um intolerante.

Entretanto, mais uma vez, esse não foi o fim da história. Domingos escreve: "à medida que passavam os dias, e ficava claro quem eram os verdadeiros radicais, algo interessante aconteceu. Muitos dos moderados de nossa comunidade, geralmente reticentes, começaram a manifestar-se e a denunciar as táticas desequilibradas e implacáveis aplicadas contra mim e meus apoiadores. No final, não sofri consequências profissionais (pelo menos não de maneira formal). E a líder do grupo de cancelamento até mesmo emitiu um pedido público de desculpas e prometeu melhorar seu comportamento".

Então, o que aconteceu? De acordo com Domingos, a solidariedade entrou em ação: uma rede de pessoas que pensam da mesma maneira, dispostas a falar, realmente se manifestou. Ative quando você estiver em terreno sólido – e tente arranjar lutas nas quais você possa derrubar o autoritário Golias. Nunca se desculpe. E dirija sua resistência não apenas aos esquerdistas autoritários, mas aos *responsáveis pelas instituições*. Como escreve Domingos: "Mesmo empresas que adotam uma postura forte na área de justiça social não querem realmente ser manchadas pelo comportamento vergonhoso dos líderes da turba".

Se uma minoria intransigente pode ser ativada, então a renormalização pode ocorrer. Os que estão no meio raramente gostam da esquerda autoritária. Eles estão apenas com medo de falar contra eles. Portanto, forme um grupo central de pessoas intransigentes, que compartilhem seus valores. E então construa[518].

>> ARROMBANDO AS INSTITUIÇÕES

Tudo isso pode funcionar com instituições que ainda estão disponíveis para serem "tomadas". Entretanto o que você faria se os

---

[518] DOMINGOS, Pedro. Beating Back Cancel Culture: A Case Study from the Field of Artificial Intelligence. *Quillete*, [*S. l.*], p. 1-9, 27 jan. 2021. Disponível em: https://quillette. com/2021/01/27/beating-back-cancel-culture-a-case-study-from-the-field-of-artificial-intelligence/. Acesso em: 28 jan. 2022.

A ESCOLHA DIANTE DE NÓS

chefes dessas instituições não estivessem apenas concordando para manterem boas relações, ou se movendo ao sabor dos ventos – e se os chefes dessas instituições fossem esquerdistas autoritários dedicados, invulneráveis a minorias intransigentes, totalmente dispostos a utilizar todo o poder que detêm para silenciar dissidentes?

Nesse momento, os americanos ficam com três opções. E eles devem exercitar todas as três.

Primeiro, as opções legais. A esquerda autoritária é extraordinariamente litigiosa. Quando não conseguem obter vitórias no tribunal da opinião pública, buscam a vitória nos próprios tribunais. Na verdade, esquerdistas autoritários frequentemente usam a mera ameaça de processo para forçar o cumprimento por parte de quem está no poder. Outros americanos geralmente relutam em invocar o uso de tribunais a fim de forçar seus empregadores a cumprirem suas ordens.

Geralmente é o instinto correto. Entretanto é precisamente o instinto errado quando se trata de lutar contra a esquerda autoritária.

Quando se trata do desejo da esquerda autoritária de forçar o "treinamento de diversidade", por exemplo, que discrimina com base na raça, as ações judiciais são totalmente merecidas. Se as empresas forçam os funcionários a participar de sessões de treinamento segregadas por raça, ou nas quais os funcionários brancos sejam ensinados sobre seus privilégios inerentes, os funcionários brancos devem buscar reparação legal. O chamado treinamento antirracismo frequentemente viola as disposições da Lei dos Direitos Civis de 1965 ao discriminar explicitamente com base na raça. Faça seu empregador pagar o preço por fazer isso – ou ameace fazê-lo, caso a empresa não pare com suas violações legais.

Outra opção está politicamente disponível para aqueles que desejam lutar contra a esquerda autoritária: a expansão formal da lei contra a discriminação para incluir questões de política. Muitos estados proíbem a discriminação com base em sexo, orientação sexual, identidade de gênero, raça, religião, idade e deficiência, entre outros padrões. Entretanto você ainda pode ser discriminado com base em sua política. Se quisermos aplicar à esquerda autoritária seus próprios padrões – se quisermos usar o baluarte da lei de forma a prevenir a "discriminação" ao limitar a livre associação –, então por que dar à esquerda autoritária o monopólio da lei contra a discriminação? Por que não *forçar* a esquerda autoritária a recuar, usando as mesmas ferramentas jurídicas que eles utilizaram para silenciar a dissidência? Se você é um padeiro tradicionalmente conservador que não quer violar seus preceitos políticos atendendo a um casamento entre pessoas do mesmo sexo, você se encontrará no lado errado de um processo[519]. Se você é um fornecedor de bufê de esquerda que não quer violar seus preceitos políticos ao servir em um jantar republicano, você está livre de problemas. Talvez isso devesse mudar.

---

[519] Provavelmente o autor faz referência ao caso da "padaria Ashers". O caso ocorreu em 2014, quando Gareth Lee, ativista de uma organização de transgêneros, gays e lésbicas – o QueerSpace –, encomendou um bolo na referida padaria para um encontro de militantes trangêneros após a assembleia regional da Irlanda do Norte recusar – pela terceira vez – a legalização do casamento entre pessoas do mesmo sexo. O bolo deveria ter a imagem de Bert e Ernie, personagens do desenho infantil Vila Sésamo, a marca visual do QueerSpace e o escrito "apoie o casamento gay". Num primeiro momento a padaria aceitou a encomenda, porém, no dia seguinte, os responsáveis pelo estabelecimento ligaram para Gareth Lee afirmando que não fariam o bolo porque "a padaria era um empreendimento cristão", e que por motivos de consciência não aceitariam o pedido, devolveram o dinheiro, se desculparam pelo imbróglio e desligaram. Iniciou-se assim uma batalha judicial que ganharia grande cobertura midiática.

Em 2015 o tribunal local, e após isso, o tribunal de apelação, deram razão a Lee. Porém a Suprema Corte do Reino Unido inverteu as decisões e deu o veredito final favorável à padaria por considerar que a recusa do estabelecimento não aconteceu por discriminação, mas porque a mensagem exigida no bolo contrariava profundamente as convicções da empresa, e sendo assim, a empresa não se faz obrigada a desenvolver serviços contrários às suas convicções morais.

Em 2019, todavia, o processo ganhou novos contornos quando Lee resolveu apelar para o Tribunal Europeu dos Direitos Humanos, mas a corte recusou a apelação dizendo que em nenhum momento Lee invocou seus direitos básicos supostamente violados na Convenção Europeia durante o processo no Reino Unido, e por isso o tribunal deu por encerrado a questão sem nem mesmo julgá-la.

Em 2018 o confeiteiro do Colorado, Jack Philips, ganhou um processo que tramitava desde 2012 após se negar a fazer um bolo comemorativo para um casal homossexual. Outro caso semelhante ocorreu em 2013, quando um casal se recusou a fazer um bolo de casamento para um casal lésbico. O casal confeiteiro foi condenado a pagar 135 mil dólares em danos morais, mas em 2019 a Suprema Corte mandou para o tribunal de apelação de Oregon para que ele revisse o julgamento tendo em vista a decisão da Suprema Corte no caso de Jack Philips.

Todos esses casos geraram grandes debates em torno da liberdade de consciência e discriminação sexual, e sem demora tomaram larga amplitude popular no mundo inglês e no americano em especial. (N. E.)

A ESCOLHA DIANTE DE NÓS

Esta é uma opção feia, especialmente para aqueles de nós que ainda acreditam em liberdades fundamentais como a liberdade de associação. Eu acredito que as pessoas devem ser capazes de contratar e demitir quem elas quiserem. Entretanto a esquerda autoritária discorda. E eles não apenas discordam, eles capturaram o sistema jurídico de tal forma que a única maneira de você não ser um alvo é assumindo a política errada de nossos dias.

Tudo isso levanta uma possibilidade estratégica mais ampla: a possibilidade de destruição mutuamente assegurada. Antes de fundar o Daily Wire, dirigi uma organização chamada Truth Revolt [A Revolta da Verdade]. O objetivo da organização era atuar como uma espécie de Media Matters ao contrário: usar uma equipe de ativistas para encorajar os anunciantes a *não* gastar seu dinheiro com veículos de esquerda. Ao lançar a Truth Revolt, reconhecemos abertamente que não gostávamos de nossas próprias táticas. Na verdade, como declarou meu parceiro de negócios, Jeremy Boreing, em nossa fundação, seria um prazer dissolver nossa organização caso o Media Matters fizesse o mesmo. Entretanto, se a esquerda autoritária fosse utilizar táticas desagradáveis de forma a forçar as instituições a ceder a eles, precisaríamos deixar claro que a direita poderia fazer o mesmo. As organizações começariam a ignorar os dois lados – um resultado preferível – ou simplesmente parariam de se envolver com o universo político em geral. A nosso ver, só havia uma estratégia pior do que se armar contra a esquerda autoritária: o desarmamento unilateral.

Os americanos podem engajar-se nas mesmas táticas que a esquerda quando se trata de nossas instituições mais poderosas. Podemos reter nosso dinheiro de Hollywood, recusar-nos a fazer compras nas corporações mais *woke*, remover nossas doações a universidades administradas por autoritários. Podemos parar de assinar veículos de mídia e podemos pressionar os anunciantes a pararem de gastar seu dinheiro lá. Ou essas instituições aprenderão a se desligar de toda a insanidade – o que deveriam fazer – ou podem se retirar do negócio da política.

Depois, há a opção final: construir instituições alternativas.

No Daily Wire, chamamo-nos de mídia alternativa porque é isso que queremos ser: um lugar para pessoas ignoradas pela grande mídia acessarem as informações que desejam ver. Estamos construindo uma ala de entretenimento para atender às necessidades de americanos cansados de ouvir sermões sobre os males de sua política não *woke*. Isso é necessário, porque a esquerda autoritária não apenas capturou a maioria de nossas principais instituições, mas também fechou as portas atrás delas. Seria bom se os verdadeiros conservadores escrevessem regularmente no *The New York Times* ou na *The Atlantic*, mas isso parece um sonho irreal. A exclusão está na ordem do dia.

Ao fechar as portas de nossas instituições mais poderosas, a esquerda autoritária nos deixou de fora, com uma opção: construí-las nós mesmos.

O resultado, infelizmente, será uma América completamente dividida. Podemos patrocinar diferentes marcas de café, usar sapatos diferentes, assinar diferentes serviços de *streaming*. Nossos pontos comuns podem desaparecer.

Esse não é nosso resultado preferido. Entretanto, pode ser o resultado mais realista: duas Américas separadas, divididas pela política.

Nenhuma dessas opções é mutuamente exclusiva. Na verdade, todas elas devem ser perseguidas simultaneamente. Nossas instituições devem ser abertas novamente. Do contrário, o tecido social do país continuará a se desintegrar.

POR NOSSAS CRIANÇAS

Hoje em dia, estou preocupado com a América até os ossos.

Eu cresci em uma América que abriu espaço para diferentes pontos de vista, uma América que poderia tolerar diferenças políticas. Eu cresci em uma América onde podíamos assistir a jogos

A ESCOLHA DIANTE DE NÓS

de bola juntos sem nos preocupar em quem votava em quem, onde podíamos frequentar escolas diferentes e reconhecer nossas diferenças sem tentar bater uns nos outros até a submissão. Eu cresci em uma América onde podíamos fazer piadas ofensivas ocasionais – e depois nos desculpar por isso – e não ter que nos preocupar com nosso sustento sendo roubado, porque todos nós entendíamos que éramos humanos. Acima de tudo, eu cresci em uma América onde todos nós poderíamos participar da busca pela verdade, sem medo de que a mera busca terminasse em nossa excomunhão social.

Essa América está simplesmente desaparecendo. E isso me assusta, pelos meus filhos.

Tenho medo de que, quando se tornarem adultos, aceitem como verdade a sua falta de liberdade. Tenho medo de que eles já saibam que não devem falar, porque terão visto muitos outros perderem a cabeça por fazer isso. Tenho medo de que eles não explorem ideias interessantes e diversas, porque fazer isso pode significar o ostracismo social ou o suicídio profissional.

É meu trabalho proteger meus filhos dessa cultura autoritária. Entretanto, à medida que as instituições da América se mobilizam contra famílias como a sua e a minha, perdemos opções.

O que acontecerá se meus filhos forem *obrigados* a rejeitar meus valores – para desonrar seu pai e sua mãe, a tradição que aprenderam – como um ingresso para a sociedade aprovada?

O que acontecerá se meus filhos ouvirem que não podem falar a verdade sobre a natureza do mundo – e o que acontecerá se eu lutar contra a mentira?

O que acontecerá se eu perder meu emprego amanhã porque a multidão autoritária colocou um alvo nas minhas costas?

Milhões de americanos estão fazendo essas perguntas. Dezenas de milhões.

A maioria de nós.

Esse é o problema. Porém essa também é a solução.

O momento autoritário conta com a aquiescência de uma maioria silenciosa.

Não devemos mais ficar em silêncio.

Quando enfrentamos o domínio institucional de uma minoria intransigente de americanos; quando anunciamos que nossos valores importam, que nossas ideias importam; quando nos expressamos juntos, reconhecendo a diversidade de nossa política, mas acalentando nossa crença comum no poder da liberdade – o momento autoritário finalmente termina.

E um novo nascimento da liberdade começa.

>> AGRADECIMENTOS <<

Cada livro é obra de dezenas, não apenas do autor. Isso certamente é verdade para este livro também. Por isso, agradeço a Eric Nelson, meu intrépido editor na Harper-Collins, cujo bom humor, bravura e raciocínio matizado me ajudam a aprimorar meu pensamento e minha escrita.

Obrigado aos meus parceiros de negócios, Jeremy Boreing e Caleb Robinson – ambos empresários brilhantes, amigos verdadeiros e os caras com quem você gostaria de entrar na batalha. Agradeço a toda a equipe do Daily Wire, sem a qual nosso movimento estaria totalmente debilitado, cujo trabalho árduo torna o meu possível, e cujo constante senso de malícia aviva a cada dia e me lembra que a guerra cultural deve ser divertida. Obrigado aos nossos parceiros na Westwood One, que não apenas nos ajudam a manter as luzes acesas, mas também estão conosco quando as coisas ficam difíceis. Agradeço aos meus distribuidores de longa data no Creators Syndicate, que me descobriram há duas décadas e desde então mantiveram essa estranha e incrível decisão.

Agradeço a meus pais, que são os baluartes da nossa família, e os meus, pessoalmente, cuja primeira resposta é sempre "Como podemos ajudar?", e que me incutiram os valores que espero transmitir aos meus filhos.

Falando nisso, obrigado aos meus filhos: minha inspiração, minha alegria e a fonte da minha falta de sono. Sua hilaridade, inventividade e imaginação nunca deixam de surpreender.

Finalmente, obrigado à minha esposa, que não é apenas a melhor mãe do mundo, mas a única pessoa no mundo com quem eu gostaria de seguir em frente nesta aventura de minha vida. Estou tão feliz por ter perguntado. E fico mais em êxtase a cada dia que você disse sim.

Acompanhe a LVM Editora nas Redes Sociais

 https://www.facebook.com/LVMeditora/

 https://www.instagram.com/lvmeditora/

Esta edição foi preparada para a LVM Editora
com tipografia Baskerville e TW Cen MT,
em março de 2023.

Impressão e Acabamento | Gráfica Viena
Todo papel desta obra possui certificação FSC® do fabricante.
Produzido conforme melhores práticas de gestão ambiental (ISO 14001)
www.graficaviena.com.br